Ravna Marin Siever

Was wird es denn? Ein Kind!

Ravna Marin Siever

Was wird es denn? Ein Kind!

Wie geschlechtsoffene Erziehung gelingt

BELTZ

MIX
Papier aus verantwortungsvollen Quellen
FSC www.fsc.org
FSC® C089473

Klimaneutral
Papier
ClimatePartner.com/13732-1910-1001

Dieses Buch ist erhältlich als:
ISBN 978-3-407-86652-3 Print
ISBN 978-3-407-86653-0 E-Book (EPUB)
2. Auflage 2022

Lektorat: Katharina Theml, Büro Z, Wiesbaden
Umschlaggestaltung: www.anjagrimmgestaltung.de
Bildnachweis: © ADELART/Shutterstock.com (Bildnummer: 1054085291)
Herstellung: Sarah Veith
Druck und Bindung: Beltz Grafische Betriebe, Bad Langensalza
Beltz Grafische Betriebe ist ein klimaneutrales Unternehmen (ID 15985-2104-100).
Printed in Germany

Weitere Informationen zu unseren Autor_innen und Titeln
finden Sie unter: www.beltz.de

»Was ist, wenn ein Kind sich nicht wohlfühlt [mit dem zugewiesenen Geschlecht]? Haben Kinder nicht ein Recht auf ein gutes Leben? Das steht so in den Kinderrechten. Und wenn ein Kind sich nicht wohlfühlt, dann hat es kein gutes Leben!«

Mi, 10 Jahre alt

»Die Vertragsstaaten verpflichten sich, das Recht des Kindes zu achten, seine Identität, einschließlich seiner Staatsangehörigkeit, seines Namens und seiner gesetzlich anerkannten Familienbeziehungen, ohne rechtswidrige Eingriffe zu behalten. Werden einem Kind widerrechtlich einige oder alle Bestandteile seiner Identität genommen, so gewähren die Vertragsstaaten ihm angemessenen Beistand und Schutz mit dem Ziel, seine Identität so schnell wie möglich wiederherzustellen.«

UN-Kinderrechtskonvention

Inhalt

Wisst ihr denn schon, was es wird?

Stolz schob ich meinen schon sichtbaren Drei-Monats-Bauch auf der Familienfeier vor mir her. Uns wurde gratuliert. Und dann – *die Frage*: »Wisst ihr denn schon, was es wird?«

Wir hatten beschlossen, dass wir »es« uns nicht sagen lassen wollten. Anfangs war uns dabei vor allem wichtig, unser Kind vor Zuschreibungen, die andere möglicherweise machen, zu bewahren. In Spielzeugläden und Bekleidungsgeschäften hatten wir sie ja gesehen, die zwei Inseln, die Kindern zur Verfügung gestellt werden: die eine rosa und zart pastellig, voller Puppen, Zauberwesen und allem, was schön und lieblich ist; die andere blau und tarnfarben, voller Autos, Superhelden und allem, was stark und mutig ist.

Statt also das gemutmaßte Geschlecht herauszuposaunen und damit den Startschuss für die Eingewöhnung auf der einen oder anderen Insel zu geben, sagten wir: »Wir wollen es nicht wissen«, und wünschten uns vor allem buntes Spielzeug und Babykleidung, die weder rosa noch hellblau war.

Aber wir lernten bald, dass die Zuschreibungen durch andere auch passierten, wenn wir »es« nicht verrieten. »Du strahlst so richtig, das wird ein Junge!«, sagte mir eine Verwandte – denn angeblich stehlen Mädchen die Schönheit Schwangerer. »Das wird ein Mädchen, dein Bauch ist so rund!«, wusste ein Kollege, denn einige glauben, dass spitze Bäuche, die in der Rückansicht kaum zu sehen sind, eher Jungen hervorbringen, runde Bäuche dagegen Mädchen. Es gab kein Entkommen vor den Klischees und Annahmen über Geschlecht.

Ich kann die Sehnsucht danach, etwas über das Kind zu erfahren, das bald in eine Familie kommen wird, bestens verstehen. Natürlich sind wir neugierig, wer da zu uns kommen wird. Wird es ein kleiner Wirbelwind, ein Frechdachs, eine Leseratte? Selbstverständlich haben wir Hoffnungen und vielleicht Erwartungen an das Kind, manche ganz bewusst, manche sehr verborgen. Wird es die kleinen Löckchen und die süßen Grübchen bekommen? Die Nase erben, für die wir selbst immer gehänselt wurden? Wird es unser Hobby teilen?

Das Geschlecht ist dabei etwas, das sich vermeintlich schon vor der Geburt erkennen lässt. Denn wir alle wissen ja, dass Jungs einen Penis und Mädchen eine Vulva haben. Oder?

Ich wusste vieles von dem, was ich in diesem Buch schreiben werde, noch nicht, als wir unser erstes Kind bekamen. Ich wusste, dass ich »es« nicht wissen wollte und dass ich es nicht gut fand, Kinder mit Farben zu codieren. Auf die Frage, wie wir die Einrichtung für das Kinderzimmer besorgen würden, ohne zu wissen, welches Geschlecht unser Kind haben würde, antwortete ich: »Na ja, mit viel Holz und bunt.«

Im Laufe der Schwangerschaft wurden wir immer mehr damit konfrontiert, dass »bunt« für Kinder gar nicht so einfach ist. In der Welt der Spielzeug- und Babyausstattungsläden dominieren zwei Farben, zwei mögliche Arten, wie ein Kind sein kann, zwei meist strikt getrennte Bereiche.

Wir waren schockiert. Wir suchten nach bunter Kinderkleidung, Kleidung mit hauptsächlich bequemen Schnitten, Kleidung, die nicht förmlich schrie »Dieses Kind hat einen Penis!« oder »Dieses Kind hat eine Vulva!«, denn das ist es ja, worauf diese Farbcodes hinauslaufen. Das niederschmetternde Ergebnis war, dass Kinderkleidung, die nicht darauf ausgelegt ist, Dritten das Geschlecht des kleinen Menschen zu verraten, entweder langweilig, selbst gemacht oder teuer ist.

Ich hatte mich im Studium viel mit Geschlechterstereotypen auseinandergesetzt – aber hauptsächlich bei Erwachsenen und zumeist in der Darstellung in Büchern, Filmen und Computerspielen. Geschlechterstereotype sind die Annahmen über Geschlecht, die in unserer Gesellschaft verankert sind. Es sind recht starre Vorstellungen über charakteristische Merkmale von Personen eines bestimmten Geschlechts.

Wie extrem Kinder unter den Stereotypen leiden, wie sehr Werbung auf Geschlecht abzielt und wie sehr das unsere Kinder von Beginn an prägt, begann ich erst im Rahmen meiner eigenen Elternschaft zu begreifen. Ich begann zu lesen, zu recherchieren und schließlich auch darüber zu bloggen: Wo kommt das her, was macht das mit unseren Kindern, und wie können wir etwas dagegen tun?

Dabei begegneten mir viele andere Eltern. Eltern, die sich sorgten, weil ihr Kind aneckte mit seinem nicht geschlechtskonformen Verhalten. Eltern, deren vermeintliches Mädchen immer wieder sagte, dass es ein Junge sei, und die nicht wussten, wie sie damit umgehen sollten. Eltern, die sich fragten, warum ihr Kind denn wirklich alle Stereotype ausleben muss, obwohl sie sich immer bemüht haben, dem Kind möglichst wenig davon mitzugeben. Geschlecht ist in unserer Gesellschaft eine massiv präsente Kategorie. Menschen, egal welchen Geschlechts, haben so viel mehr gemeinsam, als sie unterscheidet, und dennoch wird im Alltag an allen möglichen und unmöglichen Stellen in männlich und weiblich unterschieden. Das fängt da an, wo wir aufs Klo gehen, und endet bei Chips, die an Männer und Frauen vermarktet werden, je nach Geschmacksrichtung.

Natürlich ist es da schwer, unsere Kinder zu begleiten, ohne dass sie mit diesen Geschlechterbildern in Berührung kommen oder maßgeblich von ihnen beeinflusst werden. Aber viele Menschen wollen das zumindest versuchen.

Für einen Erziehungsstil, bei welchem versucht wird, möglichst frei von geschlechtlichen Stereotypen zu erziehen, gibt es unterschiedliche Bezeichnungen. Im englischen Sprachraum wird meist von »gender neutral parenting« (geschlechtsneutraler Elternschaft), kurz GNP, gesprochen, manchmal auch von »gender creative parenting« (geschlechtskreativer Elternschaft). Im deutschsprachigen Raum ist auch »geschlechtersensible« oder »geschlechtergerechte« Erziehung« gebräuchlich.

Ich selbst spreche am liebsten von »geschlechtsoffener« Erziehung. Ich möchte damit den Fokus darauf legen, dass sich die Kategorie »Geschlecht« in einer Gesellschaft, die sogar Toilettenreinigungssteine für Männer und Frauen entwirft, nicht einfach neutralisieren lässt. Mir ist es wichtig, Kindern zu zeigen, dass ihr Geschlecht ihnen offen ist. Dass sie selbst äußern können, welches Geschlecht sie haben und wie sie es in die Welt tragen. Es geht nicht darum, Kinder zu geschlechtsneutralen Wesen zu machen – sondern darum, sie sie selbst sein zu lassen, möglichst frei von schädlichen Geschlechterstereotypen.

Kinder haben ein Bedürfnis danach, gesehen zu werden als die Menschen, die sie sind. Schüchtern oder offenherzig, mutig oder zaghaft, wild oder sanft oder alles ein bisschen. Dazu gehört auch, dass sie ihre geschlechtliche Identität finden dürfen. Junge? Mädchen? Kind? Ein bisschen von beidem? Oder einfach nur sie selbst?

Es ist kein Problem, wenn sich ein Kind aus einer breiten Vielfalt für das entscheidet, was Stereotypen und geschlechtlicher Zuweisung entspricht. Aber es ist ein Problem, wenn ein Kind aufgrund von Stereotypen keine Vielfalt angeboten bekommt oder sich nicht traut, daraus zu wählen. Denn dann werden Kinder eingeschränkt in ihrem »sie selbst sein«. Erleben Kinder einen Bruch zwischen ihrer selbst erlebten Identität und der Erwartungshaltung an ihre Identität durch ihr Umfeld, ist die psychische Belastung enorm hoch. Häufig sind Erkrankungen, wie zum Beispiel Depressionen, die Folge. Jugendliche, deren geschlechtliche und sexuelle Identität nicht mit dem übereinstimmt, was gesellschaftlich und insbesondere innerhalb der Familie von ihnen erwartet wird, denken dreimal so häufig wie andere Jugendliche, nämlich zu 40 Prozent[1], über Suizid nach. Ein unterstützendes privates Umfeld senkt dieses Risiko enorm. Die Zahlen, wie viele Kinder das betrifft, schwanken zwischen zwei und zehn Prozent.

Weil ich selbst trans bin, mich in Menschen unabhängig von ihrem Geschlecht verliebe und meinen Kindern stets vermittle, dass nur sie der Welt sagen können, wer sie sind und wie sie lieben, werde ich oft gefragt, was ich davon halten würde, wenn sich herausstellen sollte, dass meine Kinder heterosexuell sind und sich in dem Geschlecht wohlfühlen, das ihnen bei der Geburt zugewiesen wurde – und das vielleicht auch noch stereotyp ausleben. Viele Menschen scheinen von mir zu erwarten, dass das etwas ist, was mich enttäuschen könnte. Oder noch extremer: etwas, was ich meinen Kindern aberziehen möchte.

Ich will aber meinen Kindern eigentlich gar nichts an- oder aberziehen. Eigentlich will ich gar nicht an ihnen rum(er)ziehen. Ich möchte sie nur begleiten. Meine Kinder können mich nicht enttäuschen, weil sie sind, wie sie sind. Ich versuche, mir kein Bild davon zu machen, wie sie sein sollen. Das ist schwer und gelingt nicht immer. Natürlich habe auch ich Hoffnungen und Erwartungen. Ich wünsche mir zum Beispiel aufgeschlossene, neugierige Kinder. Kinder, die anderen Menschen offen begegnen. Aber ich trage die feste Überzeugung in mir, dass meine Kinder wunderbar sind, so wie sie sind. Und wie sie sind, können nur sie mir zeigen. Alles, was ich tun kann, ist, offen für ihr »sie selbst sein« zu sein.

Ich wünsche mir, dass die Frage »Wisst ihr denn schon, was es wird?« eine Frage wird, die unseren Alltag mit Kindern begleitet und nicht nur die Schwangerschaft. Aber die Frage müsste umformuliert und ans Kind gerichtet werden: »Weißt du, wer du (derzeit) bist, und ist es das, wie du sein willst?«

Für diesen offenen Umgang soll dieses Buch eine Handreichung, ein Ratgeber sein. Wir können nicht gänzlich ohne das erziehen, was wir über Geschlecht verinnerlicht haben. Wir können unsere Kinder nicht fernhalten von einer Gesellschaft, die sie stereotypisiert. Aber wir können uns bewusst machen, was »Geschlecht« eigentlich ausmacht, und unseren Kindern die Möglichkeit geben, sich in diesem Rahmen möglichst frei zu entfalten.

Ich werde darum zuerst theoretisch aufarbeiten, wovon wir eigentlich sprechen, wenn wir über Geschlecht sprechen, was das Ganze mit Körpern zu tun hat und wie wir als Gesellschaft Geschlecht vermitteln. Dabei wird es auch darum gehen, wie wir über Geschlecht sprechen und wie wir unserer Sprache in Bezug auf Geschlecht etwas mehr Offenheit geben können. Das nächste große Thema ist das Sprechen und Leben mit Kindern unter dem Fokus der Geschlechtsoffenheit. Es werden Stereotype aufgearbeitet und die häufigsten Einwände, die sich gegen geschlechtsoffene Erziehung richten, beantwortet. Denn wer sich entscheidet, Kinder geschlechtsoffen aufwachsen zu lassen, sieht sich immer auch mit dem Unwohlsein anderer darüber konfrontiert. Zum Abschluss geht es auch ganz konkret um Kinder, die trans sind, deren Geschlecht also nicht dem entspricht, was bei der Geburt angenommen wurde.

Ich schreibe dieses Buch für Menschen, die mit Kindern leben und arbeiten, für alle, die mit Kindern herausfinden wollen, was für tolle Menschen diese sind, unabhängig von dem ihnen zugewiesenen Geschlecht. Ich schreibe es auch für die, die mich fragen, was sie tun sollen mit ihrem Kind, das sagt, es sei weder Mädchen noch Junge oder es sei ein Mädchen, obwohl alle es für einen Jungen halten. Und ich schreibe es für die, die sich Sorgen machen, weil ihr

Kind sich nicht gemäß dem verhält, was den gesellschaftlichen Erwartungen an das Kind entspräche.

Wenn wir unsere Kinder in starren Geschlechterbildern groß werden lassen, schaden wir ihnen. Dabei ist es ganz egal, welches Geschlecht sie haben und ob sie den Rollenbildern, die über dieses bestehen, entsprechen oder nicht. Jedes Kind ist von dem betroffen, was die verhärteten Rollenbilder der Gesellschaft anrichten.

Geschlechtsoffene Erziehung kann für alle, die mit Kindern leben und arbeiten, anders aussehen. Es gibt nicht die eine richtige Art und Weise, geschlechtsoffen ein Kind zu begleiten. Was bei uns gut funktioniert, kann für andere völlig unpraktikabel sein. Während bei einigen das Umfeld sehr unterstützend ist, müssen andere um jeden Zentimeter Offenheit erbitterte Diskussionen führen. Wieder andere wissen vielleicht noch gar nicht so recht, wie sie ihrem Kind diese Offenheit vermitteln können. Ich hoffe, hier für alle Anregungen geben zu können, damit ihr für euch und eure Situation einen Weg zur Geschlechtsoffenheit finden könnt. Damit die Kinder, die in eurem Leben sind, von euch auf ihrem Weg, sie selbst zu sein, begleitet werden können.

Von Schniedelwutz und Schneckchen – mit Kindern über Körper reden

Ich würde gern über Geschlecht sprechen können, ohne über Körper zu reden. Aber Körper und Geschlecht werden im Allgemeinen zusammen gedacht. Um also über Geschlecht sprechen zu können, ohne über Körper zu reden, muss ich erst einmal über Körper reden und insbesondere über das, woran in der Regel entschieden wird, ob ein Neugeborenes zu einem Jungen oder zu einem Mädchen gemacht wird. Es wird dabei zum Teil sehr detailliert über Genitalien gesprochen, es wird außerdem auch Gewalt gegen Kinder durch medizinische Eingriffe sowie sexualisierte Gewalt thematisiert, und es geht auch um Kolonialisierung und Rassismus.

»Das da unten« – Genitalien benennen, erklären, verstehen

»Nimm die Finger von deinem Pfui-Pfui!«

Ich saß auf einem Wasserspielplatz, zahlreiche wenig bis gar nicht bekleidete Kinder tobten durch die Gegend. Und neben mir sagte eine Person tatsächlich »Nimm die Finger von deinem Pfui-Pfui!« zu einem Kind, das vermutlich noch keine zwei Jahre alt war und gerade Sand an seinem Genital verteilte. Ich war fassungslos. »Wenn du jetzt nicht deine Finger da wegnimmst, dann gehen wir nach Hause.« Das Kind, welches sich bis kurz zuvor noch nicht besonders interessiert an der Aussage seiner Begleitperson gezeigt hatte, hielt jetzt inne. »Keinen Sand auf dein Pfui-Pfui machen. Bäh! Bäh! Nicht machen! Das ist pfui! Sonst gehen wir nach Hause.« Das Kind fing an zu weinen und hörte auf, mit dem Sand zu spielen. Die erwachsene Person nickte wohlwollend und schlug vor, mit den Sandförmchen zu spielen, die bisher unbeachtet neben dem Kind lagen.

Über Genitalien zu reden, fällt vielen Menschen schwer. Doch es ist immens wichtig, dass wir über Genitalien sprechen lernen – und das auch mit unseren Kindern tun. Die Begriffe, die wir benutzen, um Genitalien zu be- und zu umschreiben, sind zahlreich – gerade in der Kommunikation mit Kindern. Pipimax, Strullerliese, Schniedelwutz, Schneckchen, Piephahn, Döschen, Pullermann, Mumu, Schwert, Scheide, Glied, Spalte …. Vulvinen[1] werden häufig auf »etwas, in das etwas hineingetan wird« reduziert. Penisse dagegen werden gegenüber Kindern häufig mit ihrer Funktion als Ausscheidungsorgan benannt.

Über Genitalien zu sprechen ist oft mit viel Scham und Angst besetzt. Sex ist immer noch ein Tabu-Thema, und Genitalien sind so sehr mit Sex assoziiert, dass sie selbst zu etwas Schamhaftem werden. Werden sie mit Ausscheidungen in Verbindung gebracht, dann ist das etwas, was für viele Menschen irgendwie eklig oder unangenehm ist.

Das hat die tragische Folge, dass erwachsene Menschen, insbesondere wenn sie nicht über Penis und Hoden, sondern über eine Vulvina oder andere Genitalien verfügen, nicht wissen, wie sie über ihre Genitalien sprechen können, teilweise nicht einmal genau wissen, was ihre Genitalien ausmacht. Ein Großteil der Menschen mit Vulvina hat sich ebendiese noch nie ausführlich angesehen, zum Beispiel mithilfe eines Spiegels. (Mehr zur Vielfalt von Genitalien folgt im Verlauf des Kapitels.)

Wie können wir dem entgegenwirken? Unseren Kindern (und vielleicht auch uns selbst) vermitteln, dass auch »das da unten« nichts ist, was eklig, schamhaft oder geheimnisvoll ist, sondern dass es sich um Körperteile mit unterschiedlichen Funktionen handelt?

Wir können bei sehr kleinen Kindern damit beginnen, beim Wickeln und beim Baden zu benennen, welches Körperteil gerade sauber gemacht wird. Das hilft auch, die eigenen Ängste zu konfrontieren und Scham abzubauen. Also genauso unbefangen sagen »Ich wasche dir jetzt deinen Hodensack« wie »Ich wasche dir jetzt deine Füßchen« oder »Oh, du hast da noch Sand im Po!« und »Moment, du hast da noch Kot zwischen den Vulvalippen!«. Am Anfang fühlt sich das irgendwie komisch an. Aber spätestens wenn das Kind dann ankommt und sagen kann »Ich habe Schmerzen in der linken äußeren Vulvalippe« statt »Ich habe Schmerzen da unten«, merken wir, wie wertvoll das präzise Sprechen über Körper ist. Das ist auch vor dem Kontext von Prävention sexualisierter Gewalt gegen Kinder wichtig. Ein Kind, das sich schämt, über seine Genitalien zu reden, schämt sich noch viel mehr, wenn Erwachsene, Jugendliche oder andere Kinder etwas mit diesen Genitalien gemacht haben, was nicht okay war für das Kind. Das Kind, dessen Genital als Pfui-Pfui benannt wurde, von dem es seine Finger lassen soll, wird nicht gut in der Lage sein, darüber zu reden, wenn andere die Finger an seinem Pfui-Pfui hatten.

Die Scham, die viele von uns selbst gelernt haben, müssen wir unseren Kindern nicht weitergeben. Das heißt auch, dass wir lernen müssen, über unsere eigene Scham hinauszuwachsen. Das kann ein schwieriger und schmerzhafter Prozess sein; und gerade bei selbst erlebter sexualisierter Gewalt kann es erforderlich sein, dass wir uns dabei therapeutische Unterstützung suchen. Es ist möglich, dass wir nie an einen Punkt kommen, an dem wir es schaffen, uns von unserer Scham frei zu machen und sie gar nicht an unsere Kinder weiterzugeben. Das ist in Ordnung. Wir versuchen, was wir können. Oder, um zu zitieren, was Nora Imlau in ihrem *Familienkompass* schreibt: »Wenn wir über menschliches Miteinander sprechen, kommt es immer auf den Einzelfall an. Keine Regel, von der es nicht auch eine Ausnahme geben könnte, wenn es die Situation erfordert. [...] Es gibt nicht den *einen* richtigen Weg, Kinder ins Leben zu begleiten, sondern unzählige, individuelle. Und wir müssen immer wieder aufs Neue entscheiden, wie ein angemessenes Verhalten in dieser oder jener spezifischen Situation für uns aussehen kann, darf und soll.«[2]

Unserer eigenen Scham begegnen wir auch, wenn Kinder uns folgen, wenn wir zum Beispiel die Toilette aufsuchen, und sie uns dabei allerhand neugierige Fragen stellen. Sie wollen wissen, warum wir Haare an Körperstellen haben, an denen sie (noch) keine haben, wofür Menstruationshygieneartikel gut sind, ob unser Stuhlgang auch manchmal wehtut, ganz doll stinkt oder ob wir traurig sind, wenn wir unseren Urin wegspülen. Unsere Reaktionen darauf bringen Kindern bei, wie sie mit diesen Themen umgehen können – oder ob sie diese Themen umgehen sollten.

Die kindliche Unbefangenheit wird erst dort zu Scham, wo sie lernen, dass »das da unten« etwas ist, über das Erwachsene nicht reden wollen, ein Thema, bei dem Erwachsene rot werden oder ablenken. Schamgefühle können persönliche Grenzen deutlich machen. Aber Scham hat auch die gesellschaftliche Funktion, Verhalten zu steuern. Eine Befreiung von Scham meint nicht, dass die eigenen Schamgefühle grundsätzlich schlecht wären, sondern dass gesellschaftlich gesetzte Schamgrenzen und individuelle Schamgrenzen oft nicht deckungsgleich sind. Scham in der Funktion des Beschämens ist etwas sehr anderes, als ein Bewusstsein für die eigene Intimsphäre zu haben.

»Das ist meine Menstruationstasse. Die kann ich in meine Vagina einführen und dort fängt sie mein Menstruationsblut auf.« Das war meine Antwort auf die Frage, warum ich etwas aus mir raushole, was mit Blut gefüllt ist, das Blut ausleere und das komische Ding dann wieder in mir verschwinden lasse. Was Menstruation ist, erklärte ich meinen Kindern, als sie im Alter von jeweils etwa drei Jahren die Frage stellten, so: »Bei Menschen und vielen anderen Tieren, die schwanger werden können, bereitet sich ihr Körper etwa einen Monat lang darauf vor, dass ein Baby in ihm wachsen könnte. Wenn das dann nicht passiert, stößt der Körper all dieses Vorbereitete wieder aus. Das passiert, indem die Eizelle mit Blut aus dem Körper gespült wird. Dann fängt die Vorbereitung wieder von vorn an.«

Fragen von Kindern dann zu beantworten, wenn Kinder mit ihnen an uns herantreten, ist eine gute Orientierung für die Frage nach dem richtigen Zeitpunkt für Aufklärungsthemen. Manche Antworten wissen wir vielleicht selbst nicht so genau. Ich sage dann gern: »Komm, wir fragen das Internet!«, und dann sehen wir uns gemeinsam Bildmaterial an und ich erkläre anhand begleitender Texte, was das Kind wissen will. Zum Beispiel, wie das noch mal war mit dem »Loch im Kopf« bei Babys und was das mit der Vagina und der Geburt zu tun hat. Oder wir lesen Kinderbücher zum Thema.

Manchmal sage ich auch: »Uff, ich weiß gar nicht genau, wie ich dir das erklären soll, gib mir etwas Zeit.« Oder, weil auch ich nicht immer aus meiner Haut und meiner Erziehung kann: »Das erkläre ich dir lieber in Ruhe zu Hause als jetzt hier im Bus.«

Also, was ist »das da unten« denn nun genau?

Um über Körper reden zu können, brauchen wir Wörter, die uns helfen, unseren Körper zu beschreiben. Gerade für den Intimbereich ist der Wortschatz aber oft unpräzise, wenig vorhanden oder sehr blumig.

Es gibt Körper, die haben einen Hodensack (Skrotum) mit meist zwei Hoden (Testikeln) darin. Daran ist ein Penis, dessen Schaft (Corpus penis) in der Eichel (Glans penis) endet. Die Eichel hat am unteren Ende eine ringförmige Verdickung (Corona glandis). Auf der Eichel befindet sich der Harnröhrenausgang. Viele Penisse haben eine Vorhaut, welche über der Eichel liegt und sich vor und zurück bewegen lässt. Bei einigen wurde sie aus medizinischen, religiösen oder ästhetischen Gründen entfernt.

Es gibt Körper, die haben eine Vulva, bestehend aus den äußeren und inneren Labien/Vulvalippen (Labia majora und Labia minora). An der Spitze der inneren Labien sitzt die Klitoriseichel/Klitorisperle/der Klitoriskopf (Glans clitoris), die ebenfalls meist eine Vorhaut/Klitorismantel hat, auf dem Klitorisschaft. Der größte Teil der Klitoris liegt im Körperinneren und ist nicht sichtbar. Die Klitoris erstreckt sich über die ganze Länge der Vulva. Zwischen den inneren Labien liegen der Harnröhrenausgang und der Eingang der Vagina. Am Eingang der Vagina befindet sich außerdem das Hymen, welches viele unter dem Begriff »Jungfernhäutchen« kennen. Entgegen landläufiger Mythen reißt es jedoch bei dem ersten vaginalen Sex nicht. Es ist eine ringförmige, sehr bewegliche Membran und kein durchgängiges Häutchen, das erst einmal »kaputt gestochen« werden muss.

Es gibt Körper, die haben Genitalien, welche nicht den beiden oben genannten Mustern folgen. Diese haben zum Beispiel einen Penis, bei welchem der Harnröhrenausgang auf dem Penisschaft liegt, oder eine Vulva ohne innere Labien, aber stattdessen einen kleinen Penis/eine große Klitoris mit einem Harnröhrenausgang auf dem Schaft und einer dahinterliegenden Vagina. Oder einen normgroßen Penis mit Harnröhrenausgang auf der Eichel, aber keine Hoden, sondern Eierstöcke, eine Vagina, aber keinen Uterus.

Für den Penis und den sichtbaren Teil der Klitoris gibt es sogenannte Normgrößen. Der Penis eines Neugeborenen sollte größer als 2,5 cm sein, um als solcher bezeichnet zu werden. Der Klitoriskopf sollte kleiner als 0,7 cm sein.[3] Um sich das vor Augen zu führen, kann ein handelsüblicher Bleistift auf eine 2-Euro-Münze gestellt werden. Die 1,8 cm zwischen diesen beiden Durchmessern gelten als Normabweichung.[4] Üblicherweise wird aber lediglich durch die Personen, die die Geburt medizinisch begleiten, auf die Genitalien geschaut. Gemessen wird erst, wenn Zweifel bestehen, ob eine Abweichung vorliegt.

Die Varianten, wie Genitalien und innere und äußere Intimorgane aussehen können, sind zahlreich. Mit sogenannten ambigen (uneindeutigen) Genitalien kommt Schätzungen zufolge eins von 4.500–5.500 Kindern zur Welt. Das entspricht für Deutschland im Jahr 2019 mit 778.129 Geburten etwa 141–173 Kindern.

Grundsätzlich sind die genauen Genitalkonfigurationen von Menschen so individuell wie Fingerabdrücke. Sei es die konkrete Länge des Penis oder die Form der Labien: Es gibt keinen anderen Menschen mit der exakt gleichen Genitalausstattung. Doch bei allen Menschen entstehen die Genitalien aus dem gleichen Material, erst im Verlauf der Frühschwangerschaft bilden sich die konkreten Genitalien aus. Bei genauer Betrachtung sind die Gemeinsamkeiten auch bedeutend größer als die Unterschiede.

Findet Begriffe, die sich für euch und eure Kinder gut anfühlen, nichts beschämen oder abwerten und gleichzeitig andere Menschen nicht im Unklaren lassen, was denn gemeint sein könnte. Probiert ruhig aus, bei älteren Kindern auch gemeinsam, welche Worte das sind. Wenn für euch »Muschi« und »Dödel« gut funktionieren, dann benutzt diese Worte ruhig – denn die meisten Menschen werden diese problemlos zuordnen können.

Vom Körper zum Geschlecht

Mit diesen Begriffen haben wir also Worte für »das da unten«. Aber sind es die Genitalien, die unser Geschlecht bestimmen? Um diese Frage zu beantworten, möchte ich zwei kleine Abstecher machen: einen in die Biologie und einen in die Geschichte.

Beginnen wir in der Biologie: Für das, was hier als Geschlecht bezeichnet wird, spielen mehrere Faktoren eine Rolle, einige davon waren schon Thema, als es darum ging, welche Worte wir mit Kindern benutzen können:

* die Genitalien
* die Gonaden (also etwa Eierstöcke oder Hoden)
* die Chromosomen – XX und XY werden üblicherweise angeführt und andere Varianten wie XXX, X0 oder XXY sind in vielen Köpfen noch als »krankhafte Mutationen« abgespeichert
* die landläufig als »sekundäre Geschlechtsmerkmale« geltenden, häufig hormonabhängigen Körpermerkmale wie Behaarung, Brustwachstum, Fettverteilung, Stimmhöhe ...
* die Hormone (bekannt sind meist Östrogen und Testosteron, aber auch Progesteron und andere Androgene als Testosteron sind hier relevant)

Körper werden dann als weiblich klassifiziert, wenn sie:

* eine Vulva mit Vagina und Klitoris haben
* Eierstöcke und einen Uterus haben
* XX-Chromosomen haben
* in der Pubertät Brüste ausbilden
* wenig bis keine Gesichtsbehaarung und geringe Körperbehaarung entwickeln
* hohe Östrogen- und Progesteronwerte haben, aber niedrige Testosteron- und Androgenwerte

Körper werden dann als männlich klassifiziert, wenn sie:

* einen Penis und einen Hodensack haben
* Hoden haben
* XY-Chromosomen haben
* in der Pubertät keine Brüste, die nicht zur Fettverteilung passen, ausbilden
* einige bis viel Gesichts- und Körperbehaarung entwickeln
* hohe Testosteron- und Androgenwerte haben, aber niedrige Östrogen- und Progesteronwerte

Körper werden dann als intergeschlechtlich klassifiziert, wenn auffällt, dass sie nicht einer dieser beiden Kategorien zuzuordnen sind und sich auch nicht durch Operationen Eindeutigkeit erzwingen lässt. Diese Unmöglichkeit des Zuordnens passiert dann, wenn entweder ein oder mehrere Punkte aus einer der beiden obigen Listen nicht erfüllt sind oder wenn Punkte aus beiden Listen gemeinsam auftreten. So kann ein Körper zum Beispiel alle Kriterien für die Zuordnung als weiblich erfüllen, außer die, XX-Chromosomen zu haben. Ein anderes Beispiel wäre ein Körper, der sowohl einen Penis als auch eine Vagina hat.

Ab hier werde ich zu inter abkürzen. Ich schreibe bewusst nicht von Intersexualität, ein Begriff, der aus veralteten Diskursen stammt und die meisten Menschen eher denken lässt, es würde um eine sexuelle Orientierung gehen.

Manchmal kommt es erst im späteren Lebensverlauf dazu, dass eine Person als inter erkannt wird. Zum Beispiel, wenn es aus anderen Gründen zu einer Untersuchung der Chromosomen kommt, in der Pubertät erwartete Veränderungen des Körpers nicht eintreten, andere Veränderungen eintreten als erwartet oder im Rahmen von Untersuchungen aufgrund unerfüllten Kinderwunschs. Auch bei Obduktionen im Todesfall kam es schon dazu, dass zum Beispiel bei Personen, die bei der Geburt »männlich« zugewiesen bekommen hatten, ein nicht voll ausgereifter Uterus gefunden wurde. Einige Menschen wissen gar nicht, dass sie mit inter Merkmalen geboren wurden. Sei es, dass diese nie entdeckt oder dass sie verschwiegen wurden.

Bis heute werden Kinder, die inter sind, hauptsächlich bei »uneindeutigen« Genitalien, oft schon im Kleinkindalter operiert. Darunter leidet sehr häufig die Empfindsamkeit der Organe, teilweise die Reproduktionsfähigkeit. Interessenverbände von inter Menschen versuchen ein Verbot von solchen Operationen durchzusetzen, denn diese sind fast nie medizinisch notwendig, sondern werden aus kulturell und normativ bedingten kosmetischen Gründen durchgeführt, oft um das Geschlecht zu »vereindeutigen« und eine Zuweisung als Junge / Mädchen zu ermöglichen. Dabei werden die Genitalien von Kleinkindern so operiert, dass sie Normerwartungen entsprechen. Dazu kann gehören, dass eine Vagina geschaffen oder erweitert wird, die nach der Operation regelmäßig mit sogenannten Dilatoren (dildoähnliche Dehnungsstifte, deren Größe nach und nach gesteigert wird) offen gehalten werden muss – um später penetrativen Sex zu ermöglichen. Für Betroffene sind die Operationen und nachfolgende Behandlungen oft traumatisch. Völlig gesunde Organe werden operiert, damit Kindergenitalien den Normvorstellungen von Vulva plus Vagina oder Penis plus Skrotum entsprechen. Auch Folgeoperationen sind keine Seltenheit.

Die wenigsten Eltern wissen genau, was es damit auf sich hat, wenn medizinisches Fachpersonal sie kurz nach der Geburt im Gespräch aufsucht und zum Beispiel von erhöhter Gefahr durch Hodenkrebs spricht oder einer vielleicht unmöglichen gesunden Entwicklung der Sexualität. Auch im Medizin-Studium kommt inter selten als eine von vielen Möglichkeiten dafür, wie Körper sein können, vor, sondern als krankheitswertige Normabweichung. Obwohl also keine oder nur geringe medizinische Bedenken bestehen, werden Kinder zurechtoperiert, um in das Zwei-Geschlechter-Modell zu passen. »Dabei sollten die Genitalien idealerweise innerhalb der ersten sechs Lebensmonate chirurgisch an die ›normale‹ weibliche respektive männliche Entwicklung angepasst werden.«[5]

Eine größer angelegte Studie beziffert die Zahl derartiger Operationen an Kindern in Deutschland von 0 bis 10 Jahren in den Jahren 2010 bis 2016 mit durchschnittlich 1 871 Operationen jährlich (inklusive Hypospadie-Operationen).[6] Im März 2021 wurde ein Teil dieser Operationen in Deutschland verboten. Betroffene kritisieren die entsprechende Gesetzgebung jedoch als unzureichenden Schutz.

»Die Zahlen der feminisierenden und maskulinisierenden Operationen an intergeschlechtlichen Kindern sind nicht rückläufig; ein Umdenken hat nicht stattgefunden – trotz intensiver Diskussionen mit und unter Mediziner*innen, trotz eines öffentlichen Diskurses über geschlechtliche Vielfalt und trotz fehlender Evidenz, dass diese Operationen einen positiven Effekt haben. Dass Operationen an den Genitalien von nichteinwilligungsfähigen intergeschlechtlichen Kindern Menschenrechtsverletzungen darstellen, müsste mittlerweile völlig unstrittig sein. Denn es handelt sich dabei um eine höchst invasive und folgenschwere Verletzung der Persönlichkeitsrechte.«[7]

Diese Merkmale, die Körper haben können und die alle mehr oder weniger mit dem großen Thema »Fortpflanzung« zu tun haben, sind nicht von sich aus »männlich« oder »weiblich« oder »inter«, sondern sie wurden so benannt. In der biologischen Forschung wurde die Idee, dass menschliche Fortpflanzungsfähigkeit sich in exakt zwei Kategorien einteilen lässt, schon längst verworfen – doch die Vorstellung von exakt zwei Geschlechtern, die eindeutig am Körper zu erkennen sind, ist sehr tief in unseren Köpfen verankert.

Aber die Idee von Geschlecht kennt viel mehr Ausprägungen als nur Mädchen oder Junge beziehungsweise Frau oder Mann. In vielen Kulturen rund um die Welt gibt es oder gab es schon immer mehr als zwei Geschlechter. Etwa die Nádleehí bei den Navajo oder die Whakawahine und Wakatane bei den Maori oder zum Beispiel die Quariwarmi bei den Inkas oder die Femminiellos in Italien und die Burrnesha in Albanien.[8]

Hier in diesem Buch werde ich aus deutsch-europäischer Perspektive, aus weißer, nicht indigener Perspektive sprechen. Es ist die Weltsicht, die im Zuge der Kolonialisierung und Christianisierung großen Teilen der Menschheit aufgezwungen wurde und zur Stigmatisierung von Personen geführt hat, die nicht den mitgebrachten Rollenbildern entsprachen.

In der (überwiegend christlich) europäisch-US-amerikanisch geprägten Kultur gibt es die verhärtete Vorstellung von exakt zwei Geschlechtern, die sich, aus der Logik des Fortpflanzens heraus, fast ausschließlich gegenseitig anziehend finden, etwa seit der Romantik, also seit etwas mehr als 200 Jahren.

Machen wir also einen kleinen historischen Abstecher und sehen uns an, wie das entstand, was wir heute unter Geschlecht verstehen.

Geschlecht im Wandel der Zeit

Bis ins frühe 18. Jahrhundert war die Vorstellung von Geschlecht eine eher graduelle. »Mann« und »Frau« waren dabei nicht zwei grundlegend verschiedene Kategorien, sondern zwei Ausprägungen von ein und demselben Geschlecht, zwei Seiten einer Münze. Diese Annahme war in erster Linie ebenfalls körperbasiert: Die Menschen gingen davon aus, dass die Genitalien eigentlich gleich waren, aber entweder nach innen gestülpt waren oder nach außen hervortraten.

»Frauen« waren dabei eher Mängelexemplare, bei denen es nicht dazu gekommen war, dass die Genitalien sich nach außen gestülpt hatten, »… der Mann [wurde] als das Maß des Menschen erachtet«[9]. Diese Lehre ging auf Aristoteles zurück und hatte Bestand, bis sich zu Beginn des 19. Jahrhunderts die Geschlechterrollen veränderten.

In dieser Vorstellung von »Frau« als nicht voll entwickelter »Mann« war es durchaus möglich, dass »Männlichkeit« auch erst spät im Leben erreicht wird. Denn sie galt als der ideale Zustand des Menschen. Menschen wiederum galten als Wesen, die nach Vollkommenheit – und damit nach »Männlichkeit« – strebten. Das Geschlecht war also keinesfalls statisch, sondern durch Verhalten beeinflussbar.

Im Zuge der Aufklärung (etwa 1650–1800) wurde in Europa eine Hinwendung zur »Vernunft« angestrebt, die Naturwissenschaft begann, das Maß aller Dinge zu werden. Doch während Olympe de Gouges (1748–1793) sich für die Rechte von Frauen starkmachte, sprachen viele berühmte Menschen dieser Zeit Frauen die Gabe zur Vernunft völlig ab. Und nicht nur Frauen. Auch Schwarze und Menschen of Color sowie indigene Menschen, Jüd_innen und Menschen ohne Besitz oder behinderte Menschen waren für viele machthabende Männer nicht oder nur in begrenztem Maße zur Vernunft fähig – und damit auch gar nicht qualifiziert, Rechte zu erlangen. »Vernunft« im aufklärerischen Sinne war etwas, das vor allem weiße Männer hatten. Ließ es sich doch einmal nicht leugnen, dass eine Frau auch vernünftig war, so wurde ihr ein »männlicher Verstand« attestiert.

Insbesondere Immanuel Kant (1724–1804) beschäftigte sich in seinen Anthropologie-Vorlesungen mit den Geschlechtern, seine Annahmen haben die Geschlechtstheorien lange Zeit geprägt. Er sagte unter anderem: »Das Frauenzimmer hat ein angeborenes stärkeres Gefühl für alles, was schön, zierlich und geschmückt ist. Schon in der Kindheit sind sie gern geputzt und gefallen sich, wenn sie geziert sind.«[10] Das ist schon nah dran an den Stereotypen, die uns heutzutage im Alltag begleiten.

Zeitgleich begannen auf vielen gesellschaftlichen Ebenen Veränderungen: Städtisches Leben wurde relevanter, im sozialen Gefüge bekam das Individuum mehr Bedeutung, und die Industrialisierung im 19. Jahrhundert brachte neue Produktionsweisen und umfangreiche Veränderungen von Arbeitsstrukturen mit sich. Monarchien wurden gestürzt, Demokratien begründet und »die Frau« vom Mann als eigenständiges (und minderwertiges) Geschlecht entkoppelt. Hinzu kam eine Erhöhung romantischer Liebe, insbesondere auch für Eheschließungen. Die Anzahl der Menschen, die gemeinsam unter einem Dach lebten, sank. »Männlichkeit« und »Weiblichkeit« wurden zu zwei verschiedenen, sich gegenseitig ergänzenden Konzepten, die erst miteinander, durch die Unterwerfung der Frau gegenüber ihrem Mann, Vollkommenheit erlangen. Frauen wurden vor allem auf ihre Gebärfähigkeit reduziert.

Der Arzt und Anthropologe Rudolf Virchow (1821–1902) sagte: »Die Frau ist ein Paar von Eierstöcken, an denen ein Mensch dranhängt, während der Mann ein Mensch ist, der über ein Paar Hoden verfügt.«[11]

Allmählich wurde aus dem Ein-Geschlecht-Modell ein Zwei-Geschlechter-Modell, und die Forschung konzentrierte sich fortan darauf, möglichst viele Unterschiede zu suchen, um damit die zwei Kategorien zu begründen.

Die Geschlechterforscherin Christa Spannbauer schreibt: »Das bis heute gültige Zwei-Geschlechter-Modell stellt daher keineswegs das Resultat neuer wissenschaftlicher Erkenntnisse oder eine Erweiterung des medizinisch-anatomischen Wissens dar, sondern ist ebenso wie das Ein-Geschlechter-Modell auch ein Produkt des herrschenden kulturellen Diskurses seiner Zeit.«[12]

In Herders Konversationslexikon von 1904 wird die Frau wie folgt definiert: »Frau, ehedem nur Ehren- od. Standesbezeichnung für den erwachsenen weiblichen Menschen, wird heute fast allgemein für Weib gebraucht; als Gegensatz zu Jungfrau bedeutet F. im engeren Sinn die verheiratete weibliche Person. Die die F. vom Manne unterscheidenden physischen und psychischen Hauptmerkmale deuten auf den Mutterberuf, wodurch sie den zweiten Träger der Menschenfamilie darstellt. [...] Der Mann ist der Typus der Autorität, die F. der der Anmut; der Mann wirkt eindringlicher durch das was er thut, die F. durch das was sie ist. Der Mann blickt mehr auf das Weite, Ganze, die F. auf das Nahe, Einzelne; der Mann neigt zum abstrakten Denken, zur Stetigkeit der Gesinnung u. Handlung, zum Schaffen und Organisieren, die F. zum intuitiven Erfassen, zum Insichaufnehmen, Nachahmen, Anpassen, Ordnen, Erhalten, widerstandsfähigem Ertragen.«[13]

Im Nationalsozialismus sind insbesondere die Hürden für trans und inter Personen verschärft worden. Zuvor erlaubte das Allgemeine Landrecht für die Preußischen Staaten von 1794[14] es inter Menschen, ihr Geschlecht zum 18. Geburtstag selbst festzulegen – allerdings nur als männlich oder weiblich. Die umfangreiche Forschung unter anderem zu trans und inter Themen von Magnus Hirschfeld wurde 1933 zerstört – samt dem von ihm begründeten Institut für Sexualforschung in Berlin. Bei dem in fast jedem Geschichtsbuch zu findenden Bild zur Bücherverbrennung durch Studierende auf dem Opernplatz in Berlin am 10. Mai 1933 handelt es sich zu einem großen Teil um die Werke, die im Institut für Sexualforschung vier Tage zuvor beschlagnahmt worden waren. Auch wenn es zu Recht viel Kritik an Hirschfeld gibt, wurde die Forschung zu inter und trans Personen so um Jahrzehnte zurückgeworfen.

Seine Forschung wurde als pervers verurteilt und das Bild von »Mann« und »Frau« und ihren sozialen Funktionen wurde unter der nationalsozialistischen Ideologie verschärft. Die »Frau« wurde mehr denn je auf ihre Funktion als »Mutter« ausgerichtet. Propagandaformeln wie »Heilig sein soll uns jede Mutter deutschen Blutes«, Mütterehrungen und das Mutterkreuz, eine Auszeichnung für das Gebären vieler Kinder, prägten das Frauenbild im Nationalsozialismus.[15]

Große, teilweise sehr unterschiedliche Veränderungen in den gesellschaftlichen Erwartungen an Geschlecht gab es im Nachkriegsdeutschland sowohl im Westen wie im Osten. Während es im Osten unter Einflussnahme sowjetischer Vorgaben schnell dazu kam, dass die Frauenpolitik zur Familienpolitik wurde, welche die Doppeltätigkeit von Frauen als Mütter und Werktätige zum Ziel hatte, ging es im Westen viel um rechtspolitische Fragen der Gleichberechtigung von Frau und Mann.

Im Zuge der Frauenbewegung kam es hüben wie drüben zu immer neuen Verschiebungen der Idee davon, was eine »Frau« zur Frau macht, und damit ging es auch immer wieder darum, was Geschlecht eigentlich ausmacht. Die Unterschiede zwischen West- und Ostdeutschland sind bis heute in der Kindererziehung und -betreuung sowie in der Entlohnung von erwerbstätigen Frauen spürbar.

Zurück in die Gegenwart.

Was heißt hier Geschlecht?

Ganz grundsätzlich möchte ich drei verschiedene Arten von Geschlecht unterscheiden: das bei der Geburt zugewiesene Geschlecht, das Geschlecht, welches Kindern zugeschrieben wird, und das Geschlecht, welches die Kinder tatsächlich haben. Es wäre vorstellbar, noch weitere Unterscheidungen zu treffen, zum Beispiel nach dem rechtlichen Geschlecht, welches in Deutschland in der Regel (aber nicht immer) dem bei der Geburt zugewiesenen Geschlecht entspricht und auf das ich, zumindest kurz, eingehen werde.

Beginnen wir mit dem *zugewiesenen Geschlecht*: Das ist das Geschlecht, das dem Kind in der Regel vom medizinischen Fachpersonal zugewiesen wird, nachdem die Genitalien im Ultraschall und/oder bei der Geburt angesehen wurden. Dabei gibt es drei Möglichkeiten: Das Kind hat einen Penis, dann wird es als Junge einsortiert. Das Kind hat eine Vulva (das Vorhandensein einer Vagina wird meist nicht untersucht), dann wird es als Mädchen einsortiert. Sind die Genitalien nicht eindeutig, wird das Kind entweder operiert, um Eindeutigkeit zu erzwingen, oder es wird ohne Operation dennoch als Mädchen/Junge einsortiert oder es wird als inter einsortiert.

In Ausnahmefällen kommt es auch durch andere Verfahren als Genitalbeschau zur geschlechtlichen Zuordnung: zum Beispiel durch Bluttests während der Schwangerschaft, um beispielsweise auf chromosomale Auffälligkeiten hin zu untersuchen. Doch die allermeisten Geschlechtszuweisungen sind nichts anderes als die Beantwortung der Frage, ob das Neugeborene einen Penis hat oder ob alles, was zu klein ist, um als Penis durchzugehen, klein genug für eine Klitoris ist.

In Deutschland gibt es für diese drei Möglichkeiten derzeit rechtlich vier Optionen, den Geschlechtseintrag im Geburtenregister zu erfassen: männlich, weiblich, divers (seit 2018 möglich) und kein Eintrag (seit 2013 möglich). Dieser Geschlechtseintrag wird in der Regel bei der standesamtlichen Erfassung der Geburt vorgenommen und muss nicht mit dem übereinstimmen, was andere einer Person für ein Geschlecht *zuschreiben*, und auch nicht mit der *Geschlechtsidentität* eines Menschen.

Um diesen Eintrag zu ändern, bedarf es derzeit (Stand Mai 2021) den komplizierten, kostspieligen und erniedrigenden Weg über das veraltete Transsexuellengesetz oder ein ärztliches Attest über eine »Variante der Geschlechtsentwicklung«, um dann über das Personenstandsgesetz eine Änderung anzufordern. Ein Selbstbestimmungsgesetz, dass Änderung von Namen und Geschlechtseintrag nicht von der Bewertung Dritter abhängig machen würde, wurde im Mai 2021 vom Bundestag abgelehnt.

Anders sieht es in der Schweiz aus: Dort kann der Geschlechtseintrag von volljährigen, mündigen Personen selbstbestimmt geändert werden (seit 2020), allerdings nur zwischen den zwei Einträgen »weiblich« oder »männlich«. In Österreich hingegen gibt es (ebenfalls seit 2020) ganze sechs Varianten des amtlichen Geschlechtseintrags, nämlich »weiblich«, »männlich«, »divers«, »inter«, einen offenen Eintrag oder eine Streichung des Eintrags. Allerdings ist dort, wie in Deutschland auch, eine Änderung nur dann möglich, wenn eine »Variante der Geschlechtsentwicklung« ärztlich attestiert wird.

Ich war in einem Geschäft, durch das Schaufenster sah ich unsere drei Kinder mit ihrem Papa spielen. Die Person, die mich zu einer neuen Brille beriet, fragte: »Sind das alles Ihre?« Ich bejahte. »Alles Mädchen! Respekt, das ist sicher oft schwierig!« Ich nickte: »Ja, drei Kinder haben ist nicht immer leicht. Aber meistens schön.« Ich blickte nach draußen auf meine drei Kinder, die heute zufälligerweise alle Zöpfe hatten. An einem anderen Tag, auf dem Spielplatz, wurde ich angesprochen: »Drei Jungs, da ist immer was los, hm?« Alle Kinder trugen Kapuzen, regenfeste Kleidung und kletterten irgendwo herum.

Je nachdem, wie Kinder aussehen und sich verhalten, werden sie unterschiedlich kategorisiert.

Während das *zugewiesene Geschlecht* also das Geschlecht ist, welches dem Kind anhand seines Körpers zum Zeitpunkt der Geburt in der Geburtsurkunde, im Untersuchungsheft und beim Standesamt zugeordnet wird, ist das *zugeschriebene Geschlecht* das Geschlecht, von dem andere Menschen annehmen, dass das Kind es hat.

In jeder Gesellschaft gibt es Vorstellungen davon, was für welches Geschlecht angemessenes Verhalten, angemessene Kleidung, angemessene Namen usw. sind – und das wandelt sich stetig!

Dass rosa mit Mädchen und blau mit Jungen assoziiert wird, ist eine etwa 100 Jahre alte Entwicklung – davor war es genau umgekehrt. Jungen bekamen rosa als »das kleine Rot« – eine kräftige, starke Farbe, die Farbe der Könige; Mädchen hingegen hellblau, denn das sanfte Blau war ja (und ist bis heute!) die Farbe der heiligen Jungfrau Maria. Erst als Marinesoldaten blaue Uniformen bekamen, wechselte diese Farbzuweisung. Und davor trugen alle Kinder oft schlichte weiße/naturbelassene Kleider. Die ließen sich auskochen, und Wickeln ging damit auch schnell.

Ein Kind, das Andrea heißt, wird in Deutschland für ein Mädchen gehalten, in Italien aber für einen Jungen.

Ein Kind, das gern klettert und tobt, wird eher für einen Jungen gehalten, ein Kind, das gern malt und Geschichten hört, eher für ein Mädchen.

Wenn darüber geredet wird, wie ein Mensch sich in einer Gesellschaft innerhalb der Geschlechternormen bewegt, wird häufig von »Genderperformance« gesprochen. Manchmal wird das mit »Geschlechtsausdruck« übersetzt. Tatsächlich umfasst das Konzept sehr vieles: das Verhalten, Gestik, Mimik, die Sprache (sowohl Satzmelodie als auch Wortwahl), die Interaktion mit anderen Menschen, die Kleidung, sogar schulische Schwerpunktwahl oder Berufswahl können hier eine Rolle spielen.

Menschen, die bewusst mit den Stereotypen brechen, die zu ihrem Geschlecht existieren, werden als »gender non conforming« (im englischsprachigen Raum ist das Kürzel gnc üblich), also als unangepasst an Geschlechterrollen, geschlechtsnonkonform, bezeichnet. Das kann zum Beispiel ein Mann sein, der High Heels trägt und lackierte Nägel hat. Oder ein boxendes Mädchen, das außerdem gern Motocross-Rennen ansieht. Es gibt auch zahlreiche Menschen, die nur in manchen Kontexten geschlechtsnonkonform auftreten. Das auch als »Code Switching« bekannte Phänomen, bei dem Menschen sich in unterschiedlichen Kontexten teilweise stark unterschiedlich verhalten, kann auch auf den Geschlechtsausdruck zutreffen. Zum Beispiel der Buchhalter, der im Arbeitskontext geschlechtskonform Anzüge und kein Make-up trägt, aber nach Feierabend geschlechtsnonkonform auf Kleider und High Heels wechselt.

Abhängig davon, wie unsere Kinder von anderen betrachtet werden – und nicht selten auch unterschiedlich in unterschiedlichen Situationen –, wird unseren Kindern im Alltag ein Geschlecht zugeschrieben. Diese Zuschreibung beeinflusst wiederum, wie sie in der entsprechenden Situation behandelt werden.

Im zweiten und fünften Kapitel werde ich detaillierter darauf eingehen, welche Erwartungshaltungen es an Kinder gibt aufgrund des Geschlechts, das ihnen zugeschrieben wird, und welche Auswirkungen das auf Kinder hat.

Die *Geschlechtsidentität* ist das innere Bewusstsein eines Menschen dafür, ob und welches Geschlecht oder welche Geschlechter dieser Mensch hat. Es ist die innere Verbindung (oder fehlende Verbindung) zu dem, was dieser Mensch als Geschlecht gelernt hat. Stimmt dieses tatsächliche (Nicht-)Geschlecht mit dem zugewiesenen Geschlecht überein, sind Menschen cis, stimmt es nicht oder nur teilweise überein, sind sie trans. Es gibt auch Menschen, die den Begriff trans für sich ablehnen, aber dennoch ein Geschlecht haben, das von der Zuweisung abweicht.

Die *Geschlechtsidentität, das tatsächliche Geschlecht,* ist eine Aussage darüber, wie sich das Wesen eines Menschen zu den Geschlechterbildern in der Gesellschaft, in welcher er lebt, verhält. Dass Kinder ein Verständnis für ihre Geschlechtsidentität entwickeln, passiert etwa zeitgleich mit der Spracherwerbsphase und »[…] entwickelt sich erst ganz allmählich im Alter von zwei bis etwa sieben Jahren«[16].

Tom wurde bei seiner Geburt weiblich als Geschlecht zugewiesen. Schon früh äußerte er, dass er, wenn er groß ist, gerne einen Penis haben möchte. Mit drei Jahren begann er, hauptsächlich Kleidung aus der Jungenabteilung zu tragen. Andere Menschen fingen an, ihn für einen Jungen zu halten. Er ist jetzt fünf und sagt immer, dass er kein Junge und kein Mädchen ist, aber er fühlt sich wohler damit, für einen Jungen als für ein Mädchen gehalten zu werden. Tatsächlich sei er einfach Tom. Betty mit Tom (5)

Volkmar Sigusch, der von 1973 bis 2006 das Institut für Sexualwissenschaft der Goethe-Universität in Frankfurt am Main leitete, sagte: »Unsere sprachlichen Einteilungen in Mann, Frau, [...] und so weiter ist immer noch grob. Ich sage: Es gibt so viele Geschlechter, wie es Menschen gibt.«[17]

Das eigene Geschlecht kann männlich, weiblich, beides, gar nichts, etwas anderes oder eine Mischung daraus sein. Es gibt inzwischen viele Begriffe, weil Menschen für sich selbst eine positive Sprache schaffen wollen. Geschlechter, die nicht oder nur zum Teil weiblich oder männlich sind, werden unter dem Sammelbegriff »nicht binär« zusammengefasst. Einige Menschen nutzen nicht-binär auch als Selbstbezeichnung für ihr Geschlecht, deshalb werde ich an den Stellen, an denen ich über die Kategorie spreche, nicht binär ohne Bindestrich schreiben. Spreche ich hingegen über das konkrete Geschlecht nicht-binär, werde ich einen Bindestrich nutzen.

Haben Menschen kein Geschlecht, wird manchmal von »agender« oder »abinär« gesprochen. Wenn ich über »nicht binär« als Kategorie für Geschlecht spreche, sind auch Menschen ohne Geschlecht mit inbegriffen.

Einige Begriffe für Geschlecht sind kulturspezifisch und sollten nicht von Menschen genutzt werden, die diesen Kulturen nicht angehören, das wäre kulturelle Aneignung. Das betrifft zum Beispiel die »Two Spirit« einiger Native Americans oder die »Hijars« in Indien oder die »Akava'ine« der Maori. Andere Begriffe setzen sich allmählich in US-amerikanischen und europäischen Gemeinschaften durch wie zum Beispiel »genderfluid«, um eine Person zu beschreiben, deren Geschlecht zwischen zwei oder mehr Geschlechtern wechselt, »demigirl/-boy« für Personen, die nur zu einem Teil weiblich/männlich sind, oder »maverique« für Personen, die ein konkretes Geschlecht haben, das aber nicht binär ist.

Woher ein Mensch weiß, welches Geschlecht er hat, lässt sich gar nicht so genau sagen. Die meisten Menschen können diese Frage über sich nicht beantworten. Woher wisst ihr selbst, welches Geschlecht ihr habt? In Online-Communities lese ich häufiger den Vergleich mit Kleidung: Wir bekommen nach der Geburt etwas angezogen. Manchmal passt uns das gut. Manchmal kratzt der Stoff, die Hose ist zu locker, und eigentlich gefällt uns ein ganz anderer Stil. Ebenso ist das mit Geschlecht. Wir bekommen bei der Geburt eines zugewiesen und von anderen in sozialer Interaktion eines zugeschrieben. Manchmal fühlt sich das passend an, manchmal passt es eine Zeit lang, manchmal passt es in bestimmten Kontexten, und manchmal passt es gar nicht. Manche Menschen suchen sich passendere Kleidung, manche lernen, mit der unpassenden Kleidung zu leben, manche quälen sich ihr Leben lang mit der unpassenden

Kleidung, aber finden nicht den Mut oder die Energie, sich etwas Neues zu suchen. Viele Menschen denken nie groß über ihr Geschlecht nach. Sie spüren einfach, dass es okay ist, und können gut damit leben. Manchen Menschen geht das anders.

Ich hoffe, in den folgenden Kapiteln dazu beitragen zu können, dass die gesellschaftlichen Vorstellungen von Geschlecht allmählich aufgebrochen werden. Vor allem aber hoffe ich, anderen Erwachsenen zu vermitteln, wie wir Kindern helfen können, eine Sprache für ihr Geschlecht zu finden und ein sicheres Umfeld, um in diesem zu leben. Kinder müssen erfahren dürfen, wer sie sind.

Junge, Mädchen, Kind – wie Kinder lernen, wer sie sind

Wenn wir uns ansehen wollen, wie Kinder ihr eigenes Geschlecht erlernen und kennenlernen, dann müssen wir uns eingehender damit befassen, wie Geschlecht in der Gesellschaft konstruiert wird – und wie wir Geschlecht aus einer neuen Perspektive verstehen können. Darum wird es in diesem Kapitel gehen. Es wird dabei auch um Transfeindlichkeit und Homofeindlichkeit gehen, um Rassismus, Ableismus (Diskriminierung behinderter und kranker Menschen) und Klassismus (Diskriminierung aufgrund der sozialen Herkunft). Es wird um (sexualisierte) Gewalt und Gewaltprävention gehen. Es wird um Schwangerschaft und (Fehl-)Geburt gehen. Aber hauptsächlich geht es darum, uns anzusehen, wie Kinder das Wissen um (ihr) Geschlecht erlangen und wie wir als Bezugspersonen von Kindern unser eigenes Wissen von Geschlecht erweitern können, um Kinder anders an das Thema heranzuführen.

Geschlecht als gesellschaftliche Kategorie

»Natürlich bist du eine Frau, du hast doch Kinder bekommen!«, höre ich oft. »Kinder kriegen, das können nur Frauen. Das ist doch Biologie!« Biologisch gesehen ist es allerdings so, dass Kinderbekommen etwas ist, was an Organe und Hormone geknüpft ist, also an rein körperliche Merkmale. Mit dem Gesamtkonzept von »Geschlecht« hat Kinderbekommen nur etwas zu tun, weil die körperliche Ausstattung von Menschen mit Geschlecht verknüpft wird. Hormone sind nicht *von Natur aus* weiblich. Kein Uterus ist *von Natur aus* weiblich. Diese körperlichen Merkmale, genauer ihr mutmaßliches Vorhandensein, sind etwas, was benutzt wird, um Geschlecht zuzuweisen. Aber wenn Progesteron genommen werden muss, um schwanger werden oder bleiben zu können, ist eine Person dadurch nicht weniger oder mehr weiblich als zuvor auch. Wird eine Hysterektomie durchgeführt, also der Uterus entfernt, ist ein Mensch dadurch nicht mehr oder weniger Frau als zuvor auch. Auch trans und/oder nicht binäre und/oder inter Personen können Kinder bekommen, wenn sie die körperliche Ausstattung dafür besitzen, ohne dass sie deswegen weiblich wären.

Für viele Menschen hängt Geschlecht so lange am Körper, bis sie sich auf das Gedankenexperiment einlassen, am nächsten Morgen mit den körperlichen Merkmalen des vermeintlich »anderen« Geschlechts aufzuwachen. Was macht das mit euch? Hättet ihr ein anderes Geschlecht, nur weil ihr zum Beispiel andere Genitalien hättet? Die wenigsten Menschen glauben, dass sie dann plötzlich ein anderes Geschlecht hätten. Im Gegenteil! Das ist oft der Moment, in welchem das tatsächliche Geschlecht, die eigene Identität, vehement verteidigt wird. Leider folgt darauf dann oft ein »Aber das kann ja nicht einfach so passieren!«. Eine schnelle Rückversicherung sich selbst gegenüber, dass das mit dem Geschlecht und den Körpern schon irgendwie stimmt. Natürlich wacht kein Mensch plötzlich mit einem anderen Körper auf. Aber selbst wenn das möglich wäre, ist den meisten Menschen völlig klar, dass ihr Geschlecht eben nicht oder nicht nur an ihrem Körper hängt.

Das andere Argument, welches dann häufig angebracht wird, ist das der *Sozialisierung*. Menschen sagen, dass es auf eine bestimmte Art prägend ist, als Junge oder als Mädchen behandelt aufzuwachsen und dass diese Prägung maßgeblich das Geschlecht mitbestimmt. Dieses Argument wird gern benutzt, um trans Personen wahlweise auszuschließen (zum Beispiel trans Frauen aus Frauenräumen) oder um trans Personen zu vereinnahmen (zum Beispiel nicht binäre und/oder trans männliche Personen, denen bei der Geburt »weiblich« zugewiesen wurde, für Frauenräume). Angeblich teilen trans Frauen nicht die gleichen Kindheits- und Jugenderfahrungen, die prägend für das Frau-Sein sein sollen, nicht binäre und/oder trans männliche Personen, welche als Mädchen erzogen wurden, aber schon. Nicht binären Personen, welche für Jungen gehalten wurden, wird in diesem Zuge häufig das Trans-Sein ganz abgesprochen. Dabei wird oft argumentiert, dass sie ja auch einfach feminine Männer sein könnten oder einfach nur Männer. Das hat auch damit zu tun, dass nicht binäre Personen, egal ob mit Geschlecht(ern) oder ohne, meist trotzdem noch in eine der zwei Schubladen gepresst werden, als gäbe es sie nicht.

Es wird so getan, als gäbe es bestimmte Erfahrungen, die von allen Menschen eines Geschlechts gleichermaßen gemacht werden. Dabei wird völlig ausgeblendet, dass sich die Erfahrungen, die Menschen machen, auf zahlreichen Ebenen unterscheiden. Trans Frauen machen nämlich keine *männliche Sozialisierung* durch. Felicia Ewert schreibt dazu in ihrem Buch *Trans. Frau. Sein.*: »Ein Mädchen, das aufgrund von bestimmten geschlechtlichen Vorstellungen nicht als Mädchen wahrgenommen und anerkannt wird, ist immer noch ein Mädchen. [...] Privilegien zu erkennen und entsprechend aufzuzeigen ist wichtig, aber die Tatsache, nicht als die Person wahrgenommen und behandelt zu werden, die du bist, ist kein Privileg.«[1]

Oliver Niels Völkel, dier[2] im Zusammenhang mit Deutsch als Fremd- und Zweitsprache zu Queer Studies arbeitet, formulierte diese Erfahrung so: »Die oft […] beschriebene *männliche Sozialisation*, die trans Frauen und einige nicht-binäre Menschen angeblich hätten, ist übrigens nichts anderes als das, was diese Personen als erste Gewalt gegen ihr Sein als Kinder und Jugendliche erlebt haben.«[3]

Überhaupt ist keine Lebenserfahrung gleich. Viele Lebensläufe ähneln sich in bestimmten Erfahrungen, aber nicht in einem Ausmaß, welches rechtfertigen würde, allein auf Basis eines Erfahrungswerts derartige Ausschlüsse zu konstruieren. Wie eine arme, weiße, nicht behinderte, homosexuelle, cis Frau aufwächst, unterscheidet sich davon, wie eine reiche, Schwarze, behinderte, asexuelle, cis Frau aufwächst, und auch davon, wie eine arme, chronisch kranke, bisexuelle, trans Frau of Color aufwächst. Es gibt keine universelle Erfahrung, wie es ist, eine Frau zu sein. Oder ein Mann. Oder eine nicht-binäre Person. Oder eine Person ohne Geschlecht. Oder eine Person mit wechselndem Geschlecht.

Was sich stark ähnelt, sind die vermittelten *Ideen* über Geschlecht. Wenn diese Ideen sich mit den individuellen Erfahrungen vermengen, dann wird daraus ein individuelles Bewusstsein über Geschlecht. Die Idee davon, was es heißt, »weiblich« oder »männlich« zu sein, die wird allen Kindern auf unterschiedliche Arten vermittelt: von den nächsten Bezugspersonen, in Bildungseinrichtungen, aus Büchern, Filmen, Werbung und vielem mehr. Kindern, denen »weiblich« zugeordnet wurde, wird sie anders vermittelt als Kindern, denen »männlich« zugeordnet wurde. Aber Kinder haben ein Gefühl dafür, wo in diesen Ideen sie selbst (nicht) vorkommen. Sie spüren, wo sie in das Bild von Geschlechtlichkeit passen, das ihnen vermittelt wird – und wo nicht.

Dass Mensch-Sein vielfältig ist, wird häufig dann zum Streitpunkt, wenn es um Geschlecht geht. Da werden auf einmal die Grausamkeiten, die Menschen aufgrund ihres Körpers erfahren, als Waffe gegen trans Frauen benutzt: Eine trans Frau würde ja nie Opfer einer Genitalverstümmelung. Eine trans Frau wisse nicht um die Angst, nachts allein draußen zu sein. Und Ähnliches. Zeitgleich wird Menschen, die für cis Frauen gehalten werden, es aber nicht sind, weiblich als Geschlecht zugeschrieben. Dadurch werden sie zu Frauen gemacht, sie werden *frauisiert*. Ihnen wird gesagt, aufgrund ihres Körpers seien sie nun einmal »eigentlich« Frauen. Ihre Organe, ihre Gene, ihre Hormone wären weiblich. Diese Zuschreibung wird als notwendig bezeichnet, um feministische Kämpfe führen zu können. Angeblich passiert das alles für den Kampf gegen sexualisierte Gewalt und Gewalt gegen Körper, die aber erst aufgrund der Zuschreibung von Geschlecht überhaupt stattfindet. Statt also gemeinsam gegen Misogynie, Stereotype und all ihre schwerwiegenden Folgen vorzugehen, wird Menschen unter dem Deckmantel des Feminismus die körperliche Selbstbestimmung verwehrt. Es ist wichtig, sich gegen Genitalverstümmelung und sexualisierte Gewalt zu engagieren. Das geht aber auch, ohne dabei trans und inter Personen auszublenden oder gar anzugreifen. Verstümmelungen an Vulven passieren nicht nur an Mädchen, sondern eben auch an Kindern, die trans und/oder nicht binär und/oder inter sind. Die Verstümmelung passiert nicht aufgrund des Geschlechts, sondern aufgrund des vergeschlechtlichten Körpers.

In der Gesellschaft finden wir das Konzept von genau zwei Geschlechtern, die vermeintlich eindeutig sind, an allen möglichen Stellen wieder. Gehen wir im öffentlichen Raum zum Beispiel auf eine Toilette, müssen wir meist wählen: Herren, Damen oder Behinderte. Auf den dabei existierenden Ableismus komme ich später noch zurück. Es ist auch an viel subtileren Stellen alles von Geschlechtsvorstellungen durchzogen. Uns Menschen fällt meist nicht auf, was für uns alltäglich ist. So wie wir unseren Magen im Alltag nicht wahrnehmen, sondern erst dann, wenn wir Magenschmerzen, Hunger oder ein Völlegefühl haben, so nehmen wir auch »Geschlecht« nicht wahr, wenn wir uns unbeschadet innerhalb der gesellschaftlichen Vorgaben zu Geschlecht bewegen. Erst wenn wir uns daran stören, weil wir aufgrund des uns zugeschriebenen Geschlechts Gewalt erfahren oder mitbekommen haben, dass andere Menschen deswegen Gewalt erfahren haben, beginnen wir, die Geschlechterordnung, die alles durchzieht, wahrzunehmen. Deshalb ist vieles, was mit Geschlecht verbunden ist, erst dann für uns sichtbar, wenn wir es uns bewusst machen. Es gibt den Spruch: »Das Problem ist nicht, dass ich überall Sexismus sehe. Das Problem ist, dass du ihn nicht siehst.« Die Zwei-Geschlechter-Ordnung ist das Hintergrundrauschen unserer Gesellschaft. Im Abschnitt »Geschlecht verlernen« werde ich darauf eingehen, wie wir uns selbst darin üben können, diskriminierende Strukturen wahrzunehmen.

Vieles von dem, was die Vorstellungen, die wir über Geschlecht haben, prägt, wird im gesellschaftlichen Miteinander gemacht. Die oft zitierte Aussage »Geschlecht ist ein soziales Konstrukt« wird häufig missverstanden als »Geschlecht ist nicht real«, und der erste Widerspruch lautet schnell: »Aber es gibt doch wirklich (zwei) Geschlechter!« Dass etwas ein soziales Konstrukt ist, heißt aber nicht, dass es nicht existiert. Es heißt, dass es in der Form, wie wir es benutzen, geschaffen wurde und immer wieder neu geschaffen wird. Deshalb ist die Frage, welche Eigenschaften zu welchem Geschlecht gehören, was welches Geschlecht ausmacht, auch so wandelbar. Es gibt kein Geschlecht, das unabhängig von sozialen Gepflogenheiten existiert. Trotzdem hat die Kategorisierung in eines von zwei Geschlechtern ganz reale Konsequenzen. Unsere Annahmen darüber, was Geschlecht ausmacht, beeinflussen, wie wir uns verhalten, um unser Geschlecht auszudrücken. Das wiederum beeinflusst, welche Annahmen darüber gemacht werden, was Geschlecht ausmacht. Simone de Beauvoirs berühmter Satz »Man kommt nicht als Frau zur Welt, man wird es«[4] hat an Gültigkeit nichts eingebüßt.

Das heißt keineswegs, dass irgendwo Leute sitzen, die Geschlechternormen festlegen und in die Welt tragen. So entstehen gesellschaftliche Normen und Ideen über Geschlecht keineswegs. Diese Normen und Ideen entstehen, wenn Menschen miteinander interagieren. Sie entstehen in Abhängigkeit von Machtstrukturen. Jedes Mal, wenn ein Kind auf die Welt kommt und irgendwer sagt: »Das ist ein Mädchen/Junge«, ist das eine Ausübung von Macht und eine Ausübung von Gewalt. Es ist nichts, was wir als gewaltvoll wahrnehmen, weil es normalisiert wurde. Doch es wird über das Kind entschieden, es wird über das Kind geurteilt aufgrund seines Körpers. Ist das Kind inter, nimmt diese Gewalt oft die deutlichste Form an: die der schon erwähnten Operationen im Kleinkindalter.

Es gibt unzählige soziale Konstrukte. Manche davon sind sehr präsent und haben große gesellschaftliche Funktionen. Neben Geschlecht ist das zum Beispiel Geld. Ein Stück Papier oder ein Stück Metall hat nicht *von Natur aus* einen Wert. Es hat einen Wert, weil es gesellschaftliche Vereinbarungen darüber gibt, dass es einen Wert hat, wie viel Wert es hat und was sich damit machen lässt. Dadurch wurde, vereinfacht gesagt, »Ich gebe dir drei Eier, du gibst mir sechs Äpfel dafür« zu »Ich gebe dir drei Eier, du gibst mir zwei Geldeinheiten, ich kaufe mir von den zwei Geldeinheiten bei jemand anderem sechs Äpfel«. Noch ein bisschen später ist daraus geworden, dass wir Plastikkarten besitzen, die darüber Auskunft geben, wie viele Papierscheine und Münzen wir in der Theorie besitzen. Und mit diesem theoretischen Besitz können wir inzwischen sogar in den Wert investieren, von dem wir vermuten, dass eine Firma ihn zum Zeitpunkt x hätte, würde die Firma verkauft werden, um darauf zu hoffen, dass es bis zum Zeitpunkt y eine Wertsteigerung erfährt und wir mehr theoretische Papierscheine besitzen. Aber wenn wir unseren Kindern ein Stück Papier zum Malen geben, hat das keinen (monetären) Wert. Es muss mit den richtigen Farben und von den richtigen Institutionen bedruckt worden sein, damit es seinen Wert bekommt. Wie gut oder schlecht ein solches Konstrukt ist, wie nützlich es für die Gesellschaft ist, kann sehr verschieden sein. All diese Konstrukte haben aber gemeinsam, dass sie veränderbar sind. Ein im Konstrukt selbst angelegter Veränderungsmechanismus bei »Geld« ist Inflation. Welche Geldeinheit was wert ist, verändert sich ständig. So gab mein Opa mir Mitte der 1990er immer einen Groschen, damit ich mir eine Kugel Eis kaufen konnte. Tatsächlich hätte ich fünf gebraucht. Und heute brauche ich einen Euro, und mein Kopf sagt immer noch: »Das sind ja zwei DM![5]«

Beim Thema Zwei-Geschlechter-System haben wir es eigentlich mit ineinandergreifenden Konstrukten zu tun: nämlich dem Konstrukt von vergeschlechtlichten Körpern und einem Konstrukt von Vergeschlechtlichung sozialer Funktionen. Als Ganzes ergibt das dann, was wir heute unter Geschlecht im Allgemeinen verstehen.

Wenn also ein Kind zur Welt kommt und diesem Kind aufgrund seines Körpers das Geschlecht »weiblich« zugewiesen wird, wird es in der Regel häufig genau dann positive Bestärkung seines Verhaltens erfahren, wenn es Dinge tut, die als weiblich gelten. Zeigt dieses Kind beispielsweise ein Interesse am Spiel mit Puppen, wird es rasch zur *Puppenmutti* – denn sich um kleine Babys und Kinder zu kümmern, gilt als sehr weiblich. Vermeintlich ist es nämlich in den Menschen, die Kinder gebären können (das sind meist Menschen mit Körpern, die verweiblicht werden), angelegt, sich gut um Babys und Kinder kümmern zu können. Die soziale Funktion des Kümmerns um Nachwuchs wird hier verknüpft mit dem gebärfähigen Körper. Das führt auch dazu, dass Frauen, die nicht gebären können, sich manchmal diesbezüglich unvollständig in ihrer Weiblichkeit fühlen.

Die gute Nachricht an all dem ist, dass wir Einfluss darauf haben, was für Annahmen über Geschlecht existieren. Die schlechte Nachricht ist, dass der gesellschaftliche Glaubenssatz »Es gibt zwei Geschlechter, die eindeutig am Körper zu erkennen sind und sich gegenseitig anziehend finden, weil die Natur das so gemacht hat, damit die Menschheit sich fortpflanzt« in vielen Köpfen so tief verankert ist, dass die Menschen mit aller Kraft versuchen, diesen Glaubenssatz aufrechtzuerhalten.

Woher cis Frauen wissen, dass sie Frauen sind, hat eine Freundin von mir einmal auf Twitter gefragt. Da sie ihren Account bedauerlicherweise deaktiviert hat, habe ich die Frage wiederholt. Nur die allerwenigsten Antwortenden nannten dabei ihr Genital oder andere Körpermerkmale als Grund. Auch wenn für einige ihr Körper das sein mag, was das Geschlecht ausmacht, so ist das doch nur bei ganz wenigen so. Die meisten Menschen wissen einfach, dass sie Männer oder Frauen sind – oder dass sie eben beides nicht oder nur zu Teilen Mann oder Frau sind. Die Begründungen für das eigene Geschlecht sind dabei oft grundverschieden – selbst wenn es das gleiche Geschlecht ist, über das gesprochen wird.

Eine Auswahl von Antworten:

»Ich weiß das, weil ich mir als Kind sehr häufig gedacht habe, dass ich kein Junge sein möchte. Ich fand das gut als Mädchen und auch heute noch als Frau. Fühlt sich für mich richtig an.« @alohafufuu

–

»Man hat es mir gesagt. Was in einer nichtbinären Welt ich wäre, weiß ich nicht. Realität ist wie ein Zahnrad aus dem, was von außen kommt, und dem, was von innen kommt. Kein[e]r weiß, wer was wäre, wenn ein Teil des Zahnrades anders wäre.« @uschiw1310

–

»Ich habe es an meinen Identifikationsfiguren in Filmen und Büchern deutlich gemerkt. Da gab es für mich keinen Zweifel. Ich wollte sein wie die Mädchen/Frauen in den Geschichten.« @stift_im_kopf

–

»Weil ich belächelt, unterschätzt und übergangen werde. Weil mir ungefragt die Hand auf den Oberschenkel gelegt wird. Weil ich angehupt werde, weil mir nachgepfiffen wird. Weil ich gefragt werde, warum ich keine Kinder will. Daher weiß ich, dass ich eine Frau bin. Mein Frau-Sein wird mir vor allem als soziales Frau-Sein bewusst. Wenn ich mich in unserer Gesellschaft bewege und agiere. Ein inneres Gefühl ist das eigentlich erst mal nicht.« @grth_neubauer

–

»Ich bin an den Begriff gewöhnt und hab ihn den Großteil meines Lebens nicht hinterfragt. Dadurch ist mir kein Ungemach entstanden. Nun denke ich inzwischen einstweilen darüber nach – und finde den Begriff immer noch passend. Ich kenne ja viele Leute, die sich sehr unsicher/unwohl fühlen in den Schubladen, die ihnen zugeschrieben wurden. Ich sehe, welches Leid das verursacht. Ich kenne dieses Leid nicht. Daraus entsteht meine Sicherheit. Das ist eine sehr komische Definition von Weiblichkeit, oder? Aber Geschlecht ist komisch.« @mondgesichtet

---

Geschlecht als etwas, das andere haben

»Mama, guck mal, der Mann da hat bunte Haare!«, sagte ein Kind, auf mich deutend, in einem Wartezimmer. »Das ist eine Frau, mein Schatz«, erwiderte die Mutter. »Ich bin keine Frau«, sagte ich. Die Mutter beschloss, zur Seite zu gucken und dann ihr mich neugierig musterndes Kind auf ein Buch aufmerksam zu machen, das auf einem Tisch lag. Ablenkung. Nicht mit den Informationen beschäftigen, welche die eigene Erwartungshaltung erschüttern. Das ist eine Reaktion, die mir häufig begegnet. Und immer wieder sind es Kinder, die mich mal als Mann und mal als Frau bezeichnen oder offen zeigen, dass sie unsicher sind, wie sie mich kategorisieren sollen, und darüber manchmal auch Rückversicherung bei ihren Bezugspersonen suchen.

Erwachsene benutzen eine breite Palette an Vorannahmen, um darüber zu befinden, welches Geschlecht eine Person hat. Auch Kinder lernen nach und nach, auf mehr Details zu achten, um Geschlecht zuzuschreiben. Dabei wandelt sich, was welchem Geschlecht zugeschrieben wird, wie wir bereits gesehen haben, im Laufe der Zeit. Während früher Hosen ziemlich eindeutig auf einen Mann schließen ließen, ist das heute schon längst nicht mehr der Fall. Allmählich beginnt auch die Annahme, dass, wer einen Rock trägt, eindeutig weiblich ist, sich aufzulösen.

Wenn ich mit meinen Kindern unterwegs bin, werde ich von anderen Erwachsenen häufiger für eine Frau gehalten, bin ich ohne die Kinder unterwegs, häufiger für einen Mann. Was für eine traurige Sicht auf Männer, dass liebevolle, fürsorgliche Interaktion mit Kindern als so weiblich gilt, dass das reicht, um Menschen von einer Kategorie in die andere zu schieben. Doch nicht nur die Interaktion mit Kindern oder die Kleidung gelten in unserer Gesellschaft als Indikatoren für Geschlecht. Meist mehr unbewusst als bewusst, wird eine ganze Reihe von Merkmalen, die Menschen haben können, überprüft, um unsere Gegenüber in eine von zwei Kategorien stecken zu können.

Eine kleine Aufgabe als Beispiel: Welches Geschlecht haben die beiden Personen, die nachfolgend beschrieben werden?

Kim lächelte. Kims braunes Haar fiel in Kims feines Gesicht, fast bis auf die hohen Wangenknochen. Weich umfloss Kims weite Kleidung den schlanken Körper. Wir alle schätzten Kim als liebevolle, fürsorgliche Person. Kaum hörbar flüsterte Kim: »Na, wie geht es dir?«

Noa grinste. Noas braunes Haar fiel fast bis in die Mitte von

Noas markantem Gesicht. Locker hing Noas weite Kleidung an dem schlacksigen Körper. Wir alle schätzten Noa als zugewandten, aufmerksamen Menschen. Leise erkundigte sich Noa: »Na, was hast du heute gemacht?«

Vermutlich werden die meisten Kim für weiblich und Noa für männlich halten. Tatsächlich gab es keine Aussage über das Geschlecht der beiden. Aber würde dort stehen: Kim lächelte. Sein braunes Haar fiel ihm ins Gesicht, fast bis auf die hohen Wangenknochen. Weich umfloss seine weite Kleidung den schlanken Körper. Wir alle schätzten Kim als liebevollen, fürsorglichen Mann. Kaum hörbar flüsterte Kim: »Na, wie geht es dir?«, würde das viele Menschen irritieren. Insbesondere Männlichkeit definiert sich nämlich in Abgrenzung von Weiblichkeit. Weibliche Attribute sind für Männer eine gesellschaftliche Abwertung. »Du Mädchen!« ist in weiten Teilen unserer Gesellschaft eine funktionierende Beleidigung.

Äußerliche Merkmale wie Körper- und Gesichtsbehaarung oder sichtbare Brüste sind nur die oberflächlichsten Unterscheidungskriterien. Es geht weiter mit Kleidung, Gangart, Gestik und Mimik, mit Gesprächsverhalten, Sprachmelodie und Wortschatz, mit Hobbys, Beruf und sogar Ernährungsweisen.

Nach und nach lernen Kinder all das, um Menschen in eine von zwei Schubladen stecken zu können. Für die kindliche Entwicklung ist es völlig normal, die Welt um sie herum zu gruppieren, zusammenzufassen und in handliche Einheiten zu verpacken.

Wenn kleine Kinder sprechen lernen, gruppieren sie viele Dinge. Oft wird ein Laut oder eine Gebärde für alles, was den Kindern ähnlich genug erscheint, genutzt. Für viele Kinder, die beispielsweise mit Katzen aufwachsen, ist erst mal alles eine »Miau«, was vier Beine hat und bei Menschen lebt. Für Menschen lernen Kinder aber in der Regel von Beginn an zwei (vier) Gruppen: Männer und Frauen, Mädchen und Jungen. Tatsächlich ist es auch nicht selten, dass alle Erwachsenen eine Zeit lang in »Mamas« und »Papas« eingeteilt werden.

»Klettere nicht so hoch, sei vorsichtig!«, ruft eine Person einem Kind im rosa Kleid zu, das gerade den Spielturm erklimmt.

»Vorwärts, trau dich!«, ruft auf der anderen Seite ein Mensch zu dem Kind mit kurzem Haar und Fußballtrikot.

»Guck, der Junge klettert auf den Turm und das Mädchen versucht das auch«, hört das Kleinkind, das in der Sandkiste daneben spielt, von seiner Begleitung.

Wenige Jahre später ist daraus geworden, dass Kinder glauben, Mädchen wären grundsätzlich empfindlicher und müssten vorsichtiger sein, wohingegen Jungs angeblich keinen Schmerz kennen und vom Wesen her draufgängerisch sind.

Worte wie »aktiv«, »mutig«, »tapfer«, »kräftig«, »stark« sind Worte, die häufig über die Kinder gesagt werden, die für »männlich« gehalten werden, wohingegen die, bei denen »weiblich« als Geschlecht vermutet wird, als »schön«, »fleißig«, »ordentlich«, »brav«, »geschickt« bezeichnet werden.

Kinder im Alter von fünf Jahren halten sich, unabhängig von ihrem Geschlecht, für ebenso sportlich wie beliebige andere Fünfjährige. Nur zwei Jahre später hat sich das verändert und Kinder sind überzeugt, Jungen wären grundsätzlich besser im Sport als Mädchen.[6] Insbesondere Ballsportarten sind deutlich verbreiteter unter Kindern, die für männlich gehalten werden. Sport, der als »weiblich« gilt, wie rhythmische Gymnastik oder Tanz, wird oft abgewertet. Das setzt sich bis ins Berufsleben fort: Männliche Sportler werden besser gefördert, werden von erfahreneren Personen trainiert und werden auch besser bezahlt, wenn sie professionellen Sport betreiben.

Mädchen sind »Püppchen«, Frauen sind »Mädchen«. Jungen sind »kleine Männer« und Männer »ganze Kerle«.

Die Attribute, mit denen Kinder in Abhängigkeit vom Geschlecht, das Erwachsene bei ihnen vermuten, beschrieben werden, sind grundverschieden und geprägt von Geschlechterstereotypen. Kinder übernehmen diese Attribute für ihr Selbstbild. Nur wenige Kinder, die für Jungen gehalten werden, machen sich zum Beispiel Gedanken darüber, ob sie hübsch sind. Kinder, die als Mädchen erzogen werden, machen das hingegen dauernd. Schönheitsnormen betreffen aber auch Jungen und Männer: Die Vorstellung davon, wie ein Körper auszusehen hat, damit er als schön empfunden wird, ist etwas, das Kinder ebenso prägt wie das Zwei-Geschlechter-System. »Du bist so ein hübscher Junge!« oder »In dieser Jeans siehst du richtig niedlich aus, Leon!« oder »Was für ein schönes Gesicht du hast, Paul!« sind Aussagen, die mutmaßliche Jungen fast nie zu hören bekommen – und für die es ein *zu alt* zu geben scheint: Je älter vermeintliche Jungs werden, desto weniger oft hören sie so etwas. Was sie aber hören ist, wie kräftig sie sind, wie stark sie wirken und Ähnliches. Das Aussehen von Kindern, die für Mädchen gehalten werden, wird dagegen spätestens ab der Geburt beständig kommentiert. Tatsächlich teilweise schon vorher, wenn Schwangere, wie ich, den Spruch zu hören bekommen: »Das wird ein Mädchen, die raubt ihrer Mutter die Schönheit!« Das Thema »Schönheit« (auch das ist ein soziales Konstrukt) ist etwas, was sich als »Weiblichkeitsmarkierung« gesellschaftlich immer wieder zeigt. Bei diesem Spruch fällt außerdem auf, wie direkt das ganze Leben einer für weiblich gehaltenen Person als Schönheitswettbewerb ausgestaltet wird. Als wäre Schönheit eine knappe Ressource, um die sich schon die schwangere Person und das Ungeborene streiten müssten. Während es gang und gäbe ist, dass die Kleidung von weiblichen Politikerinnen kommentiert wird, ist die Kleidung männlicher Politiker in keiner Zeitung ein Thema. Und sollte es doch mal kommentiert werden, dann bleibt der Mann aktiv, während Frauen passiv werden: Kleidung sagt etwas über Frauen aus, aber Männer setzen mit Kleidung Statements. Kein Politiker-Sakko hat je so viel Aufmerksamkeit bekommen wie Merkels Blazer.

Kinder saugen solche Informationen über die Welt auf. Sie speichern sie ab. Das ist kein bewusster Prozess, sondern die Art und Weise, wie Kinder lernen: Sie beobachten die Welt und die Menschen um sich herum und ziehen daraus Rückschlüsse über die Welt und wie sie funktioniert.

Kinder machen sich die Kategorien und die Gründe, die sie für diese Kategorisierung finden, zu eigen, bis es zutiefst verinnerlichte Stereotype gibt, die das Leben der Kinder maßgeblich beeinflussen. Kinder sehen, dass die Wickeltische fast ausschließlich auf den Toiletten sind, bei denen die Piktogramme eine Person im Kleid zeigen. Selbst wenn inzwischen immer mehr Väter zur Wickeltasche greifen, sind es doch gerade im öffentlichen Raum oft frauisierte Personen, die dieser Aufgabe nachkommen und denen die Möglichkeit dazu überhaupt gegeben wird. So wird das Wickeln kleiner Kinder zu einer »Frauenaufgabe«. Kinder lernen, dass »ein Kleid tragen« gleichbedeutend ist mit »weiblich/ein Mädchen/eine Frau sein«. Kinder erfahren, dass »ein Kleid tragen« etwas ist, was bei vermeintlichen Jungen unerwünscht ist.

Keine_r käme auf die Idee, unbekannten Menschen, denen wir auf der Straße begegnen, die Genitalien unserer Kinder zu zeigen. Trotzdem ziehen wir unsere Kinder so an, dass Fremde auf der Straße erkennen können oder glauben, erkennen zu können, welche Genitalien unsere Kinder haben. Die Genitalien anderer sollten im Alltag überhaupt nicht relevant sein. Genitalien sind relevant, wenn es um bestimmte sexuelle Handlungen geht oder um bestimmte medizinische Untersuchungen. Doch sie werden auch dann thematisiert, wenn vermeintliche Überschreitungen der binären Geschlechtergrenzen passieren. Kinder mit kurzen Haaren, die im rosa Tutu Fußball spielen, werden gefragt (oder die Frage wird an die Eltern gerichtet), ob sie denn ein Schniepelchen oder ein Döschen hätten, ein Mädchen oder ein Junge wären. Die Frage nach den Genitalien kommt meist dann, wenn keine zufriedenstellende Antwort auf die Frage nach dem Geschlecht des Kindes gegeben wird. Wie oft habe ich solche oder ähnliche Dialoge geführt! »Ist das ein Mädchen oder ein Junge?« – »Hat es uns noch nicht gesagt« – »Ja, aber Sie wickeln das doch, da sieht man es ja.« Gelegentlich wird stattdessen nach dem Namen des Kindes gefragt, in der Hoffnung, dass sich darüber das Geschlecht herleiten lässt. »Wie heißt es denn?« – »Robin!« – »Also ein Junge, hab ich mir gleich gedacht, bei dem Gesicht!«

Manchmal lautet die Frage auch nur, warum denn der Bub ein Röckchen trüge, da wird das Geschlecht einfach angenommen und aus Haarlänge, Verhalten oder Ähnlichem hergeleitet. Fragen nach Genitalien sind aber nicht nur bei Kindern übergriffig.

An dieser Stelle mache ich einen kleinen Abstecher zu einer spezifischen feministischen Strömung, denn wer sich, neugierig geworden, ins Internet begibt, um mehr über das Konstrukt Geschlecht zu erfahren, wird dabei über kurz oder lang auf Menschen stoßen, die sehr viel Hass verbreiten.

Selbst ernannte Radikalfeministinnen hetzen gegen trans Frauen, die sich auf Damentoiletten begeben, und beschwören dabei das »Eindringen« von »Penissen« in Frauenräume. Dass das klingt wie sexualisierte Gewalt, ist kein Zufall: Sogenannte TERFs (trans exkludierende radikale Feministinnen, ein Begriff, den ebendiese für sich selbst geprägt haben) behaupten oft, dass trans Frauen grundsätzlich Sexualstraftäterinnen wären. Tatsächlich üben trans Frauen nicht öfter sexualisierte Gewalt aus als cis Frauen. Sie erfahren aber häufiger welche. Femizide an trans Frauen sind ebenfalls prozentual häufiger als an cis Frauen.[7] Völlig aus den Augen verlieren TERFs dabei, dass viele trans Frauen gar keinen Penis haben, manche von Geburt nicht (weil sie zum Beispiel inter sind), manche weil sie eine operative Veränderung des Genitalbereichs hatten. Das ist für die Argumentation von TERFs aber egal: Penisse sind in ihren Augen Waffen, und die Vermutung, dass ein solcher vorhanden ist oder vorhanden gewesen sein könnte, ist ausreichend, um Menschen aus ihren Kämpfen nicht nur auszuschließen, sondern sie sogar gezielt zu attackieren.

Ich selbst war 17, als mir zum ersten Mal eine Person sagte, ich dürfe nicht auf die Damentoilette. Ich war gerade mit meinem Lateinkurs auf einer Reise durch Italien, musste dringend pinkeln und trug ein weites Hemd und eine lockere Hose. Meine Haare waren raspelkurz, was in der italienischen Hitze ein Segen war. Doch nicht, als ich einfach nur aufs Klo wollte. Ich diskutierte lange mit der Person, die vor der Toilette stand, in einem Mischmasch aus Italienisch, Englisch und Deutsch, bis ich kurzerhand mein Hemd hochzog, dadurch meine Brüste entblößte und dann endlich meine Blase entleeren gehen durfte.

Wir weisen anderen Menschen andauernd ein Geschlecht zu. Wir sagen »Komm, wir müssen los zur Ärztin« und »Heute gehe ich zum Friseur« oder »Nicht die Mama und ihr Kind dort über den Haufen fahren!«. Oft wissen wir dabei das tatsächliche Geschlecht, also die Geschlechtsidentität dieser Menschen gar nicht, weil wir nie gefragt haben.

Aber auch an anderen Stellen schreiben wir Geschlecht zu, und manchmal geschieht das auch als Selbstschutz. Als Person, die manchmal als Frau wahrgenommen wird, betrachte ich zum Beispiel Mitfahrende, wenn ich nachts mit öffentlichen Verkehrsmitteln unterwegs bin, und setze mich bevorzugt in die Nähe von Menschen, die ich für nicht männlich halte. Ich tue das, weil ich immer wieder Gewalterfahrungen gemacht habe durch Personen, von denen ich wusste, dass sie Männer sind, und durch Personen, die ich für Männer gehalten habe. Ich weiß, dass ich damit nicht allein bin. Ich merke, dass an Tagen, an denen ich hauptsächlich männlich wahrgenommen werde, Personen, die ich für nicht männlich halte, sich eher nicht in meine Nähe setzen.

Hier gibt es natürlich einen Konflikt zwischen meinen Grundsätzen und meinem Handeln. Ich möchte anderen Menschen kein Geschlecht zuschreiben. In diesen Situationen mache ich es trotzdem. Ich finde es erstrebenswert, das nicht mehr tun zu müssen. Aber das kann erst dann gelingen, wenn Männlichkeit nicht mehr so sehr mit Gewalt assoziiert ist. Auch um das zu erreichen, ist eine geschlechtsoffene Erziehung wichtig, die kleine Kinder unabhängig von ihren Genitalien zu liebe- und respektvollen Erwachsenen werden lässt. Eine Erziehung, die nicht Männlichkeit als hartes, starkes Ideal darstellt und alles, was dieses Ideal nicht erreicht, als »unmännlich« definiert und stigmatisiert.

»Wir gehen erst mal davon aus, dass unser Kind normal ist«, höre ich oft, wenn ich mit Menschen darüber spreche, wie wichtig es ist, Kinder über geschlechtliche Diversität aufzuklären. Und da fängt es an: Wir können unseren Kindern nicht vermitteln, dass Geschlechterstereotype ausgemachter Quatsch sind, wenn wir selbst verinnerlicht haben, dass bestimmte Dinge »normal« sind, unsere Kinder diesem »normal« wahrscheinlich entsprechen und wir erst darauf reagieren müssten, wenn dem nicht so wäre.

Jedes Kind ist potenziell inter und/oder trans und/oder nicht binär. Und wenn es das nicht ist, wird es mit Kindern in Berührung kommen, die es sind. Aufklärung ist wie Impfen: Wir tun es nicht nur für uns selbst, sondern auch für alle um uns herum und vor allem für die, die selbst keinen Zugang dazu haben. Was ihr Kindern, die von euch betreut und begleitet werden, als normal vorlebt, werden sie als normal wahrnehmen. Elterlicher Einfluss lässt mit wachsendem Radius des Kindes nach. Gut möglich, dass sie in Kindergarten, Schule und Co. mit starren Stereotypen zu tun haben werden. Entweder sind sie die dann schon von zu Hause gewohnt, oder sie wissen eben um die Alternativen und können sich und anderen den Rücken stärken, wenn mal etwas nicht in die Norm passt.

Geschlecht als Teil der eigenen Identität

»Oje, schau mal, der Junge weint!«, sagte eine erwachsene Person neben mir zu dem Kind auf ihrem Schoß und deutete in Richtung eines Kindes mit kurzen braunen Locken, einem gelben T-Shirt und einer kurzen grünen Hose, das gerade unglücklich gestürzt war.

Das Kind auf dem Schoß war vermutlich noch keine zwei Jahre alt und damit mitten in der Spracherwerbsphase, in der Kinder nach Mustern in unserer Sprache suchen. Ein Muster, auf das fast jedes Kind dabei sehr häufig trifft, ist die Unterteilung von Menschen in zwei Gruppen: Mädchen und Jungen, Frauen und Männer, weiblich und männlich. Es lernt, wie fast alle Kinder, jeden Tag, dass diese Zuordnung eine offenbar sehr wichtige Kategorie ist, denn alle Menschen in seiner Umgebung unterscheiden diese.

»Du bist so ein starker Junge!«, »Was für ein hübsches Mädchen du bist!«, »Du bist so ein schlaues Kerlchen!«, »Eine richtige kleine Prinzessin bist du!« – solche und ähnliche Sätze fallen gegenüber Kindern jeden Tag. Als Erwachsene, die mit Kindern interagieren, zeigen wir Kindern beständig, dass diese zwei Kategorien existieren und irgendwie wichtig sind. Kinder suchen nach Gründen hierfür – und Kinder saugen ihr Wissen über die Welt aus jedem noch so kleinen Detail. Wann immer Kinder also »ein Junge« hören, suchen sie nach Gemeinsamkeiten der damit beschriebenen Personen. Das heißt nicht, dass wir nie mehr von »Jungen« oder »Mädchen«

sprechen sollten. Aber es heißt, dass wir das nur dann tun sollten, wenn wir uns sicher sind (weil wir die betreffenden Kinder gefragt haben), welche Bezeichnung Menschen für sich selbst (gerade) mögen. Natürlich können vergeschlechtlichte Begriffe für die Personen verwendet werden, die diese mögen und für sich selbst nutzen – lediglich wenn wir beschließen, andere Menschen einfach aufgrund irgendwelcher Merkmale in eine Geschlechterschublade zu packen, sollten wir auf neutrale Bezeichnungen zurückgreifen, statt einfach ein Geschlecht zuzuschreiben.

Im ersten Lebensjahr lernen Kinder, Erwachsene in »Männer« und »Frauen« aufgrund möglichst markanter Unterschiede zu differenzieren. Im zweiten und dritten Lebensjahr folgt dann weiteres Wissen über geschlechtliche Erwartungen. Die eigene geschlechtliche Identität bildet sich zwischen dem zweiten und siebten Lebensjahr heraus. Zeitgleich versuchen Kinder, ihren Platz im sozialen Gefüge zu finden, und reproduzieren Geschlechterstereotype, denen sie begegnen, über Verhalten, Kleidung und Aktivitäten. Die »Prinzessinnenphase« vieler Kinder, die als Mädchen erzogen werden, ist hierfür sehr typisch: Diese Kinder erfahren, dass es an Mädchen die Erwartungshaltung gibt, Rosa zu mögen, brav zu sein und Prinzessinnen prima zu finden. Zeitgleich bekommen sie mit, dass sie für Mädchen gehalten werden. Sie bestätigen diese Rolle, indem sie anfangen, möglichst viel Rosa zu tragen, Prinzessin zu spielen und folgsames Verhalten an den Tag zu legen. Erwachsene sehen dieses Verhalten und schlussfolgern, dass es typisch für Mädchen sei. Sie bekräftigen das Verhalten durch wohlwollende Äußerungen wie »Sie ist ein richtiges Mädchen!« oder »Was für eine süße Prinzessin wir haben!«. Kinder, welche sich nicht geschlechterrollenkonform verhalten, werden darin oft nicht bestärkt. Dadurch kommt es dann nicht zu dem Verstärkungseffekt, der bei geschlechterrollenkonformem Verhalten oft eintritt.

Ab etwa drei Jahren beginnen Kinder, differenzierte Selbstzuschreibungen bezüglich ihres Geschlechts zu machen und hierfür sozial erwünschte Merkmale zu nutzen.[8] Es kommt zu Aussagen wie »Ich bin ein liebes Mädchen!« oder »Ich bin schon ein großer Junge!«.

Insbesondere im Alter von vier bis sechs Jahren sind viele Kinder sehr streng darin, die gelernten Erwartungen für sich selbst und andere als Maßstab anzulegen. Stereotype über Geschlecht werden, im Vergleich zu Stereotypen über andere soziale Gruppen, von Kindern am frühesten verinnerlicht. Erst später öffnen Kinder sich wieder Verhaltensweisen, die nicht diesen sozialen Normen entsprechen.

Sind Kinder trans, ist das Vorschulalter in vielen Biografien das, in welchem ein erstes Bewusstsein des Kindes entsteht, irgendwie »unpassend« zu sein. Kindliche Reaktionen auf das Gefühl, unpassend zu sein, sind so verschieden, wie Kinder eben verschieden sind. Während einige trans Kinder die von ihnen erwartete Geschlechterrolle übermäßig stark auszufüllen versuchen, werden andere aggressiv oder ziehen sich zurück. (Zu trans Kindern gibt es im späteren Verlauf des Buches ein eigenständiges Kapitel.)

Aber auch Kinder, die einfach nicht ausreichend die Erwartungshaltung erfüllen, Kinder, die geschlechtsnonkonform sind, aber nicht trans, erfahren in diesem Alter oft Zurückweisung von anderen.

Nehmen wir an, wir haben zwei fünfjährige Kinder, Can und Luca. Beiden Kindern wurde bei der Geburt »männlich« zugewiesen. Beide tragen oft Kleider. Beide kriegen zu hören: »Mit Kleid siehst du aus wie ein Mädchen!« Beide haben für sich selbst ein klares Gefühl darüber, welches Geschlecht sie haben. Es ist ein Wissen über sich selbst, wie es viele Menschen verspüren.

Can findet es klasse, viel Bewegungsfreiheit für die Beine zu haben, und er mag, wie Kleider sich beim Tanzen drehen. Can weiß über sich selbst, dass er ein Junge ist, ihn hat die Zuweisung, die er zur Geburt bekam, nie gestört, aber Kleider machen ihm einfach Spaß. Can ist ein geschlechtsnonkonformer Junge. Er tut etwas, was in der Gesellschaft als »weiblich« markiert ist, ohne damit eine Aussage über sein Geschlecht machen zu wollen. Er erfährt eine Verletzung seiner Geschlechtsidentität, wenn er sich geschlechtsnonkonform verhält und das als Verhalten eines »Mädchens« bezeichnet wird.

Luca dagegen trägt auch Kleider, aber aus einem anderen Grund. Das Kleid hilft ihr dabei, von anderen als »weiblich« wahrgenommen zu werden. Eigentlich trägt sie auch gern Hosen, aber dann wird sie für ihren Geschmack zu oft für einen Jungen gehalten. Luca weiß über sich selbst, dass sie ein Mädchen ist, das hat sie schon länger gespürt, und Kleider helfen ihr, das der Welt zu zeigen. Luca ist ein trans Mädchen. Sie tut etwas, was in der Gesellschaft als »weiblich« markiert ist, um dadurch von anderen als Mädchen wahrgenommen zu werden. Sie wird in ihrer Geschlechtsidentität bestätigt, weil sie sich geschlechtskonform verhält, obwohl Menschen, die ihr sagen »Mit Kleid siehst du aus wie ein Mädchen« diese vermutlich nicht bestätigen wollen.

Während einem fünfjährigen cis Kind niemals abgesprochen wird, dass es wissen kann, welches Geschlecht es hat, passiert das trans und/oder nicht binären Kindern oder Kindern ohne Geschlecht beständig. Aber wenn Can nie hört, dass er zu jung sei, um zu wissen, dass er ein Junge ist (denn das ist er ja auch nicht), warum sollte Luca dann nicht ebenso wissen können, dass sie ein Mädchen ist, nur weil das nicht dem entspricht, was Erwachsene von diesem Kind erwartet haben, als sie sich dessen Körper angeguckt haben?

Das Gefühl, falsch zu sein, ausgeschlossen zu sein, abgestempelt zu werden, ist oft prägend für ein Leben. Umso wichtiger ist es,

Kindern Vielfalt zu vermitteln. Denn einmal gepflanzter (Selbst-) Hass ist schwer wieder zu verlernen. Einigen mag das Wort Hass zu stark erscheinen. Vielleicht klänge Ablehnung oder Unbehagen besser. Aber das, was in Menschen wächst, wenn Vielfalt als falsch oder gar nicht vermittelt wird, ist Hass in all seinen Facetten. In seinem Buch *Erziehung prägt Gesinnung* schreibt Herbert Renz-Polster: »Wer eine fürsorgliche ›Familienpolitik‹ erlebt, wird später auch in der echten Politik eher für Fürsorge und Schutz eintreten[…].«[9] Es sind eben diese Fürsorge und der Schutz aller, die auch geschlechtliche Vielfalt in den Fokus rücken muss.

Ein liebevolles familiäres Umfeld tut dabei allen Kindern gut, ganz unabhängig von ihrem Geschlecht. In einem geschützten Raum, in dem Kinder sich ausprobieren und erfahren können, in dem sie sein dürfen, wie sie sind oder wie sie sein wollen, in einem solchen Raum wachsen Menschen heran, die für Fürsorge und Schutz eintreten.

»Ich war neun Jahre in einer Welt gefangen, die für mich nicht gut war. Bis ich eines Abends einen Bericht im Fernseher sah von einem Mädchen, das gesagt hat, sie sei jetzt ein Junge. Das hat in meinem Herzen etwas bewegt. Endlich wusste ich, was bei mir nicht passt, ich war kein Junge! NEIN! Ich bin ein Mädchen und das sagt mir mein Herz«, berichtet Julana Gleisenberg, Kinderbotschafterin der SK Welcome Home, einer Stiftung für trans Menschen.[10]

Wie aber kann es ein inneres Bewusstsein über ein Geschlecht geben, wenn Geschlecht ein soziales Konstrukt ist? Es gibt häufiger den Einwand, dass sich das gegenseitig ausschließen würde. Aber das Bewusstsein über das eigene Geschlecht ist nichts, was ohne die umgebende Gesellschaft passiert. Wir lernen, wer wir sind, im Verhältnis zu der uns umgebenden Gesellschaft. Wir verstehen uns selbst durch die Sprache, die uns gegeben wird. Wir müssen Kindern eine Sprache geben für das, was sie sind. Eine positive Sprache, mit der sie sagen können, wer sie sind, wenn sie es für sich herausgefunden haben.

Wie viel würde sich für das Kind aus unserem Beispiel oben schon im Spracherwerb verändern, wenn es hören würde »Oje, schau mal, das Kind weint!«? Wenn Can und Luca beide zu hören bekämen »Wow, das Kleid steht dir gut!« statt »Mit dem Kleid siehst du aus wie ein Mädchen«? Wenn Kinder stark und schön und schlau und süß sein dürfen, ohne dass das mit ihrem Geschlecht in Verbindung gebracht wird?

Doch um diese Veränderungen möglich zu machen, müssen wir unseren Umgang mit Kindern verändern. Dabei stehen wir uns größtenteils selbst am meisten im Weg.

Geschlecht verlernen

Anna ist eine Medizin studierende, kleine, zierliche Person mit einem einnehmenden Lächeln. Den 7,5-Tonner für den Umzug ihrer Familie fuhr sie selbst. Und ich stieß wieder auf eigene tief sitzende Vorurteile und Annahmen. Ich empfand große Bewunderung, dass Anna diesen riesigen Lkw allein fuhr – und das acht lange Stunden!

Hier passierte sehr vieles, was ich im Nachhinein analysieren konnte. Wenn ich merke, dass ich solche Vorurteile in mir trage, rufe ich mir immer zuerst meine Erwartungshaltung vor Augen. Was für eine Person würde ich denn erwarten am Steuer eines Lkws? Was ist das innere Bild, das mir durch den Kopf schießt, wenn ich mir eine solche Person vorstelle?

Die Antwort lautet: Die Person in meinem Kopf ist groß, kräftig und guckt ein bisschen brummelig. Sie ist außerdem weiß, nicht studiert, sondern hat einen eher niedrigen Bildungsabschluss und ist nicht körperlich behindert. Meine Vorurteile gehen noch weiter:

Die Person in meinem Kopf ist nämlich auch sexistisch und klopft gern Sprüche, während sie ein Bier trinkt und Schnitzel mit Pommes isst.

Klar, dass das Bild von der Person in meinem Kopf und der tatsächlichen Person Anna am Steuer des Lkws dann gar nicht zusammenpasste. Ich fing an, darüber nachzudenken, warum ich es bewunderte, dass Anna diesen Lkw fuhr. Dass Anna einfach überhaupt nicht meiner Erwartung entspricht, macht dabei einen großen Teil aus. Es hat aber auch damit zu tun, dass ich hinter dem Steuer eines Lkw einen Mann erwarte – und keine Frau, keine nicht binäre Person, keine Person ohne Geschlecht. Ich erwarte hinter dem Steuer eines Lkw den Prototypen einer weißen, mittelalten, männlichen Person mit einem wenig ausgeprägten Bildungshintergrund.

Da trifft also verinnerlichter Sexismus auf Klassismus, Ableismus und Rassismus. Und das sind eine ganze Menge Dinge, die es in solchen Situationen auszupacken gilt. Dröseln wir das also einmal auf:

Sexismus ist die Diskriminierung aufgrund des (angenommenen) Geschlechts. Männer und Autos – das ist ein gesellschaftlich eng verknüpftes Thema. Das eigene Auto als Statussymbol, boshafterweise wird auch oft von Kompensation für angeblich zu kleine Genitalausstattung gesprochen. Über das Auto als Symbol von Männlichkeit lassen sich vermutlich ganze Bücher schreiben, es gibt jedenfalls zahlreiche Artikel darüber, sowohl aus wissenschaftlicher Perspektive als auch reichlich andere Quellen. So steht zum Beispiel in einem Artikel in der *Men's Health*:

»Autos sind ein zentrales Thema für Testosteron. Das haben wir inzwischen raus, nicht wahr? Männer romantisieren Dinge, die Macht, Angstlosigkeit und Geschwindigkeit symbolisieren. Aber was führt zu der beachtlichen Intimität zwischen Männern und Autos? Männer besitzen Autos nicht einfach nur – sie haben Beziehungen mit ihnen.«[11]

Ein Lastkraftwagen ist nun nicht nur irgendein Auto, sondern ein besonders großes Auto. Es ist auch ein besonders gefährliches Auto. Die Unfälle, die mit Lkws passieren, sind oft tödlich und meist deutlich mehr als nur ein Blechschaden. In meinem Kopf (und vermutlich auch in vielen anderen Köpfen) ist das sehr eng mit Männlichkeit verknüpft, denn »groß«, »stark« und »gefährlich« sind keine Attribute, die ich üblicherweise mit Menschen anderer Geschlechter verbinde. Und das alles ist sexistisch.

Klassismus, also Diskriminierung aufgrund der sozialen Herkunft oder Position, ist eine Diskriminierungsform, über die selten gesprochen wird. In unserer Gesellschaft, gerade in Deutschland, wird schulische Bildung stark überbetont, es gibt das verbreitete Denken, dass »Abitur« irgendwie besser sei als »Hauptschulabschluss«, überhaupt gilt »Bildung« als ein Ideal und Allheilmittel. Es gibt zahlreiche Vorurteile über Menschen, die in Hochhaussiedlungen wohnen. Wer die Namen »Kevin« oder »Chantal« trägt, kennt die damit einhergehenden Annahmen bestens. »Lastkraftwagenfahrer_in« als Antwort auf die Frage, was ein Kind werden wolle, ist nicht die Antwort, die ein wohlwollendes Nicken bekommt. Weder ist der Beruf besonders gut angesehen noch ist er gut bezahlt, die Arbeitsbedingungen sind oft unmöglich. Und das alles ist klassistisch (und begleitet von kapitalistischer Ausbeutung).

Ableismus, also Diskriminierung aufgrund von Behinderung(en), ist ebenfalls sehr weit verbreitet. Menschen, die Kinder mit Behinderung(en) bekommen, werden bemitleidet oder überschwänglich dafür gelobt. Es gilt als völlig normal, Kindern beizubringen, lieber aufgrund von (angenommener) Intelligenz zu beleidigen, statt Fäkalausdrücke zu nutzen. »Du bist blöd!« erscheint vielen harmloser als »Du bist scheiße!«. Menschen sagen: »Das ist doch krank!«, wenn sie etwas nicht nachvollziehen können. »Du bist behindert!« hat in den letzten Jahren als Beleidigung zwar nachgelassen, aber »Du lahme Ente!«, »Du taube Nuss!«, »Du Idiot!« ist die gleiche Aussage in anderer Verpackung. Behindertes Leben gilt vielen als weniger wert. Dass der Mensch in meinem Kopf einen niedrigen Bildungsabschluss hat, schiebt mein Kopf direkt auf eine Lernbehinderung statt auf ein klassistisches Bildungssystem. Und das alles ist ableistisch.

Rassismus definiert Noah Sow in ihrem Buch *Deutschland Schwarz Weiss – der alltägliche Rassismus* wie folgt: »Heutzutage ist ›Rassismus‹ der *Glaube*, dass Menschen aufgrund ihrer genetisch bedingten ethnischen Merkmale bestimmte Prädispositionen (Veranlagungen) jedweder Art haben.«[12] Der Grund, weshalb ich mir keine Schwarze Person oder eine Person of Color vorstelle, sondern eine weiße Person, liegt daran, dass ich in meinem Kopf weiße Menschen als Norm eingespeichert habe. Ich stelle mir selten ohne konkreten Anlass nicht weiße Menschen vor. Solche konkreten Anlässe sind dann aber meist voller Vorurteile – der erfolgreiche Konzertpianist in meinem Kopf ist nämlich asiatischer Herkunft. Und das alles ist rassistisch.

All das ist natürlich auch ein Bild, welches zusätzlich geprägt ist von amerikanischen Filmen, in denen »Trucker« eine Rolle spielen – die stereotyp so dargestellt werden, wie ich sie mir dann auch vorgestellt habe. Die Bilder, die wir sehen, beeinflussen, wie wir denken.

Wenn wir unseren Kindern ein geschlechtsoffenes Aufwachsen ermöglichen wollen, dann müssen wir uns selbst bewusst werden, wo wir überall Geschlecht sehen. Wie die Vorstellungen, die wir über Geschlecht haben, uns ganz wesentlich prägen. Wir müssen anfangen, aufmerksam zu beobachten, an welchen Stellen Geschlecht gesellschaftlich benutzt wird und wofür. Auch andere Diskriminierungsformen werden uns in diesem Zuge auffallen, da viele mit Geschlecht verknüpft sind. Das am Beginn des Kapitels genannte Phänomen, dass es drei Arten von Toiletten gibt, Herren, Damen, Behinderte, hängt, neben baulichen Erfordernissen, auch damit zusammen, dass Geschlecht mit Reproduktionsfähigkeit verknüpft ist und die wiederum bei behinderten Menschen unerwünscht ist.[13] Was hierbei passiert, ist eine Ent-Vergeschlechtlichung Behinderter. »Immer noch ist die behindertenfeindliche und ableistische Vorstellung, dass behinderte Menschen geschlechtslose Wesen ohne Sexualität und Kinderwünsche seien, weit verbreitet«[14], schreibt Kirsten Achtelik, Soziologin und Journalistin. Das Zwei-Geschlechter-Eine-Sexualität-System hängt, wie zu Beginn des Buches ausgeführt, stark mit der Reproduktionsfähigkeit zusammen. Aber wer das Recht hat, sich zu reproduzieren, wer in Ruhe Kinder bekommen und behalten darf, das ist eng mit Ableismus verknüpft. »Es ist etabliert, dass die meisten Eltern mit einer Behinderung ihre Kinder weder misshandeln noch vernachlässigen. Behinderung an sich, gleich ob psychiatrisch, intellektuell, körperlich oder sensorisch, ist kein Anhaltspunkt für elterliche Kapazitäten. [...] Dennoch berichten internationale Studien von hohen Raten von Inobhutnahmen«[15], berichtet ein australisches Forschungsteam. Behinderte Personen, die schwanger werden können, bekommen auch beispielsweise bedeutend einfacher Sterilisationen (zum Teil unfreiwillig) als Menschen ohne Behinderung, die schwanger werden können.[16] Hier greifen Ableismus und Sexismus ineinander: Wer einen Uterus hat, soll in den Augen vieler gefälligst Kinder gebären, es sei denn, die Person ist behindert oder anderweitig unerwünscht – bis 2011 mussten trans Personen, die in Deutschland eine Namens- und Personenstandsänderung angestrebt haben, sich sterilisieren lassen.

In Deutschland (Stand November 2021) sind Schwangerschaftsabbrüche noch immer über das Strafgesetzbuch geregelt[17] – Proteste gegen die Paragrafen §218 und auch §219a (Werbung für Abbruch von Schwangerschaften) sind seit vielen Jahren von gesetzgebender Seite unbeantwortet. Noch immer ist es gynäkologischen Praxen in Deutschland verboten, sachlich darauf hinzuweisen, dass sie medikamentöse Schwangerschaftsabbrüche in sicherer Umgebung anbieten. Noch immer müssen sich Schwangere, die einen Abbruch durchführen lassen wollen, einer Beratung und einer dreitägigen Bedenkzeit unterziehen. Praxen, die Abbrüche durchführen, sind dünn gesät, und Studierende der Medizin müssen sich noch immer selbst organisieren, wenn sie lernen wollen, einen Abbruch durchzuführen.

Sehr oft, wenn wir auf Geschlecht stoßen, werden wir auch auf andere Diskriminierungsformen stoßen. Wer sich mit diesen Themen weiter beschäftigen möchte, findet am Ende des Buches eine Liste mit Literaturempfehlungen.

Diskriminierung ist etwas, womit wir aufwachsen. Wenn wir aber erst beginnen, das, was wir verinnerlicht haben, auf Aktualität zu prüfen, wenn wir selbst damit konfrontiert sind, ist es oft schon zu spät. Wenn unser Kind vor uns steht und völlig überzeugt sagt: »Natürlich kann ich kein Mathe, ich bin ein Mädchen«, dann haben wir nicht nur mit unseren eigenen Vorurteilen, sondern auch mit denen unserer Kinder zu tun und müssen die auseinanderklamüsern.

Ich beschäftige mich inzwischen etwa zwei Jahrzehnte mit Geschlecht als Konstrukt und mit Sexismus. Dennoch stoße ich in meinem Kopf immer wieder auf tief verinnerlichte Annahmen über Geschlecht. Das ist nichts, was sich von heute auf morgen verlernen lässt. Es ist hilfreich, Bücher darüber zu lesen und sich vor Augen zu führen, wie diskriminierende Strukturen aussehen. Es ist aber nicht genug. Sich mit den eigenen Vorurteilen stetig auseinanderzusetzen, ist etwas, was durchaus anstrengend sein kann. Deshalb setzen sich so viele Menschen nur dort damit auseinander, wo es sie selbst betrifft.

Wenn wir beginnen wollen, uns mit unseren verinnerlichten Annahmen über Geschlecht auseinanderzusetzen, dann müssen wir damit beginnen, Geschlecht um uns herum wahrzunehmen, uns bewusst zu machen, wie wir damit interagieren.

Wahrnehmen

Es ist eine erstaunlich große Aufgabe, Geschlecht wahrzunehmen: in den Online-Formularen, in denen nur »Mann« und »Frau« auswählbar ist (oder, als wäre es ein drittes Geschlecht, »Firma«). In fast jeder Umfrage zu fast jeder Studie. In den Läden, in die wir gehen, die oft ganze Geschosse nur einem binären Geschlecht gewidmet haben. In der Frage, ob das Spielzeug für ein Mädchen oder einen Jungen sei. In unseren Gehaltschecks. In der Aufteilung der familiären Kinderbetreuung. Bei dem Blick, den wir auf uns selbst im Spiegel werfen. In unserem Umgang mit anderen Menschen. In unseren Entscheidungen des Alltags. Es geht tatsächlich bis hin zu: »Esse ich den Salat, weil ich Lust habe, Salat zu essen? Oder esse ich den Salat, weil ich gelernt habe, dass Salat gesund ist und anderes Essen dick macht und ich gesund und hübsch bleiben muss?«

Das ist eine Botschaft, welche nicht nur Frauen und Menschen, die als Mädchen/Frauen behandelt werden, verinnerlicht haben. Auch Männer haben diese Erwartungshaltung an Frauen, die sich auch im Christentum wiederfindet und die im Zuge der Kolonialisierung, wie im ersten Kapitel bereits erwähnt, in die Welt getragen wurde: Die Frau hat dem Mann zu dienen. Sie ist nachranging. Untergeordnet. Auf diese Weise wurde unsere Welt bis ins Kleinste geordnet.

Die Zwei-Geschlechter-Ordnung der Welt ist so tief in allen Aspekten unseres Alltags verankert, dass schon allein das Wahrnehmen all dessen, was von der Vorstellung von Geschlecht beeinflusst wird, eine Lebensaufgabe ist. Sei es Ungleichbehandlung im medizinischen Bereich oder bei der Versicherung, sei es das Regal mit den »Frauenzeitschriften« (Essen für die Familie kochen, Diät für die Schönheit halten, Mode, Promiklatsch), sei es die Art und Weise, in öffentlichen Verkehrsmitteln zu sitzen. Das Phänomen »Manspreading« hat relativ viel Medienaufmerksamkeit bekommen. Manspreading ist das Sitzen mit weit geöffneten Beinen, meist von Menschen, denen Männlichkeit zugeschrieben wird. Das »weibliche« Phänomen dazu ist das Abstellen der Handtasche auf dem Nebensitz. Kleinen Kindern, die für Jungen gehalten werden, wird aber im Gegensatz zu denen, die für Mädchen gehalten werden, auch seltener vermittelt, dass sie ihre Beine geschlossen halten sollen – auch weil Hosen den Genitalbereich besser verdecken, als das Röcke und Kleider tun, wenn die Beine gespreizt werden.

Geschlecht ist fast überall präsent, aber fast nirgendwo relevant. Ein bewusster Fokus hilft, darüber zu stolpern, wenn wir in geschlechterstereotypes Denken abdriften.

Reflektieren

Als mir erst einmal aufgefallen war, wo überall Geschlecht vorkommt, obwohl es nicht um Geschlecht geht, begann ich mich selbst zu fragen, worum es an diesen Stellen *eigentlich* geht.

In den Online-Formularen geht es oft um die Anrede. Da könnte also auch stehen: »Wie möchten Sie angesprochen werden?« Die Antworten darauf sollten sich auch nicht auf »Herr« und »Frau« beschränken, sondern sollten auch neutrale Optionen bieten. Für die meisten E-Mails etwa wäre es vollkommen ausreichend, würden sie einfach mit »Guten Tag [Vorname Nachname]« oder »Hallo!« beginnen.

In Studien und Umfragen wird häufig nach Geschlecht kategorisiert, ohne überhaupt vorab zu erwägen, ob und warum das relevant ist. Es gibt die sehr starke Vorannahme, dass Verhalten zwischen den zwei binären Geschlechtern so maßgeblich verschieden ist, dass es stets sinnvoll ist, danach zu fragen. Dieses Phänomen wird als Bias (Voreingenommenheit) bezeichnet. Es gibt übrigens auch viel mehr Studien, die vermeintliche Unterschiede zwischen den Geschlechtern suchen, als Studien, die Gemeinsamkeiten suchen.[18]

Bekleidungsgeschäfte sortieren nach »Herren« und »Damen«. Die Annahmen, die dem zugrunde liegen, sind zum einen geschlechtsspezifische Mode und zum anderen, dass der angebliche Körperbau grundlegend verschieden sei und unterschiedliche Schnitte dem Rechnung tragen. Selbstverständlich macht es für den Schnitt eines Oberteils einen Unterschied, ob Brüste vorhanden sind und wie ausgeprägt diese sind. Tatsächlich richtet sich Kleidung, die nicht maßgeschneidert ist, aber nur nach, zum Teil sehr veralteten, Durchschnittswerten, und so kommt es, dass viele Frauen kaum Hosen in ihrer Länge finden und Männer ihre Hosen kürzen lassen müssen, einfach nur weil angenommen wird, Männer wären grundsätzlich größer als Frauen. Auch die Größenangaben variieren bei Herren- und Damenbekleidung stark. Eine Herren XL und eine Damen XL sind zwei sehr verschiedene Größen, weil es unterschiedliche Erwartungen an den Körperbau von Männern und Frauen gibt. Sinnvoller wäre doch zum Beispiel eine Sortierung nach Körperbau und -größe sowie Schnitt der Kleidung.

Werden wir im Spielwarengeschäft oder bei Fast-Food-Ketten gefragt, für wen das Spielzeug sei, dann wird als Antwort »Für einen Jungen« oder »Für ein Mädchen« erwartet. Was aber eigentlich relevant sein sollte, ist, was das Kind gern tut. Tatsächlich kommt aber, wenn ich auf solche Fragen antworte: »Für ein Kind, das sehr gern bastelt« oder: »Für ein Kind, das sehr gern Dinge sortiert«, meist noch einmal die konkrete Frage: »Mädchen oder Junge?« Das sollte aber an dieser Stelle völlig egal sein. Es gibt keine Kinder-

Spielzeuge, die nur mit einem bestimmten Geschlecht bespielbar wären.

Das sogenannte »Gender-Pay-Gap« ist die ungleiche Entlohnung je nachdem, ob eine Frau oder ein Mann bezahlt wird (über Personen mit anderen oder keinem Geschlecht sind hier keine Daten zu finden). Sollte es für Bezahlung irgendeinen Unterschied machen, ob ich ein Mann oder eine Frau (oder beides, nichts davon oder etwas anderes) bin? Natürlich nicht. Faktisch tut es das aber. In Deutschland im Jahr 2020 waren es 20 Prozent Bruttostundenverdienst, den Frauen im Schnitt weniger verdient haben als Männer.[19] Das heißt für 100 Euro, die ein Mann verdient, bekommt eine Frau im Schnitt 80 Euro. Konkret kann das je nach Beruf und Bundesland sehr verschieden sein. Bei diesem Wert wird vom »unbereinigten« Gender-Pay-Gap gesprochen. Es wird oft als Gegenargument angeführt, Frauen würden nun einmal die schlechter bezahlten Jobs wählen, da wären sie ja selbst schuld. Tatsächlich hängt die Berufswahl viel mit Geschlechterstereotypen zusammen. Wie welche Berufe bezahlt werden, aber auch. Frauen würden weniger gut über ihr Gehalt verhandeln, heißt es dann. Zum einen wird es Kindern, die für weiblich gehalten werden, oft früh aberzogen, fordernd zu sein, und zum anderen gibt es durch die Annahme, dass Frauen grundsätzlich duldsamer wären, auch keine Akzeptanz von forderndem Verhalten durch Frauen.

Die familiäre Kinderbetreuung in Familien, in denen es einen männlichen und einen weiblichen Elternteil gibt, ist selten gleich verteilt. Meist ist der größte Teil der Arbeit bei der Frau. Auch nach Trennungen ist die Realität selten eine 50:50-Aufteilung, selbst wenn diese auf dem Papier vorhanden ist. Vor allem die mentale und emotionale Arbeit über das reine Versorgen der Kinder heraus bleibt oft einseitig. Es wird gern behauptet, dass es in der Natur von Frauen läge, sich um Kinder zu kümmern. Wie im ersten

Kapitel angeschnitten, ist das Konstrukt »Mutterschaft« ebenso wenig biologisch verankert wie »Geschlecht«. Statt also zu schauen, dass die Arbeit des Kümmerns gerecht verteilt ist (das muss nicht zwangsläufig 50:50 sein, Gleichheit und Gerechtigkeit sind verschiedene Dinge), wird immer wieder die Erzählung bemüht, Frauen wären irgendwie qualifizierter, es wäre nur natürlich, wenn sie sich um Kinder kümmern. Nicht selten wird dann noch erzählt, das sei halt immer so gewesen. Was zum einen nicht stimmt und zum anderen auch kein guter Grund wäre, es weiterhin so zu tun.

Der Blick in den Spiegel hängt viel an Schönheitsnormen – und die sind je nach zugeschriebenem Geschlecht verschieden. Die Art und Weise, wie wir uns selbst im Spiegel betrachten, ist maßgeblich geprägt von den Dingen, die wir als Schönheitsanforderungen kennengelernt haben. Schlank sein, Muskeln haben, reine Haut, markante Züge, keine Körperbehaarung, gepflegter Bart ... Eigentlich sollte es darum gehen, wie wir uns selbst gefallen, ob wir uns mit uns selbst wohlfühlen. Aber wie wir uns gefallen, hängt damit zusammen, was wir darüber gelernt haben, was es heißt, »schön« zu sein.

Unser Umgang mit anderen Menschen ist oft geschlechterstereotyp anerzogen worden. Das eben schon erwähnte Nicht-fordernd-sein-Sollen von Menschen, die für weiblich gehalten werden. Das Nicht-Akzeptieren von freundschaftlicher, zärtlicher Zuneigung zwischen Personen, die für männlich gehalten werden. Die alte Kant-Annahme von emotionalen Frauen und rationalen Männern. Auf der einen Seite gilt Zurückhaltung als Tugend, auf der anderen Seite selbstbewusstes Auftreten. Männer, die sich zögerlich und vorsichtig durch die Gesellschaft bewegen, werden »Weicheier« genannt, werden ent-männlicht und ver-weiblicht.

Ebenso ist es im Allgemeinen bei unserem Verhalten. Ob wir Salat essen, hängt leider viel zu selten von einer bewussten Entscheidung für Salat ab und viel zu oft von Geschlechterstereotypen.

Männer essen Fleisch, Frauen Salat. Das führt so weit, dass es weniger Männer gibt, die sich vegetarisch oder vegan ernähren, weil das als unmännlich gilt.[20]

Wie am Anfang dieses Kapitels beschrieben, passiert diese Anpassung an Geschlechternormen meist etwa im Kindergartenalter. Kinder mit ähnlichen Veranlagungen werden also sehr verschiedenes Verhalten daraus entwickeln. Ein schüchternes Kind, das zum Mädchen gemacht wird, darf schüchtern bleiben, wird das eventuell sogar als besonderes Merkmal haben, das gern genannt wird, um das Kind zu beschreiben. Ein schüchternes Kind, das zum Jungen gemacht wird, lernt dagegen, dass es in diesem Punkt nicht hinreichend »männlich« ist, Schüchternheit bei diesem Kind ist unerwünscht und gilt als Makel.

Versuchen wir also immer, herauszufinden, worum es *eigentlich* geht, wenn wir auf Dinge stoßen, die mit Geschlecht verknüpft sind, und uns selbst geeignetere oder einfach nur andere Unterscheidungen zu überlegen.

Verändern

Was ich getan hatte, als ich an diesem Punkt anlangte, war, zu versuchen, Menschen um mich herum nicht mehr als »männlich« oder »weiblich« zu kategorisieren, sondern mir andere Unterscheidungsmerkmale zu überlegen und dann basierend auf diesen nach Gemeinsamkeiten und Unterschieden zu suchen. Zum Beispiel eine Unterscheidung in »trägt Brille« und »trägt keine Brille« oder »braunhaarig«, »nicht braunhaarig«. Unser Gehirn, das unser Leben lang gelernt hat, nach »männlich« und »weiblich« zu unterscheiden, kriegt dadurch Hilfe dabei, neue Unterscheidungen zuzulassen.

Zeitgleich habe ich auch das Sprechen mit und über Personen verändert. Sehe ich zum Beispiel heute eine Person, deren Rucksack offen ist, sage ich nicht »Entschuldigung, junger Mann, Ihr Rucksack steht offen« oder Ähnliches, sondern »Entschuldigen Sie, Ihr Rucksack ist offen«. Verliert vor mir eine Person etwas, rufe ich »Hey, Sie mit dem roten T-Shirt!« oder Vergleichbares, um Aufmerksamkeit darauf zu lenken. Schreibe ich E-Mails an Personen, deren Geschlecht ich nicht kenne, stelle ich keine Mutmaßungen aufgrund des Namens an, sondern schreibe einfach »Guten Tag« und dahinter den Vor- und Nachnamen statt »Guten Tag Frau / Herr«.

Was nach kleinen Veränderungen klingt, bewirkt im Kopf schon einiges – und führt dazu, für Menschen, denen ich begegne, nicht mehr versehentlich eine falsche geschlechtliche Zuordnung zu benutzen.

Auch ansonsten versuche ich, mich nicht von dem leiten zu lassen, was tief in mir als Wissen über Geschlecht verankert ist. Inzwischen ist es mir in Fleisch und Blut übergegangen, nicht nur wahrzunehmen, dass etwas mit Geschlecht verbunden wird, und zu reflektieren, ob und in welchem Ausmaß das sinnvoll ist, sondern aktiv zu versuchen, mein Verhalten zu verändern.

Also sprach ich zum Beispiel mit Anna über meine Bewunderung dafür, dass sie einen Lkw fuhr. Sie hat mir dann erzählt, warum sie so etwas selbstverständlich kann. Das hat mir sehr geholfen, mein Bild im Kopf zu verändern und zu öffnen.

Das aktive Denken zu verändern ist oft leichter, als Verinnerlichtes zu überwinden. Es hilft, unsere Sprache zu verändern, um unser Denken zu verändern. Viele Menschen glauben, dass das andersherum passiert: dass Denken sich verändern muss, bevor sich die Sprache verändert. Tatsächlich hilft aber ein bewusstes Verändern der Sprache, damit sich unser Denken verändern kann. Es ist also vollkommen in Ordnung, zuerst zu beschließen, geschlechtsneutral sprechen zu wollen, bevor der Prozess, nicht binäre Menschen und Menschen ohne Geschlecht mitzudenken, abgeschlossen ist.

Das Verändern ist auch nichts, was einmal beschlossen wird und dann immer funktioniert. Es ist etwas, das beständig wiederholt werden muss. Wie im Abschnitt »Geschlecht als etwas, das andere haben« geschrieben, dauert es etwa acht Jahre, bis das Zwei-Geschlechter-System fest verankert in Kinderköpfen sitzt. Es wieder hinauszubekommen, dauert mindestens genauso lange, wenn es denn überhaupt vollständig gelingt. Das soll keineswegs demotivieren. Wir sollten liebevoll uns selbst und anderen gegenüber sein, wenn wir mal wieder über Verinnerlichtes stolpern. Diese Veränderungen dürfen Zeit brauchen, und dabei Fehler zu machen, zu bemerken und zu korrigieren, ist kein Rückschlag, sondern Fortschritt.

Weitergeben

»Für mich ist das alles vorläufig. Das Kind hat halt zur Geburt ein Geschlecht zugewiesen bekommen, und das steht irgendwie auf der Geburtsurkunde, die ich seit der Geburt auch nicht mehr angeguckt habe. Aber wenn ich mit dem Kind auf der Straße unterwegs bin, dann wird das so 50/50 als Junge oder Mädchen bezeichnet. ›Guck mal, wie süß die Kleine ist‹ und ›Niedlich, der Kleine!‹ Auf die Fragen nach ›Junge oder Mädchen?‹ antwortete ich oft mit so was wie ›Baby‹ oder ›Ja‹. Inzwischen sagt das Kind, es ist in erster Linie ein Kind und ansonsten ein Junge.

Ich finde es anstrengend, wenn ich zum Beispiel bei der Zahnreinigung sitze, dass ich da nach dem Geschlecht des Kindes gefragt werde. Wenn ich dann so was sage wie ›Soweit ich weiß, ein Junge‹, dann kommt ein irritiertes ›Hä was?‹. Da habe ich auch nicht immer die Energie zu erklären, dass das letzten Endes eben nur das Kind selbst sagen kann.

Ich bin jetzt Elternsprecherin im Kindergarten und versuche, da auch was zu verändern. Mich nervt das und langweilt es auch, dass ich im-

mer wieder bei den Basics ansetzen muss. Dass ich den Leuten gar nichts über nicht binäre Geschlechter erzählen kann, weil die immer noch dabei sind, herauszufinden, dass auch Jungen rosa Schuhe tragen können.
Aber ich will mein Kind auch darin unterstützen, so zu sein, wie es ist.« Fae mit Bert (5)

Das Weitergeben des Um-Denkens und Neu-Denkens passiert ein Stück weit schon dann, wenn wir unsere Sprache anpassen. Wenn wir mit anderen kommunizieren, ohne beständig auf Geschlecht zu verweisen. Aber auch aktives Weitergeben von Informationen ist wichtig. Das Weitergeben an die Kinder in unserem Umfeld ist dabei das eine, die Auseinandersetzung mit anderen Erwachsenen das andere.

Thematisieren von Geschlechterstereotypen im Umfeld ist wichtig, in den Betreuungsstätten unserer Kinder, bei Freund_innen, wo immer wir auf Stereotype treffen. Das kann anstrengend sein, und es ist nicht immer die Kraft dafür vorhanden. Aber wann immer wir können, insbesondere wenn es uns selbst nicht betrifft, gilt es, auf Diskriminierung aufmerksam zu machen. Das betrifft nicht nur Diskriminierung aufgrund von Geschlecht und Denkweisen, die zu dieser Diskriminierung führen, sondern jede Form von Diskriminierung. Mit dem Weitergeben werden wir uns in den kommenden Kapiteln ausführlich beschäftigen.

Über Geschlecht sprechen

Im ersten Kapitel habe ich erläutert, weshalb es nicht dasselbe ist, über Körper oder Genitalien zu sprechen, wie über Geschlecht zu sprechen. Außerdem habe ich herausgestellt, dass vieles von dem, was unsere Kinder die Realität erfassen lässt, über unsere Sprache vermittelt wird. Oder, wie Kübra Gümüşay in ihrem Buch »Sprache und Sein« schreibt: »Klar ist: Wir müssen uns mit der Architektur der Sprache beschäftigen, die unsere Realität erfassen soll. Damit wir aussprechen können, was ist. Damit wir sein können, wer wir sind. Damit wir sehen können, wer die jeweils anderen sind.«[1]

Also betrachten wir in diesem Kapitel, wie tatsächlich gezielt ohne Geschlecht, geschlechtsoffen, gesprochen werden kann. Es wird in diesem Kapitel deshalb um unsere Sprechgewohnheiten und sprachliche Rituale gehen, darum, wie wir sie verändern und inklusiver gestalten können, insbesondere auch beim Sprechen mit Kindern. Damit wir sehen können, wer wir, aber auch die anderen sind. Dabei werden außerdem die Themen Diskriminierung und Überschneidung von Diskriminierung, Schwangerschaft, Verwandtschaft, körperliche und sexualisierte Gewalt gegen Kinder, Grenzen und Grenzüberschreitung sowie Körperhygiene angesprochen.

Vergeschlechtlichtes Sprechen

Über Geschlecht sprechen und *mit* Geschlecht sprechen sind in der deutschen Sprache und in allen anderen Sprachen, die grammatische Geschlechter kennen, zwei Dinge, die Hand in Hand gehen.

»Das Wort ›Brücke‹ ist feminin im Deutschen und maskulin im Spanischen. Und siehe da, wer Deutsch spricht, beschreibt Brücken als schön, elegant, fragil, hübsch, schlank, und wer Spanisch spricht, beschreibt sie als groß, gefährlich, stark, stabil und monumentös.«[2]

Die deutsche Sprache verknüpft das grammatische Geschlecht allzu oft mit einer Zuweisung von Geschlecht: »die Henne«, »das Huhn«, »der Hahn«. Damit nicht genug: Wie im Beispiel mit der Brücke deutlich wird, werden daran dann wiederum Zuweisungen geknüpft, die sprachliche Gewohnheiten sind. Wie eben die Zuordnung von Adjektiven, beziehungsweise den Eigenschaften, die diese beschreiben, zu Dingen. Nicht nur bezeichnen wir Männer fast nie als hübsch (und wenn doch, hat es meist einen Beiklang, der den Mann nicht als erwachsene, ernst zu nehmende Person erscheinen lässt), wir bezeichnen auch Stühle, Tische und Kanäle oder irgendetwas, dem grammatisch ein männliches Geschlecht zugewiesen ist, im Allgemeinen seltener als hübsch.[3]

Nicht beständig auf Geschlecht zu referenzieren, ist in einer Sprache wie der deutschen, in der alles ein grammatikalisches Geschlecht hat, welches bei Personenbezeichnungen dann mit dem Geschlecht der Personen assoziiert wird, eine große Herausforderung. So ist etwa der Satz »Die Lehrer bereiten ihre Schüler auf die Prüfungen vor« keineswegs neutral, auch wenn es Menschen gibt, die sagen, dass das generische Maskulinum alle Menschen gleichermaßen meinen würde.

Eine Begebenheit in der schweizerischen Rechtsgeschichte illustriert dies überdeutlich: Emilie Kempin-Spyri wollte 1886 als Anwältin vor Gericht agieren. Es wurde ihr verwehrt, weil sie eine Frau war. Sie klagte und berief sich auf die Schweizer Bundesverfassung von 1874, Artikel 4: »Alle Schweizer sind vor dem Gesetz gleich«, und verglich dies mit anderen Gesetzen, welche ebenfalls ausschließlich männliche Personenbezeichnung nutzten, aber definitiv nicht nur Männer meinten. Das Bundesgericht blieb dabei, dass sie nicht als Anwältin vor Gericht agieren dürfe: »Das Bundesgericht äusserte die Auffassung, das Maskulinum in den Personenbezeichnungen der Bundesverfassung sei unter Berufung auf die ›herrschende Rechtsanschauung‹ einmal generisch und einmal geschlechtsspezifisch auszulegen.«[4]

Diese Auffassung hatte auch Einfluss auf die späte Einführung des Frauenwahlrechts in der Schweiz. Erst seit dem 07.02.1971 dürfen Frauen in der Schweiz wählen. Seit 1999 lautet es in der Bundesverfassung der Schweiz: »Alle Menschen sind vor dem Gesetz gleich.«

Das **generische Maskulinum** bezeichnet in der deutschen Sprache die Vorgehensweise, für geschlechtlich nicht näher definierte Gruppen immer die maskuline Sprachform zu verwenden, also zum Beispiel grundsätzlich von Schülern oder Lehrern zu sprechen, statt von Schüler_innen oder Lehrkräften. Inzwischen haben zahlreiche Studien[5] dargelegt, dass das zu mehreren Problemen führt: Es ist nicht unterscheidbar, ob ausschließlich Männer oder generell alle Menschen damit angesprochen werden sollen, weiterhin führt die Verwendung des generischen Maskulinums auch dazu, dass hauptsächlich an Männer gedacht wird. Wer an »eine Gruppe Schüler« denkt, denkt an Jungen, wer dagegen an »eine Gruppe Schüler_innen« denkt, denkt Kinder aller Geschlechter mit.

Es wird häufig von »Gendern« gesprochen, wenn Worte mit einem Stern oder Unterstrich inklusiver gestaltet werden. Tatsächlich handelt es sich aber eher um ein ent-gendern, denn das Maskulinum ist eben keine geschlechtsneutrale Variante.

Selbst wenn dem so wäre, dass alle Menschen gemeint sein sollen, müssten wir ja immer noch schauen, ob es auch funktioniert, dass sich tatsächlich alle Menschen gemeint fühlen. Tatsächlich lässt sich an der Sprache aber eben nicht ablesen, ob der Satz »Die Lehrer bereiten ihre Schüler auf die Prüfungen vor« jetzt das generische Maskulinum sein soll oder nur auf Personen, welche die grammatisch maskuline Form für sich nutzen, referenziert. Offen ließe sich der Satz zum Beispiel so formulieren: »Die Lehrkräfte bereiten die Lernenden auf die Prüfungen vor« oder »Die Lehrer_innen bereiten die Schüler_innen auf die Prüfungen vor« oder »Die Lehrenden bereiten die Prüflinge auf die Prüfungen vor«. Manchmal bietet es sich auch an, über konkrete Personen zu sprechen: »Frau Lange, Herr Nguyen und Person Yüksel bereiten die Klasse 10b auf die Prüfungen vor.«

Es gibt immer wieder Debatten darüber, wie notwendig eine Sprache ist, die geschlechtsneutral, geschlechtergerecht oder geschlechtsoffen ist. Diese Debatten möchte ich hier nicht zur Gänze wiedergeben, darüber haben andere Menschen ganze Bücher geschrieben. So zum Beispiel Anatol Stefanowitschs 2018 im Duden-Verlag erschienenes Buch *Eine Frage der Moral: Warum wir politisch korrekte Sprache brauchen*. Dieses argumentiert nur auf Grundlage des Zwei-Geschlechter-Modells, in neueren Texten bezieht Stefanotwisch aber auch nicht binäre Menschen mit ein.

»Eine dritte Gruppe war sprachlich komplett unsichtbar und ist erst durch das Sternchen in ›Vertreter*in‹ sichtbar geworden: nicht-binäre Menschen, also diejenigen, die sich nicht in die Kategorien Mann und Frau einordnen können oder wollen.

Schon Frauen [...] werden in geschlechtsneutralen Formen wie ›Studierende‹ oder ›Vorstandsvorsitzende‹ häufig nicht ohne Weiteres mitgedacht (auch das zeigen die oben erwähnten Studien). Das gilt erst recht für nicht-binäre Menschen, die wir oft vergessen und an deren Existenz viele Menschen zweifeln, wenn sie überhaupt schon einmal über die Frage nachgedacht haben.

Für diese Gruppe ist Sichtbarkeit die Voraussetzung, um überhaupt am gesellschaftlichen Diskurs teilzunehmen.«[6]

Die Kurzfassung lautet: Ja, offen zu sprechen, zu schreiben, zu formulieren ist sinnvoll und notwendig auf dem Weg zu einer offeneren Gesellschaft. Es gibt inzwischen zahlreiche Studien[7], die zeigen, wie stark das generische Maskulinum die Vorstellung prägt und wie hilfreich es insbesondere für Menschen, die nicht männlich sind, ist, sich sprachlich repräsentiert zu sehen.

Ich bin eindeutig dafür, dass wir uns um eine Sprache bemühen, die niemanden ausschließt, möglichst diskriminierungsfrei ist und möglichst zugänglich für viele Menschen ist.

Die zehnjährige Mi, die geschlechtsoffen aufwuchs und mit der ich für das Buch sprach, sagte zum Thema generisches Maskulinum:

»Ich fühle mich so 50:50 mit angesprochen. Es stört mich nicht, aber in meinem Kopf korrigiere ich es und ergänze ein _innen. Für mich ist das manchmal so, wenn jemand spricht, dann ist das ein Text vor meinen Augen, und ich sehe, wie das geschrieben wird. Ich korrigiere aber immer alle, die mich falsch ansprechen.«

Geschlechtsoffen sprechen

Wir wissen jetzt also, dass geschlechtsoffenes Sprechen sinnvoll ist. Aber wie sieht das geschlechtsoffene Sprechen in der Praxis aus?

Es geht dabei um mehrere Dinge: darum, das generische Maskulinum zu verlernen, darum, sich vergeschlechtlichtes Bezugnehmen auf andere Menschen abzugewöhnen, und darum, Namen und Pronomen anderer Menschen flexibler zu handhaben.

Mit der Entscheidung für eine offene, diskriminierungsarme und inklusive Sprache ist der Grundstein gelegt. Doch bis sich unsere Sprachgewohnheiten verändert haben, braucht es Zeit. Es ist auch leichter, sich gemeinsam mit anderen dieser Veränderung zu stellen, als sie allein anzugehen. Vielleicht haben wir einen Freund_innenkreis, in dem sich viele um eine solche Sprache bemühen. Dort wird uns die Umstellung sehr viel einfacher gelingen als an einem Arbeitsplatz, an welchem das generische Maskulinum üblich ist. Wie wir Sprache benutzen, hängt immer auch von dem Kontext ab, in dem wir sprechen. Es hängt außerdem von den Menschen ab, mit denen wir sprechen.

Menschen passen sich sprachlich sozialen Situationen an. Das betrifft nicht nur die Wortwahl, sondern auch Körpersprache und Mimik. Wer also am Arbeitsplatz mit Kolleg_innen redet, spricht anders, als dieselbe Person zu Hause oder am Telefon mit den eigenen Großeltern spricht. Seid nachsichtig mit euch selbst und anderen, wenn sprachlich nicht immer alles perfekt funktioniert.

Sprache ent-gendern

Das generische Maskulinum zu verlernen ist ein langer Prozess, bei dem wir immer wieder im eigenen Kopf und in unserem Umfeld auf Hürden stoßen werden. Es gibt mehrere Alternativen zum generischen Maskulinum.

Sonderzeichen in Worte einzufügen, also Lehrer*innen oder Lehrer_innen zu schreiben, ist eine Lösung, die zwar Raum schafft, aber auch Barrieren aufbaut. Für Menschen, die Screenreader nutzen, aber auch für Menschen mit Neurodivergenzen (beispielsweise für einige autistische Menschen) oder Behinderungen (beispielsweise Lese-Schwächen) sind Sonderzeichen in Wörtern oft eine Hürde. Viele Menschen, die Screenreader nutzen, sehen das Problem aber eher bei denen, die ebendiese programmieren: Hier muss auf technischer Seite nachgebessert werden, um aktuelle gesellschaftliche Entwicklungen abzubilden.

Unser Ziel, wenn wir versuchen wollen, Menschen mit egal welcher geschlechtlichen Verortung sprachlich mitzudenken, sollte also sein, möglichst viele neutrale Worte, wie »Lehrkräfte«, zu nutzen oder Partizip-Formen zu bilden, wie »Lehrende«. Dies muss aber parallel passieren zu der deutlichen Markierung von Menschen, die keine männlichen Personenbezeichnungen nutzen. Denn auch in Sprachen, die keine vergeschlechtlichten Nomen (mehr) haben, wie zum Beispiel Englisch, ist »der Mann« die Norm in den Köpfen.[8]

Hierzu gibt es auch Vorschläge, die Vergeschlechtlichung der deutschen Sprache zu verändern. Der österreichische Aktionskünstler Hermes Phettberg schlug etwa vor, als neutrale Form die y-Endung einzuführen, begleitet vom neutralen Artikel »das«. Dann würden Lehrys Schülys unterrichten, wir würden unterwegs dem Radfahry ausweichen und beim Bäcky unsere Brötchen kaufen.[9]

Ein anderer Vorschlag geht auf Robin Wurzel zurück: das »Dasling«-System. Wie an vielen Stellen in der deutschen Sprache üblich (Prüfling, Liebling, Fiesling), werden bei diesem System vergeschlechtlichte Suffixe (also -er und -erin [Lehrer, Lehrerin] oder -ist und -istin [Spezialist, Spezialistin] oder -t und Umlaut im Wortstamm -tin [Arzt, Ärztin]) durch »-ling«- ersetzt und alle Artikel im Singular durch »das«. Dann würden die Lehrelinge die Schülinge unterrichten, wir würden unterwegs dem Radfahrling ausweichen und beim Bäckling unsere Brötchen kaufen.[10]

Der Verein für geschlechtsneutrales Deutsch schlägt vor, eine neue grammatische Form, das Inklusivum, in die deutsche Sprache einzuführen. Der Verein versucht, durch Umfragen die Akzeptanz und den Umsetzungswillen für unterschiedliche Systeme herauszufinden. Sie schlagen dafür zum Beispiel das Dey-E-System vor. Dabei wird als neuer Artikel »dey« eingeführt und -e als geschlechtsneutrales Suffix. Dann würden die Lehrere die Schülere unterrichten, wir würden unterwegs dey Radfahrere ausweichen und beim Bäckere unsere Brötchen kaufen.[11]

Ich nutze für mich selbst am liebsten -x im Singular beziehungsweise -xe im Plural als Suffix (gesprochen iks/ikse) und ergänze als neutrale Form mit dem von Illi Anna Heger, eine Person, die seit 2009 an der Entwicklung neuer Pronomen arbeitet, geprägten xier-Pronomen und »das« als bestimmtem Artikel. Die x-Endung im Deutschen geht auf Sprachwissenschaftlens Lann Hornscheidt zurück, wird von en aber nicht mehr genutzt. En nutzt inzwischen -ens als Endung. Mit der -x-Endung würden die Lehrxe die Schülxe unterrichten, wir würden unterwegs dem Radfahrx ausweichen und beim Bäckx unsere Brötchen kaufen.[12]

Es gibt noch weitere, hier nicht ausgeführte Methoden des Ent-Genderns, wie etwa die -lon Endung[13] oder das NoNa-System nach Jona Moro und Noah Frank[14].

Welche Form sich gesellschaftlich etablieren wird, wird die Zeit zeigen. Bis dahin nutzt, was für euch gut funktioniert, aber schafft Raum in eurer Sprache für Menschen aller Geschlechter, bemüht euch, alle zu meinen, und überlegt, wer in welcher Situation angesprochen sein soll.

Eine andere Stelle, an der wir Sprache ent-gendern müssten, sind sprachliche Rituale. »Wisst ihr denn schon, was es wird?«, fragen wir Schwangere. Wir meinen dann: Welche Genitalien gab's im Ultraschall zu sehen und welche Zuweisung wurde basierend darauf vorgenommen? Viele Geschlechtszuschreibungen sind solche sich immer wiederholende Formulierungen. Im sozialen Miteinander gibt es ein ungeschriebenes Regelwerk, welche Antworten darauf in Ordnung und angemessen sind. Auf »Wisst ihr denn schon, was es wird?« können wir antworten »Ein Mädchen« oder »Ein Junge«

oder »Wir wissen es noch nicht«. Eine Antwort wie »Vermutlich keine Giraffe, aber manchmal fühlt es sich an wie ein Elefant im Porzellanladen« ist sozial nicht voll akzeptabel, wird aber als Witz verstanden werden. Die Antwort »Wir wollen uns nicht sagen lassen, welche Genitalien das Kind hat, um darauf basierend eine Geschlechtszuweisung vorzunehmen« stößt andere Menschen aber meist sehr vor den Kopf. Wir können aber auch sagen »Das wird es uns eines Tages vielleicht selbst sagen« oder »Den Tritten nach zu urteilen wird es sehr kräftig«. Antwortalternativen sind zahlreich. Es ist völlig in Ordnung, in solchen Situationen nicht schlagfertig zu sein. Sich Antworten vorher zurechtzulegen kann allerdings hilfreich sein. Gerade bei fest etablierten sprachlichen Ritualen ist es für viele Menschen schwierig, wenn ein Teil der Ritualteilnehmenden sich nicht an den ritualisierten Ablauf hält. Wir können versuchen, dass wir unauffällige Veränderungen vornehmen: Wir fragen nicht mehr nach starken Jungs, sondern nach kräftigen Kids. Wir spielen nicht Mutter-Vater-Kind, wir spielen Familie. Das geht oft Hand in Hand damit, Zuschreibungen zu vermeiden.

Zuschreibungen vermeiden

»Ich bin überzeugt davon, dass wir wertschätzende Begriffe brauchen, mit denen wir uns über die faszinierende Vielfalt des Menschseins unterhalten können.« Nora Imlau auf Instagram 27.07.2021

Ein anderer Teil geschlechtsoffenen Sprechens ist, Menschen, denen wir begegnen, kein Geschlecht zuzuschreiben. Wenn wir also auf der Straße einen Menschen sehen, über diesen Menschen nicht anzunehmen, »das ist eine Frau«, weil dieser Mensch beispielsweise Brüste hat und ein Kleid trägt. Selbst wenn wir es denken, sollten wir diese Person doch nicht als Frau bezeichnen. Sprechen wir also über diese Person, sagen wir nicht »Die Frau dort drüben trägt ein hübsches Kleid«, sondern »Die Person dort drüben trägt ein hübsches Kleid«. Anfangs wirkt das oft unpersönlich und distanziert. Ist es nicht viel freundlicher über »Die junge Dame« zu sprechen? Die eigene Erziehung zu Höflichkeit dahingehend zu prüfen, ob Dinge wirklich höflich und freundlich sind oder ob wir sie nur dafür halten, ist ein wichtiger Schritt. Auch unabhängig von ihrem Geschlecht mögen viele Menschen bestimmte geschlechtszuschreibende Begriffe nicht. Aber es ist mit Sicherheit auch eine Frage der Gewohnheit und des Kontextes. Wenn ich mich in einem Umfeld bewege, das gar nicht ent-gendert, dann ent-gendere ich selbst deutlich weniger, als wenn ich mich in meinem queeren Freund_innenkreis bewege. Die zehnjährige Mi sagte zum Zuschreiben von Geschlecht: »Wenn ich auf der Straße Menschen sehe, dann denke ich nicht Mann oder Frau, sondern mehr: Mensch mit der Frisur, Mensch mit anderer Frisur. Für mich ist das einfach nur Mensch und anderer Mensch. Und vielleicht sehe ich auch mal eine Taube. Was stört mich das?«

Dahin zu kommen, wo Mi schon ist, ist für viele Menschen, die das Zwei-Geschlechter-System stark verinnerlicht haben, sehr schwierig. Ich bin auch nach vielen Jahren aktivem Training nicht vollständig frei davon, aber ich sehe immer wieder meine Fortschritte. Während ich beispielsweise auf dem Spielplatz eigentlich nur noch Kinder sehe und nicht mehr Mädchen und Jungen, passiert es mir durchaus häufiger, dass ich Familien begegne und Dinge denke wie »Ach wie schön, da hat der Große anscheinend gerade ein Schwesterchen bekommen«. Dann korrigiere ich mich selbst und prüfe kurz, wie im Abschnitt *Geschlecht verlernen* ausgeführt, woher die Annahmen kommen.

Wenn wir beginnen, von anderen nicht mehr vordergründig als »Mann« oder »Frau« zu denken oder auch, basierend auf anderen Diskriminierungsformen, als »Schwarze_r«, »migrantische Person«, »Behinderte_r«, »Muslim_a«, beginnen wir, in ihnen Menschen zu sehen, die alle einzigartig sind. Während es immens wichtig ist, Diskriminierungsformen wahrzunehmen und zu benennen, ist es ebenso wichtig, Menschen nicht auf die Dinge zu reduzieren, wegen derer sie diskriminiert werden. Es ist auch wichtig, die eigenen Privilegien zu reflektieren, denn es ist oft gar nicht so leicht, diese zu bemerken.

> Viele Formen von Diskriminierung überlappen sich und führen dazu, dass Menschen auf mehreren Ebenen Benachteiligung erfahren. Den Begriff der **Intersektionalität** prägte Kimberlé Crenshaw 1989 in ihrem Aufsatz: »Demarginalizing the Intersection of Race and Sex«[15] (Demarginalisieren der Intersektion von Rasse und Geschlecht). Die Juraprofessorin arbeitete darin die spezifische Diskriminierung, die Schwarze Frauen erleben, heraus und zeigte auf, dass die Gleichzeitigkeit von Schwarz-Sein und Frau-Sein zu einer anderen Form von Diskriminierung führt als allein Frau-Sein oder Schwarz-Sein. Sie führte auch bereits zahlreiche andere Formen von Diskriminierung auf, die zu Überschneidungen, zu Intersektionen führen. Seither wird die Intersektionalitätstheorie stetig weiterentwickelt und genutzt, um sichtbar zu machen, wer wo wie Diskriminierung erfährt, und um Privilegien sichtbar zu machen. Denn eine Schwarze behinderte lesbische Frau wird anders diskriminiert als ein weißer, nicht behinderter schwuler Mann.

Wir können uns selbst korrigieren, wenn wir denken »die Frau/der Mann«. Wenn wir im Kindergarten anderen Bezugspersonen von Kindern begegnen und denken »die Mama/der Papa«. Der erste Impuls mag sein, das für übertrieben zu halten, irgendwie merkwürdig. Es ist doch »normal«! Doch wenn wir beginnen, unsere Gedanken zu korrigieren, werden wir beginnen, mehr und andere Dinge von den Menschen um uns herum wahrzunehmen. Menschen kann ihr Geschlecht nicht angesehen werden. Und auch die Beziehung, in der sie zu anderen Menschen stehen, lässt sich ihnen nicht ansehen. Es ist also auch nicht zwangsläufig ein Elternteil des Kindes, das wir beim Abholen im Kindergarten unbekannterweise sehen.

Eine Methode, die mir geholfen hat, vergeschlechtlichtes Blicken auf Menschen zu lockern, war es, Personen, die ich für männlich gehalten habe, immer als »die Person« zu denken und Menschen, die ich für Frauen gehalten habe, als »der Mensch«. Dadurch entsteht beim Sprechen (oft auch schon beim Denken) der Widerspruch zwischen dem, was ich zuweisen würde, und dem, wie ich denke und spreche. Statt »Der Mann im grauen Mantel« also »Die Person im grauen Mantel« und statt »Die Frau im grauen Mantel« dann »Der Mensch im grauen Mantel«. Ich benutzte dann das Pronomen, welches mein Kopf intuitiv nicht benutzt hätte, aktiv. Das hat es leichter gemacht, die grundsätzliche Zuschreibung aufzubrechen.

Eine andere Methode ist, sich jeden Tag etwas zu überlegen, auf das ich heute achten will. Ob das, wie bei Mi, die Frisur anderer Menschen ist oder ob das Gesichtsbehaarung oder Brustkorb oder Kleidung ist, ist dabei egal: Es geht darum, die Zuordnungsgewohnheiten zu unterbrechen und unser Sehen neu zu erfahren. Wer eher über die Verarbeitung von Gehörtem funktioniert, kann statt auf die Stimmhöhe zum Beispiel auch auf die Sprachmelodie oder Wortwahl achten.

Findet heraus, was für euch gut funktioniert! Klappt es, wenn ihr euch selbst mit einem »Stopp! Ich weiß nicht, welches Geschlecht die Person vor mir hat!« bremst? Braucht ihr eher einen bejahenden

Ansatz? »Ja, die Person sieht für mich aus wie eine Frau. Vielleicht habe ich mit der Annahme recht, vielleicht aber auch nicht.«

Insbesondere wenn wir mit Kindern oder anderen Menschen über Personen reden, denen wir begegnen, sollten wir versuchen, darauf zu achten, keine Zuschreibungen von Geschlecht zu machen – denn genau damit fördern wir einen Großteil des Erlernens von Geschlechterstereotypen. Ich möchte hier eine Auswahl von Begriffen, die in der Alltagskommunikation mit Kindern häufig sind, und mögliche Alternativen dazu vorstellen. Bei Menschen, die wir regelmäßig treffen, lohnt es sich, herauszufinden, wie sie sich selbst bezeichnen (lassen). Das kann durch aktives Fragen passieren (zum Beispiel im Kindergarten, bei neuen Gesichtern: »Hey, ich sehe dich immer, wenn du Evrim abholst, und wollte mich mal vorstellen. Ich bin Alex, das Elter von Johannes. Er spielt sehr gern mit Evrim. Wer bist du?«) oder durch passives Wahrnehmen (wenn Evrim zum Beispiel immer freudestrahlend »Oma Ayşe!« beim Abgeholt-Werden ruft).

Für andere Situationen, in denen wir Menschen (noch) nicht so gut kennen, oder um gezielt geschlechtsneutral über konkrete Personen, die dies wünschen, zu sprechen, können wir zum Beispiel folgende Sprache benutzen:

- Anstelle von das Mädchen / der Junge, Mädchen und Jungen: das Kind, die Kinder. Wir wissen nicht, ob und, falls ja, welches Geschlecht die Kinder haben.
- Anstelle von die Tochter / der Sohn: das Kind
- Anstelle von die Schwester / der Bruder, Schwestern und Brüder: das Geschwister, die Geschwister.
- Anstelle von die Mama / der Papa: die begleitende Person, das Elter(nteil), das[16] Erwachsene. Wir wissen nicht unbedingt, in welchem Verhältnis andere Erwachsene zu den Kindern in ihrer

Nähe stehen. Vielleicht holt immer der Patenonkel aus dem Kindergarten ab oder die enge Freundin der Familie. Wenn wir wissen, dass es sich um ein Elternteil handelt, dann wissen wir dennoch nicht zwangsläufig, ob es sich dabei um eine Mama, einen Papa, ein Elter handelt oder eine ganz andere Bezeichnung bevorzugt wird. Geschlechtsneutrale Bezeichnungen, die zur Selbstbezeichnung genutzt werden können, sind zum Beispiel Mampa (Mischwort aus Mama und Papa), Elli (von Elter), Renny (vom englischen Parent).

* Anstelle von der Onkel / die Tante: die begleitende Person, das Erwachsene, die erwachsene Person. Geschlechtsneutrale Bezeichnungen, die zur Selbstbezeichnung genutzt werden können, sind zum Beispiel die Mischwörter Tankel und Onte, welche in Online-Communities Verbreitung gefunden haben.
* Anstelle von die Oma / der Opa: die begleitende Person, das Erwachsene, die erwachsene Person. Fremde ältere Personen pauschal als Oma oder Opa zu bezeichnen, kann nicht nur eine falsche geschlechtliche Zuschreibung sein, sondern auch auf andere Art verletzen, zum Beispiel wegen unerfüllten (Enkel-)Kinderwunsches, verstorbener (Enkel-)Kinder und Ähnlichem. Ist bekannt, dass es sich um ein Großelternteil handelt, ist »das Großelter« eine neutrale Bezeichnung. Eine geschlechtsneutrale Bezeichnung, die zur Selbstbezeichnung genutzt werden kann, ist zum Beispiel Ompapa.
* Anstelle von der Erzieher / die Erzieherin: Die meisten Erzieher_innen, mit denen unsere Kinder unmittelbar zu tun haben, werden uns mitteilen, welche Bezeichnung sie für sich bevorzugen, ansonsten können wir reden über »die Person, die in Kindergarten / Hort / Kindertagesstätte / … betreut«, über Erzieher_innen und Ähnliches.

* Anstelle von Kinderarzt/Kinderärztin: Wenn wir über eine konkrete Person sprechen, dann sprechen wir so, wie sich die Person uns vorgestellt hat, ansonsten nutzen wir Arztperson, ärztliche Fachkraft oder Mediziner_in.
* Anstelle von der Lehrer/die Lehrerin: Die meisten Lehrer_innen im direkten Kontakt mit unseren Kindern werden uns mitteilen, welche Bezeichnung sie für sich bevorzugen. Eine neutrale Alternative ist »Lehrkraft«.
* Anreden von Personen: Diese eben erwähnten Anreden müssen nicht zwangsläufig »Frau« oder »Herr« sein. Es gibt auch hier Menschen, die Mischwörter nutzen, »Frerr« zum Beispiel, oder Menschen, die »Person« als Anredeform nutzen. Wieder andere, ich zum Beispiel, bevorzugen die Anrede mit Vor- und Nachnamen.

Die wichtigste Faustregel ist wahrscheinlich: immer einfach fragen. Ein höfliches »Wie darf ich Sie/dich ansprechen?« und ein »Welche Pronomen darf ich für Sie/dich verwenden?« oder einfacher »Welche Worte soll ich nutzen, wenn ich über Sie/dich spreche, ohne Ihren/deinen Namen zu verwenden?« ist schnell gefragt. Auch wenn es für viele Menschen ungewohnt sein mag, diese Frage zu hören, ist es dennoch bei jedem Menschen angebracht und eine Frage von Höflichkeit und Respekt. Wenn Kinder mitbekommen, dass wir diese Fragen stellen, wenn sie erleben, dass wir anderen Menschen kein Geschlecht zuschreiben, dann lernen sie, die grundsätzliche Offenheit weiterzutragen. Auch dann noch, wenn ihr Umfeld beginnt, sie auf die Zwei-Geschlechter-Norm zu prägen.

Pronomen

Pronomen sind eine andere Form des Vergeschlechtlichens: das Reden über Personen, ohne ihren Namen zu nennen – Pronomen. Pronomen gibt es im Deutschen viele und ihre Deklination ist komplex. Hier geht es vor allem um die Pronomen, die in der dritten Person Einzahl genutzt werden. Im Deutschen üblich sind »er«, »sie« und »es«, wobei »es« in Bezug auf Lebewesen hauptsächlich für Tiere, kleine Kinder und Mädchen, also Dinge, die grammatikalisch dem Neutrum zugeordnet sind, verwendet wird. Es passiert auch eine schleichende Entwicklung dahin, »das Mädchen« zwar mit sächlichem Artikel, aber weiblichem Pronomen zu verwenden. Also zum Beispiel: Dieses Kind ist ein Mädchen, sie trägt einen Anzug. Das ist zwar grammatikalisch falsch, aber der Sprachgebrauch entwickelt sich dahin – auch aufgrund von Sexismus-Debatten um Objektifizierung von weiblichen Personen, die einige auch in solchen grammatikalischen Gewohnheiten widergespiegelt sehen.

Im Englischen gibt es neben »he« (er), »she« (sie) und »it« (es) das singuläre »they« schon sehr lange, die ersten Nutzungen, die überliefert sind, finden sich laut dem Oxford English Dictionary im 14. Jahrhundert. Üblicherweise wird es genutzt, um über Personen zu sprechen, deren Geschlecht nicht bekannt ist. Also zum Beispiel: »Someone forgot their umbrella«, also »Jemand hat seinen / ihren / xiesen Schirm vergessen.«

Im Türkischen und vielen anderen Sprachen auch gibt es gar keine geschlechtsspezifischen Pronomen. Im Türkischen ist das Pronomen in der dritten Person Singular geschlechtsunabhängig »o«.

Im Schwedischen wurde das neutrale Pronomen »hen« neben »hon« (sie) und »han« (er) 1966 erstmals als Pronomen vorgeschlagen und ist seit 2014 auch Bestandteil des Glossars der Schwedischen Akademie über die schwedische Sprache. Inzwischen hat hen gute Verbreitung gefunden und wird auch gesellschaftlich weiträumig akzeptiert. Einige Menschen nutzen hen auch im Deutschen als Pronomen.

Hen ist ein sogenanntes Neopronomen. Neopronomen sind Pronomen, die bisher noch nicht in einer Sprache etabliert sind und die neu gebildet wurden, um eine Möglichkeit zu schaffen, über Menschen zu sprechen, deren Geschlecht unbekannt ist oder die nicht binäre Pronomen für sich bevorzugen. Neopronomen sind für alle da und dürfen auch genutzt werden, ohne kein/ein nicht binäres Geschlecht zu haben. Wenn euch ein Pronomen gefällt, probiert es aus! Wie ein Kleidungsstück, das euch gefällt. Wenn es nicht mehr gefällt oder nicht mehr passt, könnt ihr ein neues aussuchen. Gebt diese Möglichkeit auch euren Kindern.

Neopronomen müssen, wie alles, was wir neu lernen wollen, geübt werden. Vielen erscheint das schwierig, aber alle Pronomen haben wir irgendwann einmal gelernt. Die Deklinationen von Neopronomen sind nicht so standardisiert wie die von herkömmlichen Pronomen. Grundsätzlich ist es also sinnvoll, eine Person zu fragen, wie sie sich wünscht, dass ihr Pronomen verwendet wird. Das Pronomen »xier« geht auf Illi Anna Heger zurück und findet immer mehr Verbreitung. So wird zum Beispiel das englische singuläre »they« in der Kinderserie »Meine Stadt der Geister« für den nicht binären Charakter Thomas mit »xier« übersetzt (Staffel 1, Folge 2). Sier ist das Pronomen, welches ich nutze. Auch sier geht auf Illi Anna Heger zurück, ich verwende es mit abgewandelter Deklination, auch hier im Beispiel. Ebenso wie »nin« hat es Verbreitung vor allem über Online-Communities gefunden. »Nin« wurde 2007 bei der trans*tagung Berlin entwickelt. Eine gute Übersicht über Neopronomina im Deutschen findet sich unter https://nibi.space/pronomen. Hier eine Übersicht über einige Pronomen mit einer Auswahl an häufig gebrauchten Deklinationsformen.

Pronomen	Dativ	Akkusativ	Possesiv	Relativ
er	ihm	ihn	sein/e/s	der
sie	ihr	sie	ihr/e/s	die
es	ihm	es	sein/e/s	das
xier	xiem	xien	xies/e/es	dier
sier	siem	sien	sien/e/s	das
nin	nim	nin	nim/e/s	das

Als Beispielsatz:
Das ist Jona. Sein Pronomen ist er. Ihm ist es wichtig, dass er der ist, dessen Name hinten ohne h geschrieben wird.
Das ist Jona. Ihr Pronomen ist sie. Ihr ist es wichtig, dass sie die ist, deren Name hinten ohne h geschrieben wird.
Das ist Jona. Sein Pronomen ist es. Ihm ist es wichtig, dass es das ist, dessen Name hinten ohne h geschrieben wird.
Das ist Jona. Xies Pronomen ist xier. Xiem ist es wichtig, dass xier dier ist, dieren Name hinten ohne h geschrieben wird.
Das ist Jona. Sien Pronomen ist sier. Siem ist es wichtig, dass sier das ist, dessen Name hinten ohne h geschrieben wird.
Das ist Jona. Nims Pronomen ist nin. Nim ist es wichtig, dass nin das ist, deren[17] Name hinten ohne h geschrieben wird.

Pronomen sind für alle da. Es gibt auch cis Personen, die nicht das Pronomen verwenden, welches ihnen üblicherweise zugeschrieben werden würde. So gibt es zum Beispiel auch in der lesbischen Community immer wieder cis Lesben, welche »er« als Pronomen für sich selbst verwenden.

Für den Umgang mit den Pronomen kleiner Kinder, von denen wir weder wissen, welches Geschlecht sie haben, noch welches Pronomen sie für sich bevorzugen, bieten sich in der geschlechtsoffenen Erziehung folgende Methoden an:

* Überhaupt kein Pronomen verwenden. Stattdessen wird immer der Name des Kindes verwendet.
* Irgendein Pronomen verwenden. Sei es ausgewürfelt oder einfach das erste, was euch in den Sinn kam, als ihr das Kind zum ersten Mal gesehen habt.
* Viele verschiedene Pronomen verwenden. Ihr wechselt durch alle Pronomen. Ob ihr das an Situationen bindet (auf dem Spielplatz immer er, bei medizinischen Untersuchungen immer sie, im häuslichen Umfeld xier usw.) oder nach Lust und Laune wechselt – beides bietet dem Kind viel Abwechslung.
* Das Pronomen verwenden, das dem entspricht, was die meisten Menschen aufgrund des zugewiesenen Geschlechts verwenden würden, aber regelmäßig auch andere anbieten und nach dem Wohlbefinden damit erkundigen, wenn das Kind älter wird. Hier ist es wichtig, im Hinterkopf zu behalten, dass Pronomen einfach nur eine Sprachfunktion erfüllen und Anpassungen jederzeit möglich sind.

In einer befreundeten Familie werden für das Kind seit dessen Geburt allerlei Pronomen genutzt. Manchmal gar keines, von einigen Personen im Umfeld des Kindes immer ein festes, von anderen Personen immer ein wechselndes. Das Kind ist inzwischen vier Jahre alt und hat noch immer keine große Präferenz darüber geäußert, welches Pronomen sich am besten für das Kind selbst anfühlt, nutzt aber für andere Personen im Umfeld überwiegend die korrekten Pronomen – also die, welche sich diese Personen wünschen.

Wichtig ist, bei egal welcher dieser Methoden, andere Menschen nicht zu »korrigieren«, wenn die eurem Kind ein anderes Pronomen zuweisen, es sei denn, euer Kind wünscht sich das von euch. Außenstehende weisen Kindern andauernd ein Geschlecht und darauf basierend Pronomen zu. »Ach, die Kleine ist ja niedlich, wie heißt sie denn?« sollte also nicht mit »Er heißt Paul« beantwortet werden oder einem spitzen, betonten »*Sie* heißt Paul«. Für Kinder ist es, bis sie sich ihrer geschlechtlichen Identität bewusst werden, meist völlig unwichtig, welches Pronomen für sie verwendet wird. Aber wenn sie beständig nur eines hören und sogar mitbekommen, dass ihre Bezugspersonen andere Menschen korrigieren, werden sie schlussfolgern, dass nur dieses eine Pronomen für sie richtig ist und etwas über sie aussagt. Greift also das Pronomen, welches andere für euer Kind nutzen, ruhig auf, ohne es zu bewerten. »Ihr Name ist Paul.« Viele Menschen werden sich an dieser Stelle korrigieren. Einigen Menschen ist es hochnotpeinlich, das vermeintlich falsche Pronomen für ein Baby zu verwenden. Leider ist es meist den gleichen Menschen dann nicht mehr peinlich, wenn sie für eine erwachsene trans Person das falsche Pronomen verwenden. Lasst ruhig zu, dass andere Menschen für ein Kind, das noch keine Vorliebe für ein Pronomen hat, das Pronomen verwenden, welches sie mit dem Kind verbinden.

Für einen generell offenen Umgang mit Pronomen ist es sinnvoll, gelegentlich zu fragen: »Hey, ich benutze immer das Wort ›er‹, wenn ich über dich spreche, fühlt sich das gut an für dich?« Das kann Kindern die Möglichkeit geben, andere Pronomen zu verwenden. Viele Menschen halten »Pronomen« für ein kompliziertes Wort, das Kindern nichts sagt – im Deutschunterricht wird deshalb auch das Wort »Fürwort« verwendet. Unsere Erklärung war: Ein Pronomen ist das Wort, welches du benutzt, um über jemanden zu sprechen, ohne dessen Namen zu verwenden.

Neopronomen zu verwenden und in den Alltag zu integrieren, bietet sich auch an. Ich bin christlich und nutze für Gott das Pronomen xier, ebenso wenn ich mit den Kindern über Personen spreche, deren Geschlecht ich nicht kenne. Andere Möglichkeiten, Neopronomen zu üben, sind zum Beispiel das Vorlesen von Kinderbüchern, in denen sich Pronomen leicht ersetzen lassen, oder Kuscheltiere, die mit Namen und Pronomen daherkommen. Insbesondere wenn es im Umfeld keine Personen gibt, die Neopronomen nutzen, ist es sinnvoll, sie über andere Wege einzuführen. Mein persönliches Lieblingskinderbuch zum Üben von Pronomen ist *Elmar* – viele kennen und lieben den bunten Elefanten. Wann immer ich das Buch vorlese, frage ich die Kinder, welches Pronomen ich für Elmar nutzen soll. Elmar hat bei uns genauso viele Pronomen wie Farben.

Kinder haben während des Spracherwerbs oft Phasen, in welchen sie für alle Menschen das gleiche Pronomen nutzen. Solange sie damit niemanden verletzen, lasst sie! Das gilt vor allem gegenüber euch fremden Personen. Wenn der Opa »er« als Pronomen nutzt und ihr das Kind entsprechend korrigiert, wenn es für Opa »sie« benutzt, ist das etwas ganz anderes, als wenn ihr das für eine Person auf der Straße tut, die ihr für männlich haltet. Und fragt doch Opa mal, ob sie das überhaupt schlimm findet. Vielleicht gefällt es ihr?

Mit Kindern über Geschlecht und Stereotype sprechen

»Manche Kinder sind Jungen, manche sind Mädchen, manche sind beides, manche sind einfach nur Kinder, manche sind nichts davon.« So oder so ähnlich haben wir unseren Kindern von klein auf die Vielzahl der Geschlechter vorgestellt. Nun haben unsere Kinder das große Glück, in einem sehr queeren Umfeld aufzuwachsen. Einige Kinder wachsen aber in Familien ohne (offen) queere Menschen auf, mit lauter anderen Familien drum herum, die genau so aussehen (auch wenn sie es vielleicht nicht sind). Es fehlt also oft an unmittelbar Betroffenen, die den Kindern ihre eigenen Perspektiven vermitteln können.

Ich werde häufig gefragt, wie ein so komplexes Thema wie Geschlecht mit Kindern besprochen werden soll. Nicht selten höre ich: »Na ja, das ist alles so kompliziert, wir bleiben erst mal bei dem, was *normal* ist, und wenn was anfällt, dann können wir ja noch immer darauf eingehen …« Tatsächlich ist das Thema für kleine Kinder gar nicht so furchtbar komplex wie für Erwachsene, weil sie nicht erst Dinge umlernen müssen, sondern noch gar nicht so viel Zwei-Geschlechter-Eine-Sexualität verinnerlicht haben wie wir Erwachsenen. Das Problem beim offenen Sprechen mit Kindern über Geschlecht ist nicht das Verständnis der Kinder, sondern das Verständnis der Erwachsenen um diese Kinder herum.

Wie wir mit Kindern reden, prägt ihr Bild von sich selbst. Das trifft genauso zu, wenn Kinder andauernd hören »Du bist tollpatschig«, wie wenn sie hören »Du bist ein Mädchen«. Es sind Zuschreibungen von außen, die das Kind verinnerlicht und von denen es sich unter Umständen mühsam freikämpfen muss. Wie viele Erwachsene leiden noch Jahrzehnte später unter Botschaften, die sie als Kinder über sich selbst zu hören bekamen und die sie zutiefst in sich aufgenommen haben?

Beim Sprechen über Geschlecht ist das nicht anders, denn Kindern ein Geschlecht zuweisen heißt auch, sie mit dem ganzen Rattenschwanz daran hängender Vorurteile zu konfrontieren. Das beginnt schon in dem Moment, zu dem bei der Schwangerschaftsvorsorge im Ultraschall oder über Blutproben »das Geschlecht festgestellt« wird, also entweder die Intimorgane bildlich dargestellt oder die Chromosomen untersucht werden und aufgrund dessen ein Geschlecht zugewiesen wird. Ab diesem Zeitpunkt wird mit den

Föten im Bauch anders gesprochen, je nachdem, ob ihnen »männlich« oder »weiblich« zugewiesen wurde. Diese verinnerlichten unterschiedlichen Kommunikationsmuster zu überwinden ist das eine, die direkte Kommunikation mit Kindern das andere.

Wie lässt sich also mit Kindern direkt über Geschlecht sprechen?

»Immer wieder, wenn mein Kind und ich vor zwei binär angeschriebenen Toiletten oder Umkleidekabinen standen, habe ich zu meinem Kindergartenkind gesagt: ›Nicht-binäre Menschen können sich entscheiden, auf welche der Toiletten sie gehen wollen.‹ (Ich weiß, dass das nicht wirklich der Realität entspricht, aber ich wollte nicht-binäre Menschen für sie sichtbar und mit-denkbar machen und fand es so altersangemessen.)
Einmal waren wir in einem Schwimmbad, das wie üblich durch eine ›Männer‹- und eine ›Frauen‹-Dusche betreten wird. Zwischen den Schwimmbecken stand mitten in der Halle dann noch eine einzelne Duschbrause – vielleicht zum kalt Abduschen. Mein Kind sah die und sagte zu mir: ›Mama, ich glaube, das ist die Dusche für nicht-binäre Menschen!‹
Ich habe nur für mich geschmunzelt. Es wäre ziemlich schlimm, wenn nicht-binäre Menschen nur so eine exponierte Dusche bekämen, ganz abgesehen vom Outing. Aber ich denke, so hat mein Kind es in dem Moment nicht gesehen. Ich denke, sie hat einfach nicht-binäre Menschen in dem Moment mitgedacht. Und das fand ich schön.« Nica mit Lia (5)

Kinder fragen in aller Regel nicht »Woher weiß ich, was Geschlecht ist?« oder Ähnliches. Das Konstrukt Geschlecht ist ein Wissen über die Welt, welches Kinder sich aus allerlei sozialer Interaktion herleiten. Darüber, ob ihnen als Kleinkindern zum Beispiel von der älteren Verwandtschaft gesagt wurde, sie wären »bezaubernde Püppchen« oder »prächtige Burschen«. Darüber, dass die große Schwester hört, wie ihrem Vater zum »Stammhalter« gratuliert wird, wenn das kleine Geschwisterchen geboren wird, dem männlich zugewiesen wird. Darüber, dass die einen Kinder oft gesagt bekommen, sie sollen die Zähne zusammenbeißen und nicht weinen, während die Kinder in den rosa Kleidern behutsam getröstet werden, wenn sie eine Schramme haben.

Aber Kinder interessieren sich durchaus oft für das Thema Geschlecht – und auch für das Thema Genitalien. Die meisten Kinder haben eine Phase, in der sie sich für die Unterschiede zwischen Körpern begeistern und unter anderem wissen wollen, wer wie pinkelt. Oft wird hier erstmals der Zusammenhang zwischen »Jungen haben einen Penis« und »Mädchen haben eine Vulvina« hergestellt. Aber das stimmt nun einmal nicht. Wir sagen: »Manche Menschen haben einen Penis, manche eine Vulvina und manche etwas anderes, eine Pevina[18] zum Beispiel!«, und handhaben Geschlecht überwiegend unabhängig von Genitalien. Doch Kinder wissen um die Zuschreibungen und Zuweisungen. Wir erklären dann, dass manche Menschen denken, dass sich Geschlecht am Körper oder der Kleidung und dem Auftreten eines Menschen ablesen ließe – manche Menschen glauben sogar, sie könnten das Geschlecht eines Menschen an den Dingen erkennen, die dieser Mensch gern mag. »Wenn ein Baby zur Welt kommt, dann gucken Erwachsene, ob das Kind einen Penis oder eine Vulvina hat. Hat es einen Penis, sagen sie: Das wird ein Junge! Hat es eine Vulvina, sagen sie: Das wird ein Mädchen! Manchmal stimmt das, was bei der Geburt gesagt wurde. Manchmal stimmt es nicht und das Kind hat tatsächlich ein ganz anderes oder gar kein Geschlecht. Manchmal stimmt es auch eine Zeit lang. Wie ist das bei dir?«

Gesprächsführung

Wie bei den meisten Gesprächen ist es sinnvoll, Kinder selbst Dinge entdecken zu lassen, statt ihnen aus erwachsener Perspektive die Welt zu erklären. Aktiv zuhören und auf die Kinder eingehen ist beim Thema Geschlecht ebenso wichtig wie bei allen anderen Themen. Sagt das Kind beispielsweise »Lila ist eine Mädchenfarbe!«, ist »Farben sind für alle da!« keine Antwort, die dem Kind weiterhilft. Wie könnte ein solcher Dialog alternativ aussehen?

Kind: *Lila ist eine Mädchenfarbe!*

Erwachsene Person: *Du denkst, dass nur Mädchen Lila mögen dürfen?*

Kind: *Ja, nur Mädchen dürfen lila Sachen haben!*

Erwachsene Person: *Ich glaube, Opa hat eine lila Krawatte und dein Tankel*[19] *hat neulich ein lila Kleid getragen?*

Kind: *Das stimmt.*

Erwachsene Person: *Vielleicht können auch andere Menschen Lila mögen?*

Kind: *Aber Lila ist trotzdem eine Mädchenfarbe!*

Erwachsene Person: *Das scheint dir sehr wichtig zu sein?*

Kind: *Benni hat gesagt, dass nur Mädchen Lila tragen dürfen.*

Erwachsene Person: *Wie war das für dich?*

Kind: *Benni ist mein bester Freund, und ich will, dass er mich mag.*

Erwachsene Person: *Du hast Angst, dass Benni dich nicht mehr mag, wenn du Lila magst?*

Kind: *Benni sagt, er spielt nicht mit Mädchen.*

Wenn wir Kindern aktiv zuhören, finden wir uns oft mit ganz anderen Bedürfnissen unserer Kinder konfrontiert als mit dem, was wir ursprünglich aus ihren Aussagen geschlussfolgert haben. In diesem Fall kann es sein, dass das Kind tatsächlich ein Mädchen ist und nicht möchte, dass Benni das herausfindet. Oder kein Mädchen ist und von Benni nicht für eines gehalten werden will. Oder ein Mädchen ist und trotzdem mit Benni befreundet sein will. Oder noch nicht weiß, ob es ein Mädchen ist. Oder einfach irritiert davon ist, dass Benni so rigoros das Spielen mit Mädchen ablehnt.

Katja Seide vom gewünschtesten Wunschkind schreibt in ihrem Blogpost »Aktives Zuhören nach Gordon – wie wir mit unseren Kindern gemeinsam Probleme lösen«:

»Aktives Zuhören ist meist nur der Stein, der einen ganzen inneren Prozess für das Kind ins Rollen bringt. Es bringt die Gefühle heraus und definiert das konkrete Problem. Den Rest schaffen die Kinder ganz von allein. Es kann Stunden, Tage oder manchmal Wochen dauern, bis das Kind sein Problem durchgearbeitet und eine Lösung gefunden hat. Diesen Prozess müssen die Eltern dann aber meist nicht mehr aktiv begleiten, er passiert im Inneren des Kindes.«[20]

Das fordert von uns Erwachsenen auch, dass wir damit leben müssen, wenn Kinder (erst mal, aber vielleicht auch für immer) unsere Ansichten nicht teilen. Es kann sein, dass das Kind beschließt, dass Benni recht hat und Lila eine Mädchenfarbe ist, der Opa und das Tankel gegen Geschlechternormen »verstoßen« und dass das Kind daraus die Konsequenz zieht, kein Lila mehr tragen zu wollen, auch wenn es die Farbe immer mochte. Das kann schwer auszuhalten sein.

Aktives Zuhören kann auch Kindern helfen, sich selbst zu offenbaren. Vielleicht findet das Kind gerade heraus, dass es ein Mädchen ist?

Erwachsene Person: *Es scheint dich zu stören, dass Benni das sagt?*
Kind: *Ja, ich will, dass Benni mein Freund bleibt!*
Erwachsene Person: *Du hast Angst, Benni als Freund zu verlieren?*

Kind: *Wenn Benni doch nicht mit Mädchen spielen will …*
Erwachsene Person: *Du hast Angst, Benni zu verlieren, weil du ein Mädchen bist?*
Kind: *Genau.*

Gerade bei jüngeren Kindern stehen hinter Aussagen über Geschlecht oft keine festen Glaubenssätze, die aus ihrem Weltbild herauskommen. Meist sind es eher Annahmen, die sie von anderen haben und die sie versuchen, in ihre Weltwahrnehmung einzusortieren. Es lohnt sich also, ihnen eine möglichst vielfältige und bunte Welt zu vermitteln. Auch wenn sie von außen enge Geschlechterrollen kennenlernen, wird sie das dabei unterstützen, diese nicht als einzige Wahrheit zu verinnerlichen.

Auch in Konflikten mit anderen Kindern kann es helfen, diesen aktiv zuzuhören. So hatte ich einmal ein Gespräch mit einem anderen Kind im Kindergarten:

Kind: *Du siehst aus wie ein Mann!*
Ich: *Findest du?*
Kind: *Ja, du hast kurze Haare.*
Ich: *Und deshalb sehe ich aus wie ein Mann?*
Kind: *Du hast auch einen Bart!*
Ich: *Stimmt, ich habe ein bisschen Bart.*
Kind: *Bist du ein Mann?*
Ich: *Nö.*
Kind: *Bist du eine Frau?*
Ich: *Nein, ich bin keine Frau.*
Kind: *Aber das geht doch gar nicht!*
Ich: *So?*
Kind: *Alle sind Mann oder Frau.*
Ich: *Ich bin einfach ich.*

Kind: *Das geht?*
Ich: *Na ja, siehst du doch, dass ich gehe. (mache grinsend ein paar Schritte auf und ab)*
Kind: *(lachend) Du bist lustig!*

Für das Kind war das Thema damit erst mal gegessen. Ein paar Wochen später korrigierte das gleiche Kind aber ein anderes Kind, das mich für eine Frau hielt, und erklärte, dass ich weder eine Frau noch ein Mann bin.

Kindern die Möglichkeit zu geben, zu erklären, woher ihre Aussagen kommen und was sie zu bestimmten Annahmen bewegt, kann sehr aufschlussreich sein. Denn Geschlechterstereotype prägen sich erst in den ersten Jahren in Kinderköpfen ein. Frühzeitig mit den Kindern über geschlechtliche Vielfalt zu sprechen, verhindert, dass die Stereotype zu unerschütterlichen Glaubenssätzen werden. Damit geben wir unseren Kindern die Freiheit, herausfinden zu können, wer sie sind und wer sie werden wollen.

Wann können wir worüber sprechen?

Mit Kindern lässt sich am besten genau dann über Dinge sprechen, wenn sie selbst interessiert nachfragen. Manche Themen kommen aber nicht von selbst auf. Wenn kein Mensch im Umfeld ein nicht binäres Geschlecht hat oder Neopronomen verwendet, keine Serie geguckt und kein Buch gelesen wird, in dem das passiert, dann werden Kinder nur selten Interesse an anderen Geschlechtern und Neopronomen haben. Hier ist es die Aufgabe Erwachsener, auszugleichen, was im Umfeld fehlt.

Gerade wenn es um Aufklärung, aber auch um Geschlecht geht, sind Erwachsene oft unsicher, wann Informationen zu früh sind. Dabei wird gern übersehen, dass auch »Mamas bekommen Kinder« geschlechtsnormierende Aussagen sind. Nicht alle Menschen, die

Kinder geboren haben, sind Mütter. Manche lehnen schlicht den Begriff für sich ab, andere sind inter oder trans, Männer und/oder nicht binär. Nicht alle Kinder haben Mütter, manche Kinder haben mehr als eine Mutter, nicht alle Mütter haben geboren (sondern zum Beispiel Pflege-, Adoptiv-, Bonus- und Wahlkinder angenommen). Das ist für Kinder weder zu komplex noch überfordernd.

Selbiges gilt für die unzähligen Filme, Serien und Geschichten, in denen romantische Beziehungen ausschließlich zwischen Männern und Frauen existieren. Oder den Aufklärungsunterricht und die Aufklärungsbücher, die überwiegend Geschlecht an Genitalien ablesen und Sexualität als etwas zwischen Menschen mit Penis und Menschen mit Vulvina zum Zwecke der Reproduktion definieren. Kinder dürfen wissen, dass Menschen Sex haben, weil es ihnen Spaß macht. Auch in Bezug auf Gefahren, denen Kinder ausgesetzt sind, kann das wichtiger sein als gedacht, denn damit lernen sie auch, dass, wenn das Angefasst-Werden (außerhalb medizinischer oder pflegerisch zwingend notwendiger Situationen) sich nicht gut anfühlt, es auch nicht in Ordnung ist. Wenn sich das Küsschen von der Tante nicht gut anfühlt und der Sportlehrer beim Springen immer so komisch am Popo anfasst, ist es wichtig, dass Kinder das benennen können. Kinder sollten wissen, dass Sex mehr ist als »ein Penis wird in eine Vagina gesteckt«. Damit lernen sie nicht nur sicheren Umgang mit anderen Formen von Sexualität, sondern sie lernen auch, sexualisierte Gewalt in all ihren Formen zu benennen.

Viele Eltern sind unsicher, wann sie mit ihren Kindern über welche Dinge sprechen können. Jedes Kind ist anders und entwickelt sich im eigenen Tempo, aber wir können eine grobe Orientierung geben:

* **Von Geburt an** können wir Genitalien klar benennen und benennen, dass es Mädchen/Jungen/Menschen, die nichts

davon/beides/einfach nur sie selbst/etwas ganz anderes sind, gibt, und wir können im Alltag unterschiedliche Pronomen verwenden

* **Ab etwa 2 Jahren** können wir das Kind fragen, wie wir es nennen sollen, welches Pronomen wir (heute) für es nutzen sollen. Das ist das Alter, in welchem das Spielen und Experimentieren beginnt. Auch dass Babys im Bauch wachsen und durch die Vagina oder einen Schnitt in den Bauch herauskommen, kann thematisiert werden, ebenso, dass es für ein Baby eine Eizelle, einen Uterus und ein Spermium braucht – das ist für die meisten Kinder vor allem dann schon in diesem Alter spannend, wenn die Geburt neuer Familienmitglieder bevorsteht. Im Zuge dessen können wir die Verschiedenheit von Körpern thematisieren.
* **Ab etwa 4 Jahren** können wir über geschlechtsspezifische Diskriminierung sprechen, insbesondere über Sexismus in den Medien. Wir können darüber reden, was Liebe ist und das Liebe für jeden Menschen anders funktioniert, wir können darüber reden, dass es so etwas wie Sex gibt und dass das eine Sache ist, die einvernehmlich zwischen zwei oder mehr Menschen stattfindet, die in etwa gleich alt oder erwachsen sind.
* **Ab etwa 6 Jahren** können wir fragen: »Welches Geschlecht hast du (heute)?«, wir können ausführlichere Gespräche über Geschlechterstereotype und ihre Folgen führen und detaillierter darüber sprechen, was Liebe ist und was Sex ist.
* **Ab etwa 8 Jahren** können wir fragen: »Fühlst du dich (in Bezug auf dein Geschlecht) wohl mit deinem Körper, deiner Kleidung?« Wir können erklären, was genau Sex und (A-)Sexualität sind, was Pornografie ist (siehe auch den Abschnitt Medien). Wir können näher erläutern, was sexualisierte Gewalt ist.
* **Ab etwa 10 Jahren** können wir ausführlich über die bevorste-

hende Pubertät und damit einhergehende Veränderungen sprechen. Gefühle, Liebe, körperliche Veränderungen, Sex und Verhütung von sexuell übertragbaren Krankheiten und Schwangerschaften werden allmählich ein Thema.

Das Kind beim Namen nennen

»Ich bin ein Babywolf, mein Name ist Luna und mein Pronomen ist xier!« – so oder so ähnlich klingt der Beginn von Rollenspielen bei unseren Kindern oft.

Medienwirksame Beispiele über geschlechtsoffene Erziehung drehen sich oft um Kinder, die neutrale Vornamen haben und deren Eltern auf Pronomen für das Kind verzichten, durch alle Pronomen wechseln oder in anderen Sprachen existierende neutrale Pronomen verwenden. Oft wird ihnen dann eine Versachlichung der Kinder vorgeworfen.

Besonders bekannt geworden ist Storm, ein Kind aus Toronto, geboren 2011, dessen Eltern sich entschieden haben, die Genitalien des Kindes vor anderen geheim zu halten, um eine darauf basierende Zuschreibung zu vermeiden. Sie haben dem Kind einen neutralen Namen gegeben – Storm. Und sie benutzten das singuläre »they« als Pronomen im Englischen für ihr Kind, bis das Kind eine eigene Präferenz äußerte.

Namen haben in unserer Kultur und in vielen anderen eine große Bedeutung – nicht umsonst ranken sich Mythen um »wahre Namen«, die Benennung von Wesen und Dingen ist Teil vieler Schöpfungsmythen (so auch der christlichen).

Grundsätzlich dürfen in Deutschland »geschlechtsuneindeutige« Namen noch gar nicht so lange ohne einen »geschlechtsspezifischen« zweiten Vornamen vergeben werden. Wer sein Kind etwa

Eike nennen wollte, musste bis vor wenigen Jahren als zweiten Namen zum Beispiel »Jaqueline« oder »Maximilian« dranhängen. Diese Praxis wurde zwar abgeschafft, das ist aber noch nicht bei allen Standesämtern angekommen – und ob die zuständige Person einen neutralen Namen durchwinkt oder eben nicht, ist relativ willkürlich.

Ein bisschen ließ sich da früher schon tricksen, indem zum Beispiel Namen vergeben wurden, die in Deutschland als geschlechtsspezifisch gelten, in anderen Ländern aber neutral oder spezifisch für das binäre Geschlecht sind, das dem Kind nicht zugewiesen wurde. »Andrea« ist so ein Name. In Deutschland weiblich, in Italien männlich. Trotzdem würde ein Kind, das in Deutschland mit dem Namen Andrea aufwächst, erst einmal weiblich gegendert werden, wenn nur der Name bekannt ist.

Dann kommt die Auswahl an Namen. Neutrale Namen sind rar. Es gibt zwar zahlreiche Namenslisten mit neutralen Vornamen wie Luca, Alex und Robin, aber die mit den vermeintlich geschlechtsspezifischen Vornamen sind ungleich länger. Das Mischen von einem »männlichen« und einem »weiblichen« Vornamen ist in Deutschland bei binärem Geschlechtseintrag nicht erlaubt – mit wenigen Ausnahmen, wie zum Beispiel dem Namen »Maria« als Zweitnamen für vermeintliche Jungen – ein Überbleibsel christlichen Einflusses auf die Namensgebung. »Martha Henrik« oder »Adalbert Francine«, werden in der Regel aber nur dann durchgewunken, wenn das Kind keinen Eintrag oder »divers« als Geschlechtseintrag hat.

Womit wir dann beim nächsten Punkt wären: Welche Vornamen »männlich« und welche »weiblich« sind, ist ebenso kulturell gewachsen wie das Zwei-Geschlechter-System. Ein »weiblicher« Vorname macht keinen Menschen zur Frau. Ebenso wenig wie alle Menschen, die »sie« als Pronomen nutzen, weiblich sind.

Wenn wir uns dazu entscheiden, unseren Kindern einen Vornamen zu geben, der dem zugewiesenen Geschlecht entspricht, statt eines neutralen Namens, dann ist das zu einem gewissen Grad eine Akzeptanz dieser Zuweisung. Wichtig ist hier aber, wie bei Pronomen auch, die Offenheit zu bewahren. Wenn das Kind einen anderen Namen möchte oder eine andere Kurzform seines Namens präferiert, dann sollten wir diesem Wunsch natürlich nachkommen. Insbesondere für trans Kinder gehe ich darauf im letzten Kapitel des Buches noch mal ein.

Über Konsens reden

Konsens bedeutet Zustimmung und Einwilligung zu Interaktionen aller Art, in diesem Fall insbesondere im Rahmen der körperlichen Selbstbestimmung. Ich gehe auf dieses Thema hier gesondert ein, weil es ein Thema ist, das unfassbar eng mit Sexismus verknüpft ist. Denn während vermeintlichen Mädchen oft nicht beigebracht wird, ihr »Nein« klar zu formulieren, wird vermeintlichen Jungen beigebracht, dass selbst wenn sie ein »Nein« bekommen, es eigentlich »Ja« heißen würde. Das ist eine Katastrophe! Gewalt, auch sexualisierte, findet auch unter Kindern und Jugendlichen statt. Darum ist es immens wichtig, mit Kindern aller Geschlechter über Konsens zu sprechen.

Konsenserziehung beginnt schon, sobald ein Kind auf die Welt kommt. Vom ersten Tag an können wir unsere Handlungen an und mit den Körpern der Kinder sprachlich begleiten und ihnen so vermitteln, dass sie über ihren Körper entscheiden können. Einem hungrigen Neugeborenen kann das stillende Elter beispielsweise die Brust, das Brusternährungsset oder die Flasche anbieten und gleichzeitig fragen, ob das Kind dieses Angebot annehmen mag.

Natürlich kann ein Neugeborenes darauf nicht antworten: »Sehr gerne, lieber Papa, vielen Dank, dass du mir anbietest, aus deiner Brust zu trinken«, aber Babys sind früh in der Lage, Zustimmung und Ablehnung zu zeigen.

So wird zum Beispiel ein Wickelkind, das eine Betreuungseinrichtung besucht, irgendwann vielleicht auch von Personen gewickelt werden müssen, die das zuvor noch nie getan haben – und es gibt Kinder, für die das sofort okay ist; es gibt aber auch Kinder, die damit erst warm werden müssen, und es gibt Kinder, die lieber stundenlang in den eigenen Ausscheidungen verharren, als sich von einer anderen Person als der gewohnten wickeln zu lassen. Und natürlich kann sich die Einstellung der Kinder zum Wickeln von einem Moment zum anderen ändern oder situationsabhängig sein. Nach einem anstrengenden Tag darf vielleicht nicht mal der_die Lieblingserzieher_in die Windel wechseln, sondern nur eine Hauptbezugsperson. Manchmal darf sogar diese die Windel (eine Weile) nicht wechseln. Und all das sollte okay sein, darauf sollte Rücksicht genommen werden (in der Praxis werden Kinder oft gegen ihren Willen gewickelt). Kaum ein Kind bleibt freiwillig dauerhaft in den eigenen Ausscheidungen sitzen. Das Schlimmste, was passieren kann, ist ein wunder Po.

Konsens als Raum

Ich begreife Konsens gern als Raum. Wenn ich frage »Möchtest du das?«, »Ist das okay für dich?« oder Ähnliches, dann zeige ich auf eine Tür.

Diese Tür kann enthusiastisch und stürmisch aufgemacht werden und es wird ein Sprung mitten in den Raum gemacht. Die Tür kann verschlossen bleiben und der Raum nie betreten werden. Die Tür kann zaghaft geöffnet werden und es wird vorsichtig in den Raum gelugt. Die Tür kann geöffnet werden, der Raum betreten werden und dann merkt die Person, die den Raum betreten hat, dass sie sich doch nicht wohlfühlt, und verlässt den Raum wieder. Die Tür kann betrachtet werden und die betrachtende Person kann beschließen, erst zu einem späteren Zeitpunkt hineinsehen zu wollen. Die Person kann sich im Raum hin und her bewegen und manchmal die Nähe der Tür suchen wollen. Auch dann noch, wenn sie zuvor am entlegensten Punkt des Raumes stand.

Nehmen wir also an, ich möchte die Kinder am Abend in die Badewanne stecken, weil sie den Tag in Matschpfützen verbracht haben. Darüber kann ein Gespräch dann so aussehen:

Ich: *Ich möchte euch gerne in die Badewanne stecken. Mit Haarewaschen.*

Dreijähriges: *Jaaaaa! Baden! Aber nicht Haare waschen!*

Fünfjähriges: *Nein! Will nicht!*

Siebenjähriges: *Ich will allein baden.*

Ich: *Ihr seid alle ziemlich dreckig, aber gut, die Haare können wir nur ausbürsten. Fünfjähriges, kann ich dich mit dem Waschlappen von Kopf bis Fuß sauber machen? Siebenjähriges, warum willst du allein baden?*

Dreijähriges redet nicht mehr mit mir, sondern zieht sich schon aus.

Fünfjähriges nickt zum Gewaschenwerden.

Siebenjähriges: *Ich will nicht, dass das Dreijährige mich nass spritzt!*

Ich: *Okay, das verstehe ich. Aber wenn ich erst die beiden Jüngeren wasche, werde ich damit beschäftigt sein, sie abzutrocknen und anzuziehen, wenn du in der Wanne bist, und dann habe ich keine Aufmerksamkeit für dich.*

Siebenjähriges: *Dann gehe ich lieber zusammen baden. Aber nicht spritzen! Und du musst mir das Gesicht abtrocknen, wenn es nass wird!*

Ich: *Prima, dann lasst uns mal ins Bad gehen.*

Nein sagen

»Nein« sagen ist gar nicht so leicht und will gelernt sein. Ein »Nein« annehmen ebenfalls. Und es gibt zahlreiche Arten, »Nein« zu meinen. »Ich weiß nicht so recht«, Kopfschütteln, Schweigen ... ist alles keine explizite Zustimmung und damit kein Konsens.

Es macht das Akzeptieren eines »Neins« bedeutend leichter, wenn das »Nein«, das andere Menschen mir gegenüber äußern, von mir dankbar entgegengenommen wird. Da hat eine Person so viel Vertrauen in mich, dass sie mir »Nein« sagen kann. Da hat eine Person so ein Bewusstsein über die eigenen Bedürfnisse, dass sie mir »Nein« sagen kann. Wie großartig!

Nein sagen kann (und sollte!) geübt werden. Mit Kindern eignen sich zum Beispiel Kitzel-Spiele: Es wird gekitzelt, solange das Kind möchte. Sobald es Stopp, Nein oder ein zuvor vereinbartes Wort sagt, wird das Kitzeln beendet. Kein Nachkitzeln, kein Weiterärgern. Das Kitzeln ist sofort beendet, es sei denn, das Kind fordert, weiter gekitzelt zu werden. Natürlich auch andersherum: Hat die erwachsene Person keine Lust mehr zu kitzeln, ist das Spiel beendet.

Erwachsene, denen es schwerfällt, zu spüren, wo ihre eigenen Grenzen sind und wann sie Nein sagen möchten, können mit anderen Erwachsenen das Drei-Minuten-Spiel ausprobieren. Es basiert auf dem Konsens-Rad, welches von Dr. Betty Martin entwickelt wurde. Dabei werden unterschiedliche Ebenen von Konsens erkundet, oft mit sexuellem Bezug (das ist aber keine notwendige Voraussetzung). Die zwei spielenden Personen stellen sich gegenseitig zwei Fragen: »Wie möchtest du von mir drei Minuten berührt werden?« und »Wie möchtest du mich für drei Minuten berühren?«. Dann werden diese Berührungen am jeweils anderen ausgeführt beziehungsweise werden diese Berührungen zugelassen (Einverständnis vorausgesetzt). Nach diesen vier Runden kann das Spiel fortgesetzt oder beendet werden. Was simpel klingt, stellt sich beim Spielen oft als gar nicht so leicht heraus. Insbesondere ist es wichtig, auf die eigenen Wünsche zu schauen und nicht die Wünsche des Gegenübers zu antizipieren.

Das kann dann zum Beispiel so aussehen:

Person A: *Wie möchtest du für drei Minuten von mir berührt werden?*

Person B: *Massierst du mir den Nacken?*

Person A: *Sehr gern!*

Person A massiert Person B den Nacken für drei Minuten.

Person A: *Wie möchtest du mich gern für drei Minuten berühren?*

Person B: *Darf ich deinen ganzen Körper streicheln? Ich mag das Gefühl deiner Haut unter meinen Händen.*

Person A: *Das ist für mich in Ordnung, wenn ich die Unterhose anbehalten kann und du mich nicht an meinem Po streichelst.*

Person B: *In Ordnung.*

Person B streichelt Person A wie vereinbart für drei Minuten, lässt dabei aber den Po-Bereich aus. Nach drei Minuten wird beendet und Person B ist dran:

Person B: *Wie möchtest du für drei Minuten von mir berührt werden?*

Person A: *Bedeckst du meinen Oberkörper mit Küssen?*

Person B: *Sehr gern!*

Person B bedeckt den Oberkörper von Person A für drei Minuten mit Küssen.

Person B: *Wie möchtest du mich gern für drei Minuten berühren?*

Person A: *Ich würde dir gern die Füße massieren.*

Person B: *Hmmm, ich glaube, dass das eher etwas für mich wäre. Gibt es etwas, was du für dich willst?*

Person A, nach einigem Überlegen: *Du hast recht, ich dachte, das wäre etwas, was dir guttut, und habe deswegen gefragt. Darf ich für drei Minuten deine Oberschenkel kneten?*

Person B: *Gern, aber bitte nicht zu fest!*

Nach weiteren drei Minuten wird das Spiel hier entweder beendet oder eine neue Runde begonnen.

Im Internet finden sich zahlreiche Anleitungen für dieses Spiel. Es ist schnell erklärt und mit ihrem Smartphone haben die meisten Menschen auch immer ein Zeitmessgerät in ihrer Tasche. Die eigenen Grenzen zu spüren, auf die eigenen Bedürfnisse zu achten, hilft, dass wir auch unseren Kindern beibringen können, ihre Bedürfnisse und Grenzen klar zu kommunizieren.

Grenzen & Notwendigkeit

Ein Kind, dessen Grenzen beständig übertreten werden, dessen »Nein« nicht gehört wird, lernt, dass es okay ist, Grenzen zu übertreten.

Aber Kinder können nicht alle Situationen in dem Maße einschätzen, wie Erwachsene das tun. Manche Gefahren sehen Kinder einfach nicht. Das klassische Beispiel ist sicherlich das Anschnallen im Auto. Kleine Kinder können nicht einschätzen, dass der Gurt ihnen im Falle eines Unfalls das Leben retten könnte. Sie sehen nur, dass ihre Bewegung eingeschränkt, ihre Freiheit beschnitten wird und dass oft auch ihre Grenzen übertreten werden, wenn sie einfach angeschnallt werden, egal wie laut sie »Nein« brüllen.

Doch die Frage, wie notwendig das Übertreten einer Grenze wirklich ist, ist nicht eindeutig zu beantworten. Es ist okay, dass wir zu unterschiedlichen Einschätzungen gelangen, solange wir die Verantwortung dafür übernehmen und bereit sind, diese auch gegenüber dem Kind zu tragen (»Ich habe entschieden, dass es mir so wichtig ist, dass deine Zähne gründlich geputzt werden, dass ich das auch gegen deinen Willen getan habe«). Es ist nicht okay, das Kind für unsere Handlungen verantwortlich zu machen (»Ich musste dich ja zum Zähneputzen zwingen, du wolltest einfach nicht hören, dass du sonst Karies bekommst!«).

Wir müssen auch damit leben, wenn unsere größer werdenden Kinder unsere Entscheidungen falsch finden. Denn wir haben ihre Grenzen (nicht) übertreten, egal wie wir das vor uns rechtfertigen. Es ist möglich, dass meine Kinder mich später fragen: »Warum hast du mich nie zum Zähneputzen gezwungen, ich habe jetzt Karies, das wäre vielleicht anders, hättest du mir die Zähne immer geputzt!« Aber ich stehe zu meiner Entscheidung und akzeptiere im Zweifelsfall die Wut und die Vorwürfe der Kinder dazu. Vielleicht sehe ich das auch in zehn Jahren anders und werde mich bei meinen Kindern für meine Entscheidungen entschuldigen.

Ich versuche, die Grenzen der Kinder so oft wie möglich zu wahren. An manchen Tagen geht das gut, an anderen nicht. Es gibt Tage, da kann ich jedes »Nein« akzeptieren. Und es gibt Tage, an denen bin ich gestresst, hetze von einem Termin zum nächsten und die Kinder müssen funktionieren. Das sind die Tage, an denen sich einmal mehr zeigt, wie schlecht die heteronormative Kleinfamilie funktioniert, wie schlecht eine Gesellschaft funktioniert, in der Familie (in egal welchen Konstellationen) abgeschottet existieren soll.

Überforderte Bezugspersonen von Kindern sind mit diesen oft allein (gelassen). Die Kinderfeindlichkeit, der wir im Alltag oft begegnen, erschwert zusätzlich, Kindern ihre Grenzen zu lassen. Dann wird das schreiende Kleinkind am Arm aus dem Supermarkt gezogen, damit die Umstehenden aufhören, Kommentare zu machen, etwa dass »dem Balg das Maul gestopft« werden solle, dass »Mutti wohl überfordert« sei, damit die Blicke und die Verurteilungen aufhören, die da sind, wo Hilfe oder auch einfach bloß Verständnis und Solidarität sein sollten. Oft ist zu beobachten, dass Männer an dieser Stelle Hilfe angeboten bekommen: Das Vorurteil, dass Kindererziehung Frauensache ist und Männer mit Kindern grundsätzlich überfordert und weiblicher Hilfe bedürftig, schlägt hier zu.

Konsens von Bezugspersonen

Manchmal wollen meine Kinder kuscheln, wenn ich das gerade nicht will. Sie haben ein starkes Nähebedürfnis und drücken das aus, indem sie sich ungefragt auf meinen Schoß schmeißen und ihre Ärmchen um mich legen, wenn ich doch einfach nur mal fünf Minuten in Ruhe sitzen will. Manchmal lasse ich das dann zu. Manchmal sage ich: »Stopp. Das ist mein Körper. Ich will das nicht.« Die Entscheidung darüber treffe ich nach Notwendigkeit – ist gerade eine andere Person da, bei der sich das Kind Nähe holen kann? Hatte das Kind gerade einen Streit oder einen Unfall? Habe ich ein Kind vor mir, dem es gerade gut geht und das warten kann, bis sein Nähebedürfnis erfüllt wird?

Unser ältestes Kind diskutierte im Alter von etwa fünf Jahren oft mit mir: »Aber mein Körper will dich gerade kuscheln, das ist mein Körper und über den bestimme ich!« – »Du kannst über deinen Körper entscheiden, dass du mich gerade kuscheln möchtest. Aber du kannst nicht darüber entscheiden, dass mein Körper dich ebenso kuscheln will. Wenn du dringend gekuschelt werden magst, frag doch mal [andere anwesende Person] oder warte eine Weile. Ich sag dir Bescheid, wenn ich wieder in Kuschellaune bin.«

Ebenso wichtig, wie es ist, die Grenzen der Kinder zu wahren, ist es auch, die eigenen Grenzen zu wahren und zu kommunizieren. Denn auch das vermittelt den Kindern Konsens: Wenn wir über unsere Grenzen sprechen und sie nicht andauernd überschreiten.

So lernen meine Kinder zum Beispiel, dass ich es grundsätzlich nicht mag, im Gesicht angefasst zu werden: Das große Kind macht das kaum noch, das mittlere nur noch selten, das Kleine noch häufig. Aber ich entziehe mein Gesicht den Kinderfingern und sage: »Stopp. Das ist mein Körper. Ich möchte das nicht. Ich mag im Gesicht nicht angefasst werden. Wir können aber gerne kuscheln und du darfst meine Arme streicheln.«

Konsens im Alltag vermitteln

Auch wenn es bis hierher sicherlich schon an einigen Stellen ersichtlich war, wie wir Konsens im Alltag vermitteln, möchte ich noch einmal explizit machen, was uns im Alltag hilft, Kindern Konsens zu vermitteln.

* Offene Kommunikation

Wir begleiten unsere Interaktion mit den Kindern mit so viel offener Kommunikation wie möglich. Das ist nicht immer leicht, denn wir haben, wie wohl alle Menschen, auch unsere Schwachstellen und wunden Punkte, was Kommunikation von Emotionen angeht, gleich ob verbal oder nonverbal.

»Ich werde dich jetzt wickeln. Ich weiß, dass du das nicht möchtest, aber wir müssen gleich los, und ich kann riechen, dass du einen Windelwechsel brauchst.«

Es ist nicht immer angenehm, das eigene Handeln zu kommentieren, denn oft genug bemerken wir, dass wir eigentlich gar keinen (für uns guten) Grund für unser Handeln haben. Aber das ist okay. Wir können das auch genau so kommunizieren: »Ich weiß gerade nicht, warum mir das so wichtig ist« können wir zum Beispiel sagen. Kinder dürfen uns als fehlbar erleben.

Ein Elter aus dem Kindergarten teilte einmal den folgenden Grundsatz mit mir, den ich seither beherzige: »Bei allem, wo ich mit ›das macht man nicht‹ argumentieren möchte, mache ich aus meinem anfänglichen Nein erst mal immer ein Ja.«

* Raum statt Regeln

In vielen Familien gibt es »Familienregeln«. So etwas wie »Hauen ist verboten«. Bei uns heißt das eher »Hauen ist verboten, es sei denn, alle Beteiligten haben ihr Einverständnis gegeben oder das Hauen dient der Verteidigung gegen Grenzüberschreitungen.«

Regeln als starre Konzepte bedeuten oft, nicht flexibel sein zu können. Regeln lassen sich außerdem leichter ausnutzen. So könnte es bei der Regel »Hauen ist verboten« passieren, dass Kind a Kind b die Zunge rausstreckt, ihm Spielzeug wegnimmt, gemeine Reime mit dem Namen macht und auch dann noch weitermacht, wenn Kind b schon längst gesagt hat: »Hey, hör auf, mich zu ärgern!« Und dann haut Kind b Kind a. Kind a berichtet: »Kind b hat mich gehauen!« Kind b wird sicherlich widersprechen: »Aber Kind a hat mich die ganze Zeit geärgert!« Erwachsene neigen meiner Beobachtung nach dazu, zu sagen: »Ja, aber wir wollen uns nicht hauen, warum bist du denn nicht zu mir gekommen?«

Kind b hat hier aber seine eigenen Grenzen verteidigt. Und es ist gut, dass es das im Zweifelsfall mit solchem Nachdruck tut. Vielleicht gibt es aus erwachsener Perspektive »bessere« Handlungsmöglichkeiten, aber das Kind hat im Rahmen seiner Möglichkeiten und seiner Situation gehandelt. Auch alternative Handlungsprogramme (Situation verlassen, Hilfe anderer Menschen suchen) müssen erst gelernt werden.

Es kann in einer Situation etwas falsch sein, was in einer anderen Situation richtig ist. Grundsätzlich ist es nicht okay, Menschen ohne ihr Einverständnis zu schlagen. Ich muss also den Kindern vermitteln, abzuwägen. Ich muss ihnen erklären, warum ich es nie okay finde, wenn Erwachsene Kinder schlagen, und manchmal okay, wenn Kinder andere Kinder oder Erwachsene schlagen oder wenn Erwachsene andere Erwachsene schlagen.

Dafür hilft es, wenn ich Räume aufmache, statt Regeln aufzustellen, Richtlinien gebe, statt Verbotszonen zu definieren.

* Altersangemessenheit

Ein Baby hat Bedürfnisse, die so schnell wie möglich erfüllt werden müssen. Es versteht nicht, dass die erwachsene Person vielleicht erst selbst etwas essen möchte, bevor der eigene nagende Hunger gestillt wird, es kann nicht wissen, dass es im Bus gerade unpraktisch ist, zu wickeln, und es ist ihm nicht bewusst, dass drei Uhr nachts nicht der ideale Zeitpunkt ist, um zu spielen.

Erst wenn Kinder älter werden, ist so etwas wie »Bedürfnisaufschub« möglich. Auch der Perspektivwechsel, also die Lage, sich in das Gegenüber hineinzuversetzen, ist eine Fähigkeit, die sich erst im Laufe der Zeit ausbildet.

Wenn Kinder älter werden, können wir ihnen nach und nach Verantwortung für ihr Handeln zumuten. Wann genau dieser Zeitpunkt gekommen ist, hängt aber nicht nur vom Kind ab, sondern auch von eventuell vorhandenen Abhängigkeitsverhältnissen. Ein behindertes Jugendliches, das auf unsere Pflege und Fürsorge angewiesen ist, ist vielleicht anders verantwortlich als ein Jugendliches, das finanziell von uns abhängig ist – oder nicht mehr von uns abhängig ist.

Aber auch hier sind wir Erwachsenen in der Verantwortung: Ich kann kein zweijähriges Kind dafür verantwortlich machen, dass es mich als Klettergerüst benutzt, obwohl ich das nicht will. Ich kann aber die Situation so verändern, dass meine Grenzen gewahrt werden: Ich kann zum Beispiel andere Klettermöglichkeiten anbieten oder den Raum verlassen. Ich habe sogar die Macht, mein Kind von mir herunterzuheben und woanders hinzubringen, denn ich bin größer und stärker. Kinder haben diese Möglichkeit nicht.

Was ich unter Erwachsenen eher als Täter_in-Opfer-Umkehr auffassen würde, ist im Falle einer Erwachsenen-Kind-Dynamik etwas anderes.

Wir dürfen nicht vergessen, dass Kinder immer abhängig von den Erwachsenen um sie herum sind. Es ist ein Machtverhältnis, welches nie außer Acht gelassen und nie missbraucht werden darf.

Diese Abhängigkeit ist das, was Kinder auch die grausamsten

Übergriffe ertragen lässt. Kinder haben oft gar keine andere Wahl, als auch jahrelangen Missbrauch und Misshandlungen durchzustehen – denn die Alternativen heißen verlassen werden, zurückbleiben und im Extremfall: sterben.

Ein geschlechtsoffenes Umfeld schaffen

Wir alle haben Geschlechterstereotype verinnerlicht und vermitteln sie ganz automatisch an Kinder weiter – dagegen vorzugehen, erfordert aktive Arbeit. Es reicht nicht, zu sagen: »Also ich behandle alle Kinder gleich«, denn vieles passiert einfach unbewusst. Die wenigsten Menschen stellen sich heutzutage noch vor ein Kind und sagen zu diesem: »Nein, damit darfst du nicht spielen, das ist nur für Mädchen / Jungen.« Trotzdem passiert es leicht, dass zum Beispiel ein Kind, welches für ein Mädchen gehalten wird, kein einziges Spielzeugauto hat – schließlich hat es nie Interesse daran gezeigt! Aber eben auch nie ein Auto als Spielzeug angeboten bekommen.

Betreten wir auf der Suche nach Kleidung für unsere Kinder ein Geschäft, so begegnet uns in aller Regel ein sehr zweigeteilter Anblick: Eine Seite ist voll mit locker geschnittenen, dunklen Klamotten mit Aufdrucken wie »cool« oder »I'm the boss« (Ich bin der Boss), Tigern, Dinosauriern und auf der Babykleidung auch Hunden. Die andere Seite ist voller luftig flatternder oder eng anliegender Kleidung in Pastelltönen mit Aufdrucken wie »cute« (niedlich) oder »Daddy's little princess« (Papas kleine Prinzessin). Und auf vielen der Sachen sind Einhörner, Katzen und Vögel zu sehen. Vieles glitzert und/oder hat Rüschen. Doch dabei enden die Unterschiede nicht. In der gleichen Größe fällt die Kleidung für »Jungen« oft weiter und größer aus als die für »Mädchen«. Dazu kommen Funktionalitätsaspekte wie zum Beispiel Hosentaschen. Und während zweijährige vermeintliche Mädchen sich in Slim-Fit-Jeans zwängen sollen, sehen gleichaltrige Kinder, die für Jungen gehalten werden, aus, als müssten sie gleich zum Survival-Training.

Ebenso verhält es sich, wenn wir nach Spielzeugen suchen. Oft gibt es auch hier eine optische Trennung der Spielzeuge für »Jungen« und »Mädchen«. Die Spielzeuge für »Mädchen« fallen oft dadurch auf, dass die Verpackungen in irgendeiner Form Rosa beinhalten – seien es nun Plastikbausteinchen oder Puppensets. Wer womit spielt, scheint klar getrennt zu sein: Jungs spielen mit Autos und Mädchen mit Puppen. Jungs bauen Dinge, Mädchen schmücken Dinge. Jungs bolzen, Mädchen springen Springseil.

Konstruktionsspielzeug und Roboter sind in der Ecke für Jungen zu finden. Sind sie in der *anderen* Ecke, dann sind sie gezielt markiert – teilweise sogar mit Slogans wie »Ein Roboter für Mädchen!«. Haushaltsspielzeug und Puppen sind dagegen so gut wie nie in der Ecke für Jungen zu finden.

Etwa seit 2005 nimmt das sogenannte Gendermarketing in Deutschland massiv zu. Produkte werden in einer »normalen« Variante entwickelt – und in einer »für Mädchen«. Sehr ausführlich haben sich Almut Schnerring und Sascha Verlan in ihrem Buch *Die Rosa-Hellblau-Falle* mit diesem Marketing und seinen Folgen auseinandergesetzt.

»Werber_innen vermitteln Eltern (…), dass unsere Kinder schon im Grundschulalter medienkompetent seien und selbstständig Kaufentscheidungen treffen könnten; so wird die Elternmeinung systematisch ausgehebelt. Selbstständige kleine Einkäufer_innen, das ist das Ziel.«[1]

Es gibt viele Bereiche, in denen Kinder auffällig verschieden behandelt werden, je nachdem, welches Geschlecht ihnen zugewiesen wurde. In allen Bereichen hilft es, Kinder mindestens gleich zu behandeln. In einigen Bereichen ist es sogar notwendig, ein Gegengewicht zu erzeugen. Gerade in konservativen Umfeldern, die eine geschlechtsoffene Begleitung von Kindern nicht mittragen, kann es sinnvoll sein, bewusst starke Kontraste zu dem zu setzen, was die Kinder von anderen Erwachsenen lernen.

Was genau macht ein offenes Umfeld so wichtig? Wie kann ein geschlechtsoffenes Umfeld aussehen, in welchem Kinder sich entfalten können? Wie können wir mit Büchern, Filmen, Spielen umgehen, die voll von Klischees sind?

Diese Fragen sollen in diesem Kapitel beantwortet werden. Es wird dabei auch um Suizid und psychische Gesundheit gehen, um Ernährungs- und Körperideale, um Pornografie, digitale Gewalt, Homo- und Transfeindlichkeit, Misogynie (Frauenfeindlichkeit), Rassismus und Klassismus.

Warum ein offenes Umfeld so wichtig ist

In meinem Bekanntenkreis gibt es einen Mann, der wollte, als er ein kleiner Junge war, immer pinkfarbene Schuhe haben. Doch pinke Schuhe sind für Mädchen, also durfte er keine bekommen. Zwei Jahrzehnte später kaufte er sich endlich solche Schuhe. Als er sie angezogen hatte, musste er gemeinsam mit dem Kind, das er früher war, erst einmal eine Runde weinen, weil er endlich Schuhe in seiner Lieblingsfarbe haben durfte.

Was steckt dahinter, wenn Eltern ihren Kindern Dinge versagen, weil sie nicht der dem Kind zugewiesenen Geschlechterrolle entsprechen? Oft ist es Angst. Angst davor, dass das Kind »nicht normal« ist. Davor, dass es schwul oder lesbisch sein könnte, davor, dass es trans sein könnte.

Wenn ein vermeintlicher Junge schwul ist, dann wird er das auch dann noch sein, wenn alle Puppen aus dem Kinderzimmer verbannt werden. Und wenn dasselbe Kind trans ist, wird es das auch dann noch sein, wenn es nie ein einziges Kleid tragen durfte. Die sexuelle/romantische Orientierung und das Wissen um das eigene Geschlecht hängen nicht davon ab, welche Kleidung Kinder getragen haben, als sie klein waren, oder mit welchen Spielzeugen sie gespielt haben.

Was aber passiert, wenn Kindern diese Dinge verboten werden, ist, dass die Kinder lernen. Sie lernen, dass es falsch ist, sich außerhalb gesteckter Normen zu bewegen. Und sollten sie wirklich trans oder nicht hetero sein, lernen sie, dass sie selbst auch falsch sind – und dass wir als geliebte und vertraute Bezugspersonen das falsch finden.

Queere Jugendliche haben eine vier- bis fünffach höhere Suizidrate als andere Jugendliche.[2] Sie leiden öfter an Depressionen und Angststörungen.[3] Die Stereotype, die wir Kindern in mikroskopischen Dosen täglich zuführen, können töten. Kinder lernen von dem, was wir ihnen beibringen. Die Umgebung der Vorschuljahre prägt beträchtlich, wie sie die Welt sehen. Kinder wollen zuerst ihren Bezugspersonen gefallen, ab etwa vier Jahren übernimmt dann oft die Peergroup im Kindergarten oder auf dem Spielplatz: Kinder wollen dazugehören. Viele Eltern berichten, dass in genau dieser Zeit auch das geschlechterrollenkonforme Verhalten der Kinder seinen absoluten Höhepunkt erreicht. Es ist das Alter, in dem viele Kinder besonders vehement Regeln zum Thema Geschlecht festlegen und verteidigen – sei es die Ablehnung der Farbe Rosa oder das Fixieren auf geschlechterstereotypes Spiel.[4] Kinder in diesem Alter wissen nämlich noch nicht, dass ihre Identität nicht durch das bestimmt wird, was andere sehen und sagen. Um also nicht Gefahr zu laufen, im eigenen Geschlecht angezweifelt zu werden, nutzen die Kinder das gesamte Repertoire dessen, was sie verinnerlicht haben, um ihr vermeintliches oder tatsächliches Geschlecht auszudrücken. Kinder, die bereits wissen, dass sie von den Geschlechternormen abweichen, neigen in dieser Phase ebenso wie andere Kinder zu Geschlechtskonformität. Wenn sie spüren, dass eine Anpassung an das zugewiesene Geschlecht vom Umfeld erwünscht und erwartet wird, passiert oft genau das. In diesem Alter haben Kinder bereits ein Bewusstsein dafür, dass sie mit geschlechtsnonkonformem Verhalten anecken werden.[5]

Queer ist ein Begriff aus dem Englischen, der sich zum Beginn des 20. Jahrhunderts als abwertender Begriff für homosexuelle Menschen etabliert hatte. Ursprünglich bezeichnete queer etwas, was nicht normal, merkwürdig oder komisch war, es wurde als Abwertung für LGBTQIA+ Personen genutzt.[6] Inzwischen nutzen Menschen aus der LGBTQIA+-Community den Begriff zum Teil als Überbegriff für sich selbst, haben sich den Begriff zurückerobert und für sich positiv besetzt. Manche Menschen bezeichnen ihr Begehren und/oder ihr Geschlecht im Gesamten einfach nur als »queer«.

LGBTQIA+ steht für lesbische, schwule (englisch gay), bisexuelle/biromantische, trans, queere, inter und asexuelle/aromantische/ageschlechtliche Menschen. Das + lässt Raum für eventuell Ungenanntes, wie zum Beispiel Pansexualität. Die Buchstabenreihenfolge taucht manchmal auch in anderer Form oder in deutscher Form auf, manchmal fehlen Buchstaben, zum Beispiel als LSBT (lesbisch, schwul, bi, trans). Manche dieser Weglassungen passieren absichtlich, um Gruppen auszuschließen. Die meisten sind auf Unbedachtheit zurückzuführen.

Doch bevor Kinder versuchen, ihre Identität mit der Wahrnehmung von Gleichaltrigen und Erwachsenen außerhalb des Gefüges, in dem sie aufwachsen, in Einklang zu bringen, sind es die nächsten Bezugspersonen, welche den Kindern ihre Möglichkeiten aufzeigen und ihre Weltwahrnehmung prägen.

Wenn von Kindern erwartet wird, ruhige, stille Mädchen zu sein oder wilde, freche Jungs, dann werden diese alles dafür geben, diesen Vorstellungen gerecht zu werden – die Loslösung von den Bezugspersonen und deren Vorstellungswelt erfolgt erst später.

Kinder merken es aber oft früh, wenn die Erwartungshaltung ihrer Bezugspersonen nicht dazu passen, was sie sind. Denn Kinder kommen nicht als charakterlose, formbare Menschenrohlinge zur Welt. Sie bringen vieles bereits mit. Für Charaktereigenschaften würden das wohl die meisten Eltern unterschreiben. Aber trotzdem wird immer wieder davon ausgegangen, dass Kinder cis sind. Und hetero.

Diese verinnerlichten Stereotype aufzubrechen und sie nicht an Kinder weiterzuvermitteln ist eines der Hauptanliegen geschlechtsoffener Erziehung. Das hilft nicht nur den Kindern, die tatsächlich von gesellschaftlichen Normen abweichen, sondern auch allen anderen: Zum einen hilft es ihnen dabei, sich frei zu entfalten, und zum anderen dabei, nicht zu jenen zu gehören, die andere wegen ihrer Normabweichungen ausschließen oder sich darüber lustig machen.

Unsere Kinder wachsen in einer Welt auf, die das Zwei-Geschlechter-Eine-Sexualität-System permanent als Norm darstellt. Unsere Kinder werden damit immer konfrontiert werden, wir können sie dem nicht entziehen. Der Raum, den wir für unsere Kinder gestalten, egal ob es das heimische Kinderzimmer oder das Klassenzimmer oder Vereinsräume sind, ist oft der einzige Ort, an dem Kinder nicht ununterbrochen diese Kategorisierung erleben.

Selbst wenn das Umfeld sehr offen ist und allen die Problematik fester Geschlechterrollen bewusst ist, werden Kinder außerhalb dieses Umfelds trotzdem noch mit Stereotypen konfrontiert, insbesondere auch durch Medien.

Natürlich ist es nicht so, dass Kinder sich mit analysierendem Blick vor Spielzeugabteilungen setzen und die eingangs beschriebenen Unterschiede benennen – aber im Alter von drei bis vier Jahren wissen die meisten Kinder schon ganz genau, welche der Spielzeuge sich an »Mädchen« und welche sich an »Jungen« richten.

Wenn wir wollen, dass unsere Kinder die gleichen Chancen haben, dann müssen wir ihnen dafür passende Voraussetzungen mit auf den Weg geben. Das wird bedeutend schwieriger, wenn wir schon im Babyzimmer in rosa und hellblau trennen. Deshalb ist es so wichtig, dass wir vermitteln, dass diese Trennung eine künstliche ist. Und dass die Trennung in nur zwei Gruppen sowieso Unfug ist.

Sehr berühmt geworden sind die sogenannten »Baby X«-Experimente[7], bei denen Babys in Kleidung gesteckt wurden, die stereotyperweise je einem binären Geschlecht zugeordnet war. Dann wurden Personen gebeten, mit diesen Babys zu spielen, ihnen Spielsachen anzureichen.

Dieses Experiment gibt es in unterschiedlichen Ausführungen. Manchmal wird das gleiche Kind in unterschiedlicher Kleidung präsentiert, manchmal werden Kinder entgegen ihrem zugewiesenen Geschlecht gekleidet, manchmal wurde das durch Namen und Pronomen unterstrichen, manchmal nicht. Manchmal wird Spielzeug bereitgestellt, manchmal die Interaktion mit den Babys einfach so beobachtet.

Die Beobachtungen ähnelten sich alle:

Babys in männlich konnotierter Kleidung bekamen öfter Motorik-Spielzeug gereicht, Babys in weiblich konnotierter Kleidung eher Puppen und Kuscheltiere. Mit den Babys in männlich konnotierter Kleidung wurde mehr getobt, mit denen in weiblich konnotierter Kleidung wurde bedeutend mehr gesprochen. Sind Babys dagegen neutral gekleidet und es gibt nichts, was als Orientierung für das Geschlecht gilt, werden sie in der Regel behandelt wie die Babys, die für Jungen gehalten werden – denn einen »Jungen« versehentlich als »Mädchen« zu behandeln, wäre eine gesellschaftliche Abwertung. Ein »Mädchen« versehentlich für einen »Jungen« zu halten, ist dagegen etwas eher positiv Besetztes, das zeigen auch Redewendungen wie »an der ist ein Junge verloren gegangen«. Die Babys zeigten alle gleichermaßen Interesse daran, dass mit ihnen gespielt wurde, und weniger daran, was mit ihnen gespielt wurde.

Generell gibt es in Studien häufig das Problem, dass ein Fokus auf Unterschiede statt auf Gemeinsamkeiten gelegt wird. Zeitgleich werden kleinste Unterschiede völlig überbetont.[8] Außerdem ist sehr häufig nicht klar definiert, was in den Studien als »männlich« und was als »weiblich« definiert wird. Nicht binäre Geschlechter werden selten mit erforscht. Welche Kriterien (Selbstauskunft? Zuweisung durch die Personen, die die Studie durchführen? Karyotypisierung, also Bestimmung der Chromosomen? Hormonlevel? Andere?) angelegt wurden, um Geschlecht in den Studien zu unterscheiden, wäre oft ein sehr wissenswerter Faktor, ist aber meist nicht ausgeführt.

Ein sehr oft von Menschen, die auf »biologische Unterschiede« pochen, vorgebrachter Unterschied ist, dass »Jungen« immer besser im räumlichen Vorstellungsvermögen wären als »Mädchen«. Solche Studien werden dann oft mit Jugendlichen oder jungen Erwachsenen durchgeführt. Tatsächlich ist es so, dass, wenn »Mädchen« räumliches Vorstellungsvermögen trainieren, sie ebenso gut abschneiden wie »Jungen«. »Jungen« spielen nämlich häufiger mit Konstruktionsspielzeugen oder spielen Videospiele, die das räumliche Denken verbessern – weil ihnen diese Art zu spielen öfter nahegelegt wird.[9] Ebenfalls gibt es die Feststellung, dass Personen, die in der Studie als weiblich gelistet werden und die gerade menstruieren, also im Vergleich zu anderen Zeitpunkten im Zyklus höhere

Testosteron-Werte haben beziehungsweise niedrigere Östrogen- und Progesteron-Werte, auch besser in Tests zu räumlichem Vorstellungsvermögen abschneiden.[10] Es gibt hier also möglicherweise einen kleinen hormonabhängigen Unterschied – aber ob der noch relevant ist, wenn Kinder aller Geschlechter gleichermaßen räumliches Denken erlernen, ist nicht erforscht. Zudem ist auch die Varianz von Androgenen und Östrogenen bei Menschen überhaupt sehr groß.

Aber vor der Pubertät sind Unterschiede in diesen Hormonen in der Regel absolut vernachlässigbar. Insbesondere der gern zitierte Mythos, »Jungen« hätten mit etwa vier, fünf Jahren einen ersten großen Testosteron-Schub, ist gänzlich falsch, einen »Schub« gibt es auch in der Pubertät nicht, die Testosteron-Produktion wird vielmehr nach und nach mehr, bis sie irgendwann auf etwa einem Niveau bleibt.[11]

Der größte Unterschied zwischen Kindern ist, wie wir mit ihnen umgehen aufgrund unserer Vermutung darüber, welches Geschlecht sie haben.

Was also können wir tun, um unsere Kinder nicht in ihrer Entfaltung einzuschränken? Um sie darin zu unterstützen, ihre eigene Identität zu finden?

Spielzeug, Kleidung und Farben sind für alle da. Das ist ein wichtiger Grundsatz, doch nicht immer lässt er sich so leicht umsetzen.

Kinder, die andere Kinder ärgern, weil ihre lila Brotdose »für Mädchen« sei, Kinder, die anderen Kindern sagen: »Doch klar bist du ein Junge, du hast ja kurze Haare!« – sind im Kindergarten Alltag. Mit Kindern über Stereotype zu sprechen und sie auch zu fragen »Stimmt das denn?« ist sehr hilfreich. Kinder merken schnell selbst, dass sie sehr vielfältig und bunt sind. »Warum ist denn Lila eine Mädchenfarbe?« führt nämlich zu unmittelbarem Stutzen, oft gefolgt von einem »Na, weil das halt so ist!«. Im Abschnitt »Mit Kindern über Geschlecht sprechen« bin ich genauer auf derartige Gespräche eingegangen.

Auch ansonsten ist ein offenes Sprechen über Geschlecht mit Kindern oft sehr spannend: Was macht denn einen Jungen zu einem Jungen? Ein Mädchen zu einem Mädchen? Können wir Menschen ihr Geschlecht ansehen?

Was Kinder in den Kindergarten oder in die Schule an Vorstellungen darüber, was Geschlecht ausmacht, mitbringen, ist, was sie dort durch andere Kinder und Erzieher_innen über Geschlecht gelernt haben – und die meist von ihrem unmittelbaren Umfeld und aus Medien.

Vorbild sein

Beim Sortieren der schmutzigen Wäsche wird es im Umfeld der meisten Kinder eine klassische Rollenverteilung geben. Hier sind wir als Eltern und Bezugspersonen gefragt, den Kindern anderes vorzuleben. Die klassischen Haushaltsaufgaben werden bei Familien mit einem erwachsenen Mann und einer erwachsenen Frau meist sehr stereotyp verteilt. Rasenmähen, Müll wegbringen, verstopfte Toiletten reinigen und Ähnliches sind »Männeraufgaben«, Wäsche waschen, putzen und Geschenke einpacken »Frauenaufgaben«.

»Na ja, wir haben halt schon eher eine klassische Rollenverteilung jetzt zu Hause«, sagt mir eine Freundin stirnrunzelnd. »Also. Das ist ja auch okay, irgendwie. Er verdient halt mehr. Deshalb bin ich jetzt letzten Endes doch das ganze erste Jahr mit dem Kind zu Hause geblieben.«

Eigentlich wollten sie das so nicht, aber es ist dann doch passiert. Eine Situation, die bei Weitem nicht einzigartig ist. Immer wieder ist in den sozialen Medien von genau solchen Beziehungen zu lesen. Das Bewusstsein für die problematische Rollenverteilung ist da. Dann kommen die Abers ...

Manche dieser »Abers«, wie ungleiche Bezahlung der Lohnarbeit und finanzielle Abhängigkeiten, sind kaum zu überwindende Hindernisse. Andere hingegen haben sich einfach eingeschlichen und können getrost überdacht und aussortiert werden. Warum besorgt denn immer »die Mama« die neue Kinderkleidung? Warum repariert »der Papa« das Lastenrad?

Unsere Kinder lernen am allermeisten von dem, was wir ihnen vorleben. Ich kann einem Kind noch so oft sagen, es solle »Bitte« und »Danke« sagen. Es wird am ehesten damit anfangen, wenn ich selbst dem Kind gegenüber diese Worte oft benutze. Und ebenso wie es absurd ist, Kindern zu sagen: »Sag gefälligst Bitte und Danke!«, ist es absurd, Kindern einerseits zu erzählen, dass ihnen alles offensteht, sich selbst aber nur innerhalb der Geschlechternormen zu bewegen, ohne sich bewusst dafür entschieden zu haben. Kindern ein offenes Verständnis von Geschlecht zu vermitteln, setzt voraus, dass wir uns mit unserem eigenen Geschlecht mehr auseinandergesetzt haben, als hinzunehmen, dass uns das mal so zugewiesen wurde und es uns vielleicht einfach nur nicht gestört hat.

Das eigene Geschlecht entdecken

Dies ist also der Abschnitt, in dem ich euch ermutigen möchte, euch mit eurem eigenen Geschlecht und dem Ausleben desselben zu befassen – insbesondere wenn ihr das bisher noch nicht oder nur wenig getan habt. Es ist leichter, mit unseren Kindern über Geschlecht zu sprechen, wenn wir klar über unser eigenes Geschlecht sprechen können. Blicken wir noch einmal auf das erste Kapitel zurück und vergegenwärtigen uns, dass das Geschlecht, welches einem Menschen bei dessen Geburt zugewiesen wurde, und das Geschlecht, mit dem ein Mensch wahrgenommen wird, als auch das Geschlecht, welches ein Mensch tatsächlich hat, drei verschiedene Dinge sind.

Mir selbst wurde bei meiner Geburt weiblich zugewiesen. Am Telefon nehmen mich die meisten Menschen als männlich wahr, auf der Straße hängt das von der Kleidung ab, die ich trage, und von den Menschen, mit denen ich unterwegs bin. Bin ich mit dem Vater meiner Kinder und/oder meinen Kindern unterwegs, werde ich öfter als weiblich wahrgenommen. Bin ich mit meiner Partnerin unterwegs, werde ich öfter als männlich wahrgenommen. Das liegt daran, dass viele Menschen bei zwei Menschen, die sie als Paar wahrnehmen, eine hetero Beziehung erwarten. Das ist ein Aspekt dessen, was Heteronormativität genannt wird. Hetero gilt als »normal«.

Tatsächlich bin ich nicht binär, ich bezeichne mein Geschlecht gern als πnär oder auch als ilyagender (vom französischen il y a gender – es existiert ein Geschlecht). Ich habe ein klares Gefühl darüber, dass ich ein Geschlecht habe, das aber weder weiblich noch männlich ist.

Die Formulierung »πnär« fand ich im Gespräch mit dem Vater meiner Kinder für mich. Er meinte damals »Wenn Männer in einem binären System 1 sind und Frauen 0, sind nicht binäre Menschen dann irgendwo zwischen 0–1?« Ich antwortete: »In einem binären System bin ich π.« Er sagte: »Du bist πnär!«

Wie ist das bei euch? Stellt euch doch einmal die Fragen danach, was an eurem Geschlecht sich für euch gut anfühlt. Wo seid ihr in einem binären System von 0en und 1en? Kommt ihr darin überhaupt vor? Fragt euch:

* Fühlt es sich gut an, wenn ich mit »Herr/Frau Nachname« irgendwo angesprochen werde?
* Fühlt es sich gut an, wenn als Pronomen für mich sie/er benutzt wird?

* Fühlt es sich gut an, wenn Personenbezeichnungen wie zum Beispiel Papa/Mama oder Leserin/Leser in der femininen/maskulinen Form für mich genutzt werden?
* Trage ich die Kleidung, die ich trage, weil ich sie tragen will, oder trage ich sie, weil ich gelernt habe, dass ich ein Mann/eine Frau bin und mich entsprechend in der Damen-/Herrenbekleidungsabteilung eindecke?
* Wie gefalle ich mir, unabhängig von den Schönheitsnormen, die für mein Geschlecht existieren?
* Was an meinem Körper empfinde ich als passend für mein Geschlecht, mit welchen Körperteilen fühle ich mich wohl?
* Welches Geschlecht habe ich?
* Woher weiß ich, welches Geschlecht ich habe?
* Entspricht das dem Geschlecht, welches mir zugewiesen wurde?
* Was an meinem Geschlecht macht mir Freude?
* Was macht mein Geschlecht für mich aus?

Etwas, was ich als trans Person bei vielen cis Menschen beobachte, ist, dass viele ihr Geschlecht schlicht »hinnehmen«, es einfach da ist. Weil es nicht wehgetan hat, haben sie nie damit herumexperimentiert.

Nehmen wir als Beispiel zwischenmenschliche Beziehungen: Es wäre sinnvoll, würden wir Beziehungen immer wieder besprechen, gucken, ob sie sich für die Beteiligten gut und passend anfühlen. Tatsächlich muss es aber oft eskalieren, bevor wir uns intensiv mit den Strukturen unserer Beziehung zu anderen auseinandersetzen. Das passiert uns nicht nur in Beziehungen mit anderen, sondern auch in der Beziehung mit uns selbst: Oft kümmern wir uns erst um die schmerzenden Stellen, wenn es nicht mehr nur drückt, sondern wenn es nicht mehr ignoriert werden kann.

Die meisten Menschen sind selbst in mehreren Punkten nicht

so, wie die engen Geschlechterrollen es vorgeben. Wie oft habe ich schon mit Menschen über ihr Geschlecht gesprochen, die im Gespräch gemerkt haben, dass sie vieles einfach nur schulterzuckend hingenommen haben.

Über sich selbst sprechen zu können ist besonders schwer, wenn die Sprache fehlt. Für das Finden und Formen der eigenen Identität ist es von großer Bedeutung, dabei konkrete Begriffe für sich selbst zur Verfügung zu haben. Wenn wir das über uns nicht können, ist es schwerer, das unseren Kindern zu vermitteln.

Aktive, positive Sprache anwenden zu können, macht einen enormen Unterschied im Vergleich zu einer Selbstbeschreibung durch Verneinung und passive Formulierungen. »Ich bin stark« hat eine ganz andere Wirkmächtigkeit als »Ich bin nicht schwach«.

Vieles, was sich an Bezeichnungen, gerade für Frauen, im Laufe der Jahrhunderte gewandelt hat, ist auf unterschiedliche feministische Bewegungen zurückzuführen. Heutzutage würde wohl kaum eine weibliche Person den Begriff »Fräulein« für sich noch angemessen finden – früher wurde er oft einfach akzeptiert, das war halt so.

Andere Personen erobern sich den Begriff »Weib« zurück, der ursprünglich eine eher neutrale Bezeichnung für weibliche Personen war, dann aber eine Abwertung erfuhr, als der Begriff »Frau« für alle weiblichen Personen benutzt wurde. Spannenderweise wurde aus »weiblich« nicht parallel ein »fraulich«, im Gegenteil: »Fraulich« wird eher mit einem bestimmten Körperbau in Verbindung gebracht. Die meisten Menschen stellen sich unter einer »Frau« etwas anderes vor als unter einem »Weib«.

Für das eigene geschlechtliche Erleben Worte zu finden, hilft uns auch dabei, unseren Kindern die Vielfalt von Geschlecht zu vermitteln.

Das eigene Handeln beobachten

Grundsätzlich gilt, dass das, was zu Hause an Werten gelebt wird, von den Kindern mitgenommen wird. Wenn zu Hause immer nur der Papa heimwerkt und immer nur die Mama näht, immer nur der Papa den Rasen mäht und immer nur die Mama Blumen pflanzt, immer nur der Papa Gläser öffnet und die Mama sie ihm bittend hinhält … dann verinnerlichen beobachtende Kinder das ganz genau.

Oft haben sich solche Verteilungen einfach eingeschlichen. Weil es immer schon so war. Weil es sich irgendwie so ergeben hat. Reflektiert gemeinsam mit den Erwachsenen in eurem Haushalt, wer was tut, warum es sich so ergeben hat, ob es gerecht verteilt ist, entsprechend den Fähigkeiten, Einschränkungen und Bedürfnissen aller im Haushalt lebenden Personen. Machen alle, was sie am besten können? Was sie am liebsten tun wollen? Bleiben Aufgaben übrig? Was soll damit gemacht werden?

In Haushalten, die es sich leisten können, werden Teile dieser Arbeit häufig ausgelagert – meist an migrantische Frauen, Frauen of Color, Schwarze Frauen. Das ist keine Lösung des Problems, sondern eine Verlagerung. Wer für den Lohn der Haushaltshilfe nicht selbst den Haushalt machen würde, sollte ihren Lohn anheben. Und auch wer sich denkt »na ja, wenn ich in ihrer Situation wäre, würde ich das auch machen!«, sollte ihren Lohn anheben. Denn nur weil prekäre Lebenssituationen bedauerlicherweise zu unserer Gesellschaft gehören, heißt das nicht, dass wir daran teilhaben müssen, diese zu fördern. Wer Probleme auf die Rücken meist mehrfach marginalisierter[12] Menschen verlagert, sollte diese nicht noch zusätzlich ausbeuten. Klar, bei einigen ist das Geld für die Haushaltshilfe gerade so zusammenkratzbar, die eigene Belastung hoch und ein fairer Lohn wäre nicht zu stemmen, aber die Entlastung dringend nötig. Aber mindestens das Bewusstsein dafür, dass hier

Ungerechtigkeit nur umgelagert wird, sollte vorhanden sein. Hinzu kommt natürlich, dass diese Verlagerung in der Regel auch überhaupt keine Stereotypen aufbricht, denn diese Arbeit wird hauptsächlich von Frauen und frauisierten Personen verrichtet.

Andere Dinge, die stereotyperweise von »Männern« oder »Frauen« erledigt werden, können gelernt werden. Für eine Familie Essensplanung zu machen und zu kochen oder ein Bett selbst zu bauen, sind keine Fähigkeiten, die nur im Kindesalter erlernt werden können. Auch mit Mitte vierzig ist das noch möglich – teilweise gibt es auch gezielte Angebote, wie etwa Fahrradwerkstätten für Frauen (und frauisierte Menschen). Das Lernen lohnt sich nicht nur für die Erwachsenen, die sich dadurch neue Möglichkeiten eröffnen, sondern erlaubt auch Kindern, zu sehen, dass »Frauen machen die Wäsche, Männer den Müll« nur eines von vielen Stereotypen ist.

Die eigene Kommentierung von geschlechterstereotypem Verhalten sollte ebenfalls beobachtet werden. »Der Papa macht das, der ist ein starker Mann, der kann das!« oder »Geh damit mal zu Mama, die ist 'ne Frau, die weiß das besser!« sind keine Sätze, die dazu beitragen, Stereotype abzubauen.

Sagt stattdessen: »Papa ist stärker als ich, er macht das.« Oder »Mama kennt sich damit besser aus!«, ohne einen Bezug zum Geschlecht aufzumachen. Darauf zu achten, dass solche Kommentare nicht nur der Gewohnheit geschlechtlicher Zuweisung entspringen, ist ein weiterer wichtiger Punkt. Sollte wirklich die Kraft fehlen, ein Schraubglas zu öffnen (tatsächlich liegt das eher an unterschiedlicher Hautstruktur), dann hilft ein Vielzwecköffner dabei, das nicht immer an »den starken Mann« auszulagern.

Es sind nicht einzelne Aktionen, die Stereotype in Kinderköpfen zementieren, sondern die Gesamtheit vieler kleiner Interaktionen. Von einem einmal ausgerufenen »Frauen können einfach viel besser kochen!« manifestiert sich noch keine Grundannahme über Geschlecht. Es ist die Masse an stereotypen Aussagen und Handlungen, die diese Stereotype verfestigen und dann wiederum dazu führen, dass stereotypes Verhalten nachgeahmt wird, was wiederum die Annahme stärkt, das sei nur *natürlich*.

Mit anderen reden

»Ach ja, so gehört sich das, die Frauen in der Küche und wir Männer sitzen hier am Grill«, solche oder ähnliche Sprüche habe ich mir von männlicher Verwandtschaft schon öfter anhören müssen.

Die eigenen (Schwieger-)Eltern oder ältere Verwandtschaft auf solche sexistischen Äußerungen oder Verhaltensweisen (etwa dass die Frauen den Tisch abräumen, während die Männer sitzen bleiben) anzusprechen, kann herausfordernd sein. Nicht in allen Familien sind überhaupt Strukturen gegeben, die das ermöglichen. Finanzielle Abhängigkeit oder das Angewiesen-Sein auf Unterstützung bei der Betreuung der Kinder legt oft Steine in den Weg.

Wer aber die Möglichkeit hat, das mit Personen zu thematisieren, zu denen das Kind Kontakt hat, sollte sie nutzen. Ob das ein Gespräch ist, das außerhalb oder innerhalb der Situation passiert, kann ebenfalls sehr große Unterschiede ausmachen. Für viele Menschen ist es unangenehm, wenn sie das Gefühl haben, bloßgestellt zu werden. Sie sind dann nicht mehr empfänglich für die eigentliche Kritik.

Wer sich also unsicher ist, wie die angesprochene Person reagiert, sollte vielleicht einen privateren Rahmen außerhalb konkreter Situationen wählen.

Ich persönlich kann gut mit der Rolle der unbequemen Person leben, die Diskriminierung benennt, sobald sie passiert. Damit mache ich mich zwar nicht gerade zum Liebling auf der Familienfeier, aber es entspricht den Werten, nach denen ich leben und handeln will.

Trotzdem ist es wichtig, zu gucken, welche Kämpfe gerade möglich sind, welche notwendig sind. Nicht immer ist für alles die Energie vorhanden, und das ist in Ordnung.

Konfrontationskurs: Lehrmaterial in der Schule

In schönster Regelmäßigkeit sind Beispiele von sexistischem Unterrichtsmaterial in den sozialen Medien zu finden. Drittklässler_innen werden gebeten, Adjektive zu sortieren, danach ob sie für Mädchen oder für Jungen wären.

Auch an der Uni hatte ich sexistische Aufgabenstellungen. So fand es zum Beispiel mein Professor für Buchhaltung lustig, immer wieder Fälle zu konstruieren, in denen beispielsweise »die Ehegattin« Gelder aus der Firmenkasse entnahm, um sich die Nägel machen zu lassen.

Selbst in den Schulheften in der ersten Klasse finden sich schon solche Beispiele. Es soll etwa anhand eines Bildes entschieden werden, ob ein Kind ein Mädchen oder ein Junge sei.

Wir haben das große Glück einer offenen und engagierten Klassenlehrerin für unser großes Kind, doch nicht alle Lehrkräfte sind daran interessiert, Diskriminierung aus ihren Materialien zu entfernen.

Ich streiche durch und korrigiere, entferne ganze Arbeitsblätter und suche nach Ersatz, wenn notwendig. Bedauerlicherweise sind es oft die Kinder, die darunter leiden, wenn die Lehrkräfte kein gutes Verhältnis zu den Bezugspersonen der Kinder haben. Gerade mit älteren Kindern sollte also gemeinsam entschieden werden, ob das ein Kampf ist, der ausgetragen wird.

Umgang mit Medien

Als ich selbst ein Teenie war, in den späten 1990er-Jahren und den frühen 2000ern, fand ich im Internet das, was ich in konventionellen Medien und meinem Umfeld nicht hatte: Menschen, die mir ähnlich waren. Es war »das Internet«, genauer gesagt ein Lesben-Forum, in dem ich zum ersten Mal auf andere trans Personen stieß. Ich war damit recht alleingelassen, und es dauerte noch mal zehn Jahre und viel mehr Zeit im Internet, bis ich Worte für das hatte, was mich immer schon umtrieb, wenn es um mein Geschlecht ging. Wie gut, dass Kinder und Jugendliche, die heute groß werden, viel mehr und viel früher Möglichkeiten haben, sich selbst finden zu können! Ebenso ist es gut, dass auch Menschen, die mit Kindern leben und arbeiten, im Internet etwas darüber lernen können, wie es ist, ein geschlechtsnonkonformes Kind, ein trans Kind oder ein inter Kind zu sein, und dieses Wissen dann wiederum an die Kinder in ihrem Leben weiterreichen können.

In den Büchern, die wir mit Kindern lesen, und den Filmen, die wir mit Kindern sehen, gibt es fast ausschließlich cis Menschen, und wenn es romantische Beziehungen gibt, sind diese fast immer hetero. Abweichende Familienmodelle in Kinderbüchern oder -filmen/-serien sind enorm selten. Werden sie abgebildet, sind sie meist das Hauptthema dieser Bücher statt einer Randnotiz. Ich gäbe einiges dafür, einmal ein Kinderbuch in der Hand zu halten, in dem Kinder ebenso beiläufig Mami und Mama haben wie in fast allen Büchern Mama und Papa. Ein Bilderbuch, in dem der Vater, der mit seinen Kindern im Schwimmbad tollt, sichtbare Narben von einer Brustentfernung hat und sein Partner sich abends in Drag von der Familie verabschiedet, weil er einen Auftritt hat. Einfach so. Am Rande bemerkt ist auch die Lebensrealität Alleinerziehender, meist Frauen, viel zu selten Bestandteil von Büchern. Wir sprechen zu Hause zum Beispiel davon, »Familie« zu spielen und nicht »Vater, Mutter, Kind« – denn auch eine Person mit Kind(ern) ist eine Familie, ebenso wie Patchwork-Familien und Regenbogen-Familien, Wahlfamilien und Familien, in denen andere Erwachsene als die Eltern die Hauptverantwortung für die Kinder übernehmen. Familien sind vielfältig.

Kinder sind vielfältig! Und doch gibt es die »Nur für Mädchen«-Bücher, die fast alle rosa glitzernd daherkommen, und die »Nur für Jungs!«-Bücher, in denen immer Abenteuer erlebt werden. Bücher für Kinder mit einem anderen oder keinem Geschlecht gibt es kaum. In Videospielen mit einem spielbaren menschlichen Charakter ist die Wahrscheinlichkeit, dass dieser ein weißer Mann/Junge ist, bei 85 Prozent.[13] Zahlen wie diese müssen erst einmal sacken gelassen werden. Wie anders sieht die Welt, die wir unseren Kindern, unseren Teenies zeigen, aus als die, in der wir leben? Und was sagt dieses Abbild über unsere Welt aus?

Bücher

Ein Bekannter von mir arbeitet in einer Buchhandlung und wird dort oft nach Empfehlungen für Kinderbücher gefragt. Die Fragenden sagen oft: »Es ist für einen Jungen/Es ist für ein Mädchen.« Während die, die für einen Jungen nach Büchern suchen, Bücher mit weiblichen Hauptcharakteren ablehnen, ist das andersherum eher selten der Fall. Für Mädchen ist es alltäglich, Filme zu sehen, in denen keine Mädchen-/Frauenfiguren vorkommen, Bücher zu lesen, in denen der Held immer männlich ist – für Jungen gilt es als Zumutung, ein Buch mit weiblicher Hauptfigur zu lesen.

Wenn ich mich vor unser Kinderbücherregal stelle und alle Bücher aussortiere, in denen die Hauptfigur männlich ist, bleibt wenig übrig. In vielen Kinderbüchern tauchen Mädchen überhaupt nicht auf, nicht einmal als Nebenfiguren. Kinder ohne geschlechtliche Zuweisung sind so selten, dass Bücher mit ihnen sehr gezielt gesucht werden müssen. Sich das eigene Bücherregal einmal dahingehend anzusehen, ist Augen öffnend. Mit etwas größeren Kindern kann das auch gemeinsam gemacht werden: Sortiert alle Bücher aus, in denen keine menschlichen / vermenschlichten (also zum Beispiel sprechende Tiere) Charaktere vorkommen, oder Bücher, die mehrere, nicht gleichgeschlechtliche Hauptcharaktere haben. Dann macht drei Stapel: Einen für Bücher, in denen der Hauptcharakter männlich ist. Einen für Bücher, in denen der Hauptcharakter weiblich ist. Und einen für Bücher, in denen der Hauptcharakter keine Geschlechtszuweisung hat. Diese Stapel sagen noch nichts darüber aus, wie diese Repräsentation aussieht. Es heißt nur, dass sie überhaupt vorhanden ist. Wer noch mehr Unterteilung haben möchte, kann zusätzlich noch gucken, in welchen Büchern mit mehreren Charakteren ausschließlich männliche beziehungsweise weibliche Charaktere vorkommen.

Solange es so wenig Bücher gibt, die weibliche Figuren haben, empfiehlt es sich, beim Vorlesen einfach mal ein paar Figuren ein neues Geschlecht zu verpassen. Das geht mit ein bisschen Übung, Bleistift oder Tipp-Ex sehr schnell, und aus Bobo Siebenschläfer wird eine Bella Siebenschläfer. Natürlich lassen sich so auch Charaktere mit nicht-binären Geschlechtern in die Buchwelt einbringen; wie wäre es mit Bente Siebenschläfer? Ich wechsle inzwischen Namen, Pronomen und Personenbezeichnungen so sehr im Vorbeigehen aus, dass ich oft vergesse, wie viele Bücher wir besitzen, in denen keine oder kaum weibliche Figuren vorkommen. Wenn dann andere Menschen in unserem Haushalt Bücher vorlesen, erschrecke ich mich oft, auch weil fast alle Bücher im generischen Maskulinum verfasst sind, welches ich beim Vorlesen ebenfalls ent-gendere.

Filme und Serien

Wenn ich mir die Lieblingssendung »Paw Patrol« des gefühlten halben Kindergartens ansehe, dann sehe ich vor allem männliche Charaktere. Für die Glücklichen, die diese Serie nicht kennen: Das ist eine animierte Kinderserie rund um den Jungen Ryder und sein Team aus Rettungshünd_innen, die sich selbst PAW Patrol (Pfoten Patrouille) nennen. Jede_r Hünd_in hat dabei ein Fähigkeitenset und ein Fahrzeug, das an Rettungs- und Versorgungsberufen orientiert ist (Polizei, Feuerwehr, Rettungspilot_in …), und gemeinsam erledigen sie Missionen. In den ersten Staffeln gibt es nur einen weiblichen Hauptcharakter – Skye, die selbstverständlich Rosa trägt. Später kommt noch Everest hinzu (die ihr zugeordnete Farbe ist lila). Doch der Rest des Teams ist männlich, ihr Besitzer ein Junge, ihre häufigsten Auftraggebenden ein Bürgermeister und ein Kapitän. Auf Merchandise-Produkten fehlen die weiblichen Charaktere sogar häufig – es sei denn, es wird an Mädchen vermarktet, dann sind meist nur die beiden Hündinnen abgebildet. Als würde einem kleinen vermeintlichen Jungen etwas von seiner Männlichkeit kaputtgehen, wenn ein rosa Hündchen auf einem Pullover zu sehen ist.

Wir haben zu Hause sehr viele Gespräche über Paw Patrol geführt. Die Kinder dürfen diese Sendung gucken, denn ich halte wenig von absoluten Verboten. Sie mögen sie, sie wollen im Kindergarten mitspielen können, wenn die anderen Paw Patrol nachspielen. Aber sie wissen auch, dass ich die Sendung nicht mag, weil darin so wenig weibliche Charaktere und gar keine nicht binären Charaktere auftauchen. Darüber hinaus werden in der Sendung auch Erwartungen an Männlichkeit vermittelt: Ryder (der Junge, dem die Hunde gehören) bestimmt für jede Mission, wer was machen darf. Es gibt Einsätze, Uniformen, klare Hierarchien, Gehorsam, Fahrzeuge (wir erinnern uns an die existierende Verknüpfung von Männlichkeit und Autos) und reichlich zu rettende weibliche Charaktere: So wie die Bürgermeisterin – die zwar einen verantwortungsvollen Beruf hat, aber ihn ohne die Hilfe der Paw Patrol regelmäßig versemmeln würde. Frauen haben Probleme – und ein kleiner Junge kann sie im Handumdrehen lösen. Die Einzigen, die aus dem Rettungsteam mal Emotionen wie zum Beispiel Furcht zeigen, sind: klar, Skye und Everest. Die anderen Hunde sind meist fröhlich, machen Witze und lösen Probleme. Skye und Everest sind auch die, deren Einsatzfahrzeuge am seltensten einen Verwendungszweck haben – Flugzeug und Schneemobil. Insbesondere Skye darf auch meist nichts aktiv tun, sondern hat eine beobachtende und berichtende Rolle.

Vielen Menschen ist der Bechdel-Test ein Begriff – er entstand 1985 als bitter-humoriger Teil eines Comics von Alison Bechdel und ist ganz leicht:

* Gibt es mindestens zwei weibliche Figuren, die einen Namen haben?
* Sprechen sie miteinander?
* Sprechen sie über etwas anderes als Männer?

Die meisten Kinderfilme (und auch die meisten Filme für Erwachsene) bestehen diesen Test nicht. Findet Nemo? Fehlanzeige. Die Monster AG und Fortsetzung? Nein. Toy Story 1 & 2? Nein. Bambi, Dumbo, Aladdin, Der König der Löwen? Keiner dieser Filme besteht den Test. Übrigens besteht auch die komplette Herr-der-Ringe-Reihe diesen Test nicht. Oder die ersten sechs Teile Star Wars.

Dieser Test fragt, ebenso wie das Stapeln der Bücher, ausschließlich, ob es weibliche Repräsentation gibt, er sagt noch nichts darüber aus, wie diese Repräsentation aussieht. Er lässt sich leicht umgehen (etwa indem zwei weibliche Charaktere auftauchen, die Namen kriegen und sich in einer Szene über Make-up unterhalten, bevor sie sich wieder thematisch den Männern des Films zuwenden) und verhindert auch keine Reproduktion von Stereotypen. Er ist damit nur als sehr, sehr grobes Vorauswahlinstrument geeignet. Durch seine große Bekanntheit und seinen Schock-Effekt kann er aber helfen, ein Bewusstsein für fehlende Repräsentation zu schaffen.

Nicht in allen Filmen werden die Stereotype so sehr offensichtlich gemacht wie in dem Film *Bibi und Tina – Mädchen gegen Jungs* von 2016, in dem sie sogar tragendes Handlungselement sind. Der Film beginnt damit, dass Tina von zwei Jungs angepfiffen wird, was von ihr zwar lächerlich gemacht, aber dann nicht weiter kritisch eingeordnet wird, es bleibt ein »boys will be boys«-Moment, ein »Jungs sind nun einmal so«. Wenig später steigt Bibi in ein Rugby-Spiel ein, ein Mitspieler wird für seinen sanften Umgang mit ihr kritisiert, verteidigt sich mit den Worten »Das ist ein Mädchen« und bekommt die Antwort »Das ist eine Hexe!«. Die Hexe als Ausstieg aus weiblichen Normen ist schon lange ein Motiv, sowohl in feministischen Bewegungen als auch in (Kinder-)Medien. Allerdings ist Bibi Blocksberg schon vor Längerem von der kleinen Hexe zum Pferdemädchen geworden.

Andere Hexen sind meist böse. Charakterisiert wird das oft dadurch, dass sie Schönheitsnormen nicht entsprechen. Hexen sind fett, haben Warzen im Gesicht, Buckel und Ähnliches. Ihre »wahre Gestalt« ist oft die Normabweichung, sie geben gelegentlich vor, normschöne Frauen zu sein (alle Hexen aus Hexen hexen, Ursula aus Arielle ...), fühlen sich aber wohl in ihrer »Hässlichkeit«. Aber während »Hexe« in den feministischen Bewegungen der 70er-/80er-Jahre ein Begriff der Selbstermächtigung war, wurde »Magie« nach und nach zum Rosa-Glitzer-Schnick-Schnack von Figuren wie Prinzessin Lillifee.

Katja Grach fasst in ihrem Blogbeitrag »Warum Mädchen Hexenzauber dringender brauchen – Über den Zusammenhang von

Magie und Selbstbestimmung« zusammen: »Wieso zaubern also vor allem die Mädchen (und Frauen)? Die Figur der Hexe hat kulturhistorisch mit Macht, Kompetenz und Eigenwillen zu tun. (…) Dort wo Hierarchie-Schieflagen und Rahmenbedingungen unterschiedlich sind, kann die Zauberei von Sabrina und Co. Gleichberechtigung herstellen.«[14]

Dass in Filmen und Serien Jungs Dinge können und Mädchen zaubern, ist ein unfassbar häufiges Phänomen: Neben der Paw Patrol rettet auch Feuerwehrmann Sam die Welt, Bob der Baumeister schafft alles, vermenschlichte (vermännlichte) Fahrzeuge ebenfalls (Thomas die Lokomotive, Mighty Express, Ricky Zoom, Robocar Poli, Transformers ...), Ninjago und Power Ranger liefern coole Action. Auch auffällig ist, dass es in den »Teams« meist ein bis zwei weibliche Charaktere gibt, die oft aber nur unterstützende Rollen kriegen und deren Hauptmerkmal nicht ist, dass sie etwas können, sondern dass sie weiblich sind. Zoes Zauberschrank, eine Serie, in der ein Mädchen und ihre Freund_innen sich über einen magischen Kleiderschrank in viele verschiedene Rollen begeben können, dagegen? Fantasiereisen. Auch Mia & me oder Winx Club sind Beispiele für magische Mädchen. Und wenn Mädchen doch einmal Superheldinnen sind, wie bei Miraculous? Anders als all ihre männlichen Gegenstücke ist Ladybug von Beginn an nicht hauptsächlich Superheldin, sondern ein romantisches Interesse eines männlichen Superhelden. Mit vertauschten Rollen wäre das unvorstellbar.

Filme und Serien sind generell ein Medium, das sehr prägend sexistische Dinge transportiert. Das fängt damit an, dass alle sichtbaren Charaktere mehrheitlich weiß, cis und hetero sind, geht darüber, dass Mädchen und Frauen Trophäen sind, die erobert werden müssen, deren »Nein« sich durch Hartnäckigkeit in ein »Ja« verwandeln lässt, und führt zu den ewig gleichen giggelnden Teenagerinnen in Filmen/Serien, deren größte Interessen Make-up, Jungs und Party sind. Bei »My little Pony« werden die Ponys/Einhörner/Pegasi aus der Serie in zugehörigen Filmen zu Menschen-Mädchen und dabei von unterschiedlichen starken weiblichen Charakteren zum Highschool-Einheitsbrei.

Glücklicherweise kommen allmählich auch Serien und Filme auf den Markt, die es anders machen. So glänzt beispielsweise »She-Ra« mit selbstwirksamen Mädchenrollen, queerer Repräsentation und empfindsamen Jungen/Männern. Auch »Kipo und die Welt der Wundermonster« schafft das. Für jüngere Kinder ist »Doc McStuffins« zwar entsetzlich zuckerwattig, kommt aber dafür mit einem Vater, der sich als Stay-at-home-Dad um die Kinder kümmert, während die Mutter als Ärztin arbeitet. Zudem steht hier mal eine Schwarze Familie im Mittelpunkt.

Videospiele

In Videospielen setzt sich das Ganze ebenfalls fort. Es gibt nur wenig weibliche Charaktere, und oft sind die Darstellungen sehr stereotyp. Anita Sarkeesian, eine kanadisch-US-amerikanische Medienkritikerin, setzt sich sehr viel mit Stereotypen in Games auseinander – viele ihrer Analysen sind in Videos aufbereitet im Internet zu finden. Sie stellt zum Beispiel in ihrem Video »Ms. Male Character – Tropes vs Women in Video Games« unter anderem eine der häufigsten Formen von »Weiblichkeitsmarkierung« in Spielen (aber auch in anderen Medien) vor: die Schleife im Haar. Dass übergroße Schleifen im Haar für kleine Kinder, die für Mädchen gehalten wurden, in Mode waren, ist schon viele Jahrzehnte her. Doch in Videospielen lebt dieses Stereotyp fort, um Charaktere als weiblich identifizierbar zu machen. So ist zum Beispiel die Figur »Ms. Pacman« exakt dargestellt wie Pacman – nur mit einer Schleife auf dem Kopf und einem blauen Pixel mit schwarzen Pixeln daran, um ein bewimpertes Auge darzustellen.

Eine Bekannte von mir ist Grafikdesignerin für Videospiele – einmal postete sie ein Bild aus einem Spiel, an welchem sie gearbeitet hatte. Es waren zwei Frösche. Der eine sollte männlich, der andere sollte weiblich sein. Zu erkennen war das an einer Schleife auf dem Kopf des einen Frosches und den langen Wimpern, die dieser hatte. Ich äußerte mich in den Kommentaren irritiert darüber. Sie fragte, wie Kinder die Frösche denn sonst auseinanderhalten sollten. Ich schlug vor, dem Frosch, der als männlich gesehen werden soll, Schallblasen zu malen. Sie erwiderte, das sei für Kinder zu kompliziert.

Nun wäre eine Darstellung von Schallblasen auch lediglich ein Indikator dafür, dass der Frosch vermutlich das ist, was in der Biologie als »männlich« klassifiziert werden würde. Ich bezweifle, dass Tiere sich in menschliche Vorstellungen von Geschlecht einteilen lassen. Dennoch wäre das eine Möglichkeit gewesen, Kindern Wissen über Frösche zu vermitteln statt verquere Geschlechterstereotypen. Manche Frösche haben Schallblasen, manche nicht. Die Frösche, die Schallblasen haben, werden durch Menschen als »männlich« kategorisiert.

Aber auch schon in Spielen, die sich an noch jüngere Kinder richten, sind Geschlechterstereotype allgegenwärtig. Selbst die Lego-Duplo-Zug-App, die sich an Kinder ab zwei Jahren richtet, zeigt nur Figuren, die als männlich markiert sind, in handelnden Rollen. Figuren, die als weiblich markiert sind (durch Kleidung, etwas längeres Haar und sichtbare Wimpern), kommen lediglich als Zusteigende vor.

Es gibt innerhalb der Videospielindustrie die verbreitete Annahme, dass Spielende hauptsächlich männlich sind und dass diese hauptsächlich männliche Charaktere spielen wollen. Tatsächlich spielen Kinder, Jugendliche und Erwachsene unabhängig von ihrem Geschlecht ähnlich häufig Videospiele (wenn auch nicht immer aus den gleichen Genres), doch das Bild des »männlichen Zockers«

hält sich hartnäckig und prägt auch das Bild auf nicht männliche Spielende. Maeve Duggon stellte in einer Studie 2015 fest, dass 50 Prozent der erwachsenen männlichen US-Amerikaner und 49 Prozent der erwachsenen weiblichen US Amerikanerinnen Videospiele spielen.[15] Männer identifizieren sich jedoch selbst häufiger als *Gamer*. Für Deutschland sehen die Zahlen im Jahr 2021 ähnlich aus.[16] Für andere Geschlechter lassen sich, wie allzu oft, keine belastbaren Zahlen finden.

Suzanne de Castell und Jennifer Jenson schreiben: »Die machtvolle Assoziation des männlichen Subjekts als Spieler und Spieldesigner sowie die Annahme (die grundsätzlich Technologien betrifft) (männlicher) Kompetenz und Fähigkeit, hat Frauen und Mädchen zielsicher als ›weniger fähig‹, ›weniger kompetent‹ und ›Gelegenheitsspielerinnen‹ positioniert.«[17]

Ich habe mich im Zuge meiner Bachelor-Arbeit 2018 mit geschlechtlicher und sexueller Vielfalt und Repräsentation in Videospielen auseinandergesetzt und eine Umfrage mit 6 100 Teilnehmenden durchgeführt. Darin bestätigten sich die Annahmen, dass cis hetero Männer sich bereits gut repräsentiert sehen und keine Spiele spielen, um explizit Repräsentation zu finden, während vor allem binäre und nicht binäre trans Personen sowie homo-, a- und bisexuelle Frauen Spiele auch zum Teil ausschließlich deshalb spielen, weil sie in ihnen repräsentiert werden, das also tatsächlich ein Kauf-/Spiel-Kriterium sein kann.

Es hat sich auch etwas bestätigt, was in vielen Bereichen, gerade im Kontext der »Frauenquote«, oft auffällt: Cis Männer neigen dazu, Frauen als überrepräsentiert zu empfinden, wenn diese auch nur annähernd die gleiche Repräsentation haben wie sie selbst. Dazu kommt, dass die Fähigkeiten von Frauen unterschätzt werden. Während Frauen, beziehungsweise Menschen, die als solche gezählt werden, im Arbeitsalltag in vielen Bereichen 50 Prozent (oder sogar mehr) aller Arbeitskräfte ausmachen, dünnt sich das aus, je mehr (Führungs-)Verantwortung die Positionen haben.[18]

Was ist also ein guter Umgang mit Medien?

Medien, mit denen Kinder in Kontakt kommen, reproduzieren Geschlechterstereotype und sorgen dafür, dass Kinder diese verinnerlichen. Wie weiter oben geschrieben, halte ich aber wenig von Verboten und viel mehr von Gesprächen. Ich achte durchaus darauf, welche Medien ich den Kindern anbiete. Sie werden von selbst mit genug anderen Medien konfrontiert. Ich muss ihnen nicht gezielt Bücher mit männlichen Hauptcharakteren schenken, denn davon gibt es einfach mehr als genug. Ich schlage ihnen nicht vor, doch mal die Serie mit schon wieder einem männlichen Superhelden zu gucken. Stattdessen suche ich bewusst nach Büchern mit weiblichen und geschlechtlich nicht verorteten oder gar gezielt nicht binären Charakteren. Ich durchforste die Streamingdienste nach Kinderserien, in denen mit Rollenerwartungen gebrochen wird, und biete Spiele an, die nicht sexistisch sind oder andere Formen von Diskriminierung reproduzieren.

Repräsentation ist enorm wichtig. Kinder wollen wissen, dass sie einen Platz in der Welt haben. Aber die Welt, die Kinder durch Medien kennenlernen, ist eine Welt voll von weißen, männlichen, nicht behinderten, nicht armen, schlanken, gut gebildeten Personen. Ein Großteil aller Kinder kann sich selbst in Büchern, Serien, Filmen und Videospielen nicht wiederfinden, denn der Großteil der Kinder dieser Welt ist nicht so wie die Hauptrollen in europäisch-US-amerikanischen Medien. Das, was als Norm dargestellt wird, hat nichts damit zu tun, einen Durchschnitt abzubilden, und ist nicht in der Lage, Vielfalt darzustellen.

Doch wer gezielt sucht, findet auch Medien, die dem bewusst entgegensteuern. Großartige neue Kinderbücher wie *Alex, abgeholt*

(Danielle Graf, Katja Seide & Günther Jakobs) stellen Menschen in all ihrer Vielfalt dar, ohne dass das ihr Hauptthema ist. Doch alltäglich ist gute, vielfältige Repräsentation noch lange nicht.

Wir reden über Sexismus und Rassismus, über Ableismus und andere Diskriminierungen, denen wir in Medien begegnen. So hatten wir uns zu Hause, als mein ältestes Kind etwa vier Jahre alt war, eine Zeit lang darauf verständigt, dass wir für die Hünd_innen der Paw Patrol andere Pronomen verwenden, und das große Kind hat diese ausgesucht. So gab es dann, das fand das große Kind damals gerecht, zwei nicht-binäre Hünd_innen, einer mit xier und der andere mit wuff als Pronomen, zwei weibliche mit sie als Pronomen und zwei männliche mit er als Pronomen. Im Kindergarten haben die anderen Kinder das dann aber immer »korrigiert«, und so hat es sich wieder ausgeschlichen.

Zur Erinnerung: **Pronomen** sind die Wörter, die statt eines Namens im Satz benutzt werden. Zum Beispiel: Das ist Muhammed. Muhammeds Pronomen ist er. Er mag gern Ballett./Das ist Yasemin. Yasemins Pronomen ist nin. Nin mag gern Fußball./Das ist Luca. Lucas Pronomen ist sie. Sie mag gern Klettern.
Sogenannte **Neopronomen** sind Pronomen, die in der deutschen Sprache noch keine lange Verwendungshistorie haben, wie zum Beispiel xier, sier oder nin. Es gibt viele verschiedene Pronomen, und wenn keines passt, dann kann das Pronomen weggelassen werden, indem immer der Name verwendet wird. Zum Beispiel: Das ist Ben. Ben benutzt kein Pronomen. Ben mag Kanu fahren.
Manchmal überlegen sich Menschen neue Pronomen für sich, wenn sie merken, dass keines passt. Andere Menschen, wie

zum Beispiel Illi Anna Heger oder Lann Hornscheidt, überlegen, welche Pronomen vielleicht generell in die deutsche Sprache eingeführt werden könnten, um eine geschlechtsneutrale Option zu haben.

Das heißt aber nicht, dass seitdem der Sexismus in Paw Patrol und die nicht enden wollenden Reproduktionen von Geschlechterstereotypen einfach akzeptiert werden. Die Kinder lernen, Sexismus und andere Diskriminierungsformen zu erkennen und zu benennen. Aber für die Kinder ist das in der Regel kein vordergründiges Thema, denn viel Sexismus findet in Medien meist eher nebenbei als aktiv statt. Es sind die vielen kleinen Botschaften, die, wenn sie zusammenkommen, ein sexistisches Weltbild prägen. Darum müssen Kinder auch durch das Thema begleitet werden. Es ist kein Thema, welches sich leicht selbst erschließen lässt, es muss ins Bewusstsein gebracht werden.

Es ist nichts Schlimmes daran, mal einen Film mit männlichem Hauptcharakter zu sehen oder mal ein Buch zu lesen, in dem ausschließlich nicht behinderte Kinder vorkommen. Das Problem ist, dass die überwältigende Mehrheit der Medien so ist.

Weil vielfältige Repräsentation so selten ist, gibt es inzwischen Verlage und Videospiel-Entwickelnde, die diese Situation als Marktlücke für sich entdeckt haben und mit angeblich »besonders vielfältigen« Medien versuchen, Profit zu machen. Vielfalt als Verkaufsargument. Betroffene werden beim Schaffen dieser Medien oft gar nicht beteiligt, nicht einmal als Test-Lesende/Sehende/Spielende. Das führt leider häufig dazu, dass genau das Gegenteil von dem passiert, was eigentlich erreicht werden soll. Statt guter Repräsentation gibt es dann schädliche Stereotype, egal ob das die »autistischen Genies« (in der Regel weiß und männlich) oder die bisexuellen Doppelagentinnen (oft mit biracial[19] Hintergrund) sind oder die trans Frauen, die im Alltag wie Dragqueens aussehen. Denn wer nicht selbst betroffen ist, ist eben keine_e Expert_in für das Thema, hat aber sehr wahrscheinlich Stereotype über die abgebildeten Personengruppen verinnerlicht. Diese fließen dann meist unbeabsichtigt in die Arbeit ein.

In den sozialen Medien werden diese Medien dann von nicht Betroffenen, die sich für das Thema einzusetzen versuchen, gern empfohlen. Die Kritik Betroffener verklingt oft ungehört, und solche Medien tragen dann stellenweise mehr dazu bei, dass transfeindliche, sexistische, rassistische, ableistische, klassistische Diskriminierung einfach nur auf andere Art fortgesetzt wird. Auch für Betroffene ist das oft ein zweischneidiges Schwert: Natürlich ist es toll, dass es zumindest überhaupt Repräsentation gibt. Vielleicht eröffnet das Wege für gute Repräsentation. Aber es verstärkt auch problematische Annahmen und Mechanismen.

Da ist zum Beispiel das Buch *Teddy Tilly*, dessen Autorin Jessica Walton selbst Tochter einer trans Frau ist. Tilly ist eine Teddybärin, die am Anfang des Buches einen anderen Namen trägt, dann dem Kind, dem sie gehört, offenbart, dass sie eigentlich eine Bärin ist und Tilly heißt. Das Kind akzeptiert das und Tilly ist glücklich. So weit, so süß.

Was aber in dem Buch passiert, ist, dass Transsein ausgelagert wird. Ein trans Kind? Das wäre wohl zu viel gewesen, stattdessen ist es ein Kuscheltier, also nicht mal lebendig. Es geht auch nicht primär darum, wie es der Teddybärin geht (erst ist sie traurig, dann glücklich), sondern darum, wie das Kind, dem sie gehört, damit umgeht. Tillys abgelegter Name wird völlig überflüssigerweise genannt. Das ist etwas, was für die meisten trans Personen verletzend ist. Obendrauf kommt, dass die Markierung der »Weiblichkeit« für die Teddybärin darin besteht, dass die Fliege, die sie anfangs um den Hals trägt, auf ihren Kopf wandert – wie beim Thema »Videospiele« beschrieben, ist das eine absolut stereotype Form, »weiblich« zu markieren. Für Kinder und viele Eltern, welche das Buch begeistert kaufen und lesen, ist die dahinterstehende Problematik völlig unbekannt: nämlich die Anforderung an trans weibliche Personen, möglichst gut in weibliche Stereotype zu passen, weil ihnen sonst ihr Geschlecht abgesprochen wird. Zeitgleich wird trans weiblichen Personen, die diesen Ansprüchen entsprechen und sich deutlich feminin kleiden, bewegen und geben, oftmals vorgeworfen, sie würden Stereotype reproduzieren.

Zweifelsohne ist *Teddy Tilly* ein schönes Buch, das Kinder sehr spielerisch an das Thema geschlechtliche Vielfalt heranführt. Es ist aber keineswegs das glänzende Beispiel guter Repräsentation von trans Weiblichkeit, als das es stellenweise in den sozialen Medien gefeiert wurde.

Wir setzen in weiten Teilen darauf, selbst sehr gezielt dem entgegenzusteuern, was von außen an unsere Kinder herangetragen wird. Bei uns im Haushalt werden grundsätzlich keine Bücher, die einen männlichen Hauptcharakter haben, angeschafft, es sei denn, diese sind explizit geschlechtsnonkonform. Denn wenn die Kinder von anderen Menschen Bücher geschenkt bekommen, haben die fast immer einen männlichen Hauptcharakter – wir bekommen da also auch ohne unser Zutun genügend. Die beim Abschnitt »Bücher« vorgeschlagene Zählung haben wir mit einem zufällig ausgewählten Teil der Kinderbücher in unserem Haushalt gemacht. Von den circa 100 Büchern hatten knapp die Hälfte mehr als einen Hauptcharakter oder keinen menschlichen/vermenschlichten Charakter. Der Rest der Bücher unterteilte sich in 28 Bücher mit männlichem Hauptcharakter, 12 mit weiblichem Hauptcharakter und 7 mit nicht eindeutig geschlechtlich zugewiesenem Hauptcharakter. Hauptkriterium für die Zuweisung waren, falls vorhanden, Selbstbezeichnungen, Fremdzuweisung oder verwendete Pronomen. Obwohl wir also ganz massiv darauf achten, keine Bücher mit männlichem Hauptcharakter zu kaufen, ist in unseren Büchern mit eindeutiger Hauptfigur diese gerundet 60 Prozent männlich, 25 Prozent weiblich und 15 Prozent ohne identifizierbare Geschlechtszuweisung. Gerade die letzte Kategorie ist aber eine, in der ich so ziemlich jedes Buch anschaffe, das ich finde, weil ich es so wichtig finde, dass jedes Kind sich in Büchern wiederfinden kann und neutrale Darstellungen das oft leichter machen. Woher kommen die vielen anderen Bücher? Manche sind uns geschenkt worden, aber viele haben wir auch selbst angeschafft: sei es, weil die männlichen Charaktere geschlechtsnonkonform sind oder weil wir das sonstige Thema so spannend fanden, einige stammen noch aus unseren Kindheiten.

Es gibt inzwischen zahlreiche Bücher für »starke Mädchen« oder ähnliche Formulierungen, die Mädchen ermächtigen und bestärken sollen, dabei oft aber nur das Repertoire an Stereotypen erweitern. Mädchen dürfen jetzt auch wie Jungen sein, dann sind sie cool und stark und toll – solche Bücher sind nichts als fortgesetzte Misogynie, denn sie vermitteln vor allem, dass das, was für »weiblich«, »feminin« und »mädchenhaft« gehalten wird, nicht gut ist. Es ist in den Büchern ähnlich wie bei der Kleidung: Räubertöchter sind cool, Ballerinasöhne nicht.

Allmählich gibt es aber tatsächlich auch erste Bücher, die gezielt an Jungen gerichtet werden und alternative Männlichkeitsvorstellungen transportieren. Zugewandte, zarte, zögerliche Männlichkeit und schüchterne, sanfte, stille Jungs statt harter Kerle, die das Leben als Abenteuer und Frauen als Beutegut vor sich haben.

Bei Filmen und Serien ist eine Vorauswahl deutlich schwieriger. Ein Kinderbuch kann ich schnell durchblättern, eine Serie vorab zu sehen oder einen Film vorab zu gucken bedarf deutlich mehr Zeit. Filme recherchiere ich manchmal im Voraus. Aber bei vielem verlasse ich mich darauf, mit den Kindern zu reden, bevor, während und nachdem sie eine Serie/einen Film gesehen haben. Natürlich sehen die Kinder auch Dinge, die weder ich noch andere Erwachsene mit ihnen gemeinsam gucken. Das ist in Ordnung. Ich vertraue darauf, dass wir eine stabile Beziehung zu unseren Kindern haben, dass ihnen unsere Werte vertraut sind und wir sie ermächtigt haben, selbst kompetente Entscheidungen für sich zu treffen und Dinge zu reflektieren. Ein Grund mehr, weshalb es so wichtig ist, dass wir eine gute, vertrauensvolle Beziehung zu unseren Kindern haben und gelegentlich selbstkritisch betrachten, ob sie so gut ist, wie wir denken, und wie wir sie verbessern können. Wir können unsere Kinder auch immer wieder daran erinnern, dass sie sich mit allem, was ihnen durch den Kopf geht, an uns wenden können. Wir können sie fragen, was sie von uns brauchen, damit sie sich offen an uns wenden.

Wie Kinder gut durch den Mediendschungel begleitet werden können, darüber schreibt zum Beispiel Patricia Cammarata auf ihrem Blog »Das Nuf« und ausführlich in ihrem Buch *Dreißig Minuten, dann ist aber Schluss!* Unter anderem schreibt sie dort auch:

»Es mag einigen albern erscheinen, aber es wird euch Respekt bei den älteren Kindern einbringen, wenn ihr nicht undifferenziert über YouTube schimpft, sondern eure Kritik, dass ein Großteil der reichweitenstarken YouTube-Kanäle Geschlechterstereotype bedient, mit konkreten Beispielen belegen könnt. Wenn ihr dann noch sagen könnt, welche Kanäle ihr cooler findet, könnt ihr die Jugendlichen sogar positiv überraschen. Denn natürlich gibt es solche Kanäle.«[20]

Denn ja, auch auf YouTube, Instagram und TikTok passiert Medienkonsum. »Das Internet« hält viele Stellen bereit, an denen Kinder und Jugendliche mit Geschlechterstereotypen konfrontiert werden – aber es hält auch viele Stellen bereit, an denen Kinder und

Jugendliche über Queerness und Nonkonformität lernen können. Es gibt inzwischen zahlreiche Schlagzeilen darüber, dass die »heutige Generation« so queer sei wie nie zuvor. Das stimmt natürlich nur bedingt, die bessere Formulierung wäre wahrscheinlich, dass die »heutige Generation« eine Sprache für sich finden kann und eine Vielzahl von Identitäten repräsentiert bekommt, wenn sie danach sucht, und damit Sicherheit dafür erfährt, auch die eigene Identität auszuleben.

Ich finde es immer sehr schade, wenn ich mitbekomme, dass Eltern mit ihren Kindern keine Videospiele spielen, Lehrkräfte alle Konsolen verdammen und in Zeitungen mal wieder davor gewarnt wird, dass Kinder zu viel Zeit mit Computerspielen verbrächten. Videospiele haben so viel Potenzial, können großartige Fähigkeiten vermitteln und machen einfach Spaß. Auch für kleine Kinder gibt es schon gute Spiele und Apps. Zockt mit euren Kindern! Lasst euch von ihnen erklären, wie Minecraft, Fortnite und Co. funktionieren. Dann ist nämlich auch der Raum da, gemeinsam über eventuelle Stereotype oder andere Problempunkte zu sprechen.

Wie eingangs geschrieben, ist Vielfalt in Videogames sehr rar. In den vergangenen Jahren hat die Vielfalt zwar zugenommen, aber dominant sind noch immer weiße, männliche Charaktere.

Spätestens wenn Kinder sieben, acht Jahre alt sind, ist der elterliche Einfluss auf den Medienkonsum, insbesondere über das Internet, zunehmend geringer. Gut also, wenn schon vorher eine grundlegende Medienkompetenz vermittelt wurde. Wenn die Kinder wissen, an wen sie sich wenden können, wenn sie verstörende Dinge gesehen haben. Der Erstkontakt mit pornografischen Inhalten passiert immer früher, oft vor der Pubertät und meist ungewollt. Pornografische Inhalte werden teilweise als Mutproben konsumiert oder aus Spaß in Klassenchats geteilt.[21] Das liegt daran, dass dieses Material sehr leicht verfügbar ist. Das ist nicht nur schwierig, weil die meisten Kinder in dem Alter noch kein großes Interesse an pornografischem Material haben. Es ist auch schwierig, weil in pornografischem Material, gerade in dem, welches frei verfügbar ist, Geschlechterstereotype und sexualisierte Gewalt allgegenwärtig sind.

Während die wenigsten Kinder im Buchladen versehentlich zu erotischer Literatur greifen, sind im Internet die sexistischen Fantasien mit Darstellenden, die ihre Körper für daran gestellte Erwartungen perfektioniert haben, immer nur einen Mausklick entfernt. Es ist deshalb unerlässlich, mit Kindern schon sehr früh Medienkompetenz zu erarbeiten. Kinder müssen einschätzen lernen, welche Inhalte für sie (un-)geeignet sind und an wen sie sich vertrauensvoll und ohne verurteilt zu werden wenden können, wenn sie mit Dingen in Kontakt kommen, mit denen sie noch nicht hätten in Kontakt kommen wollen. Schwierig ist das, wenn den Erwachsenen, welche die Kinder begleiten, diese Medienkompetenz selbst fehlt. Wenn wir die Zeit und die Möglichkeit und die Mittel haben, uns diese Kompetenz anzueignen, dann sollten wir das auch um unserer Kinder willen tun.

Zusammengefasst lässt sich also sagen, dass mögliche Optionen für den Umgang mit Medien sind:

* Vorauswahl für Medien treffen, insbesondere bei kleineren Kindern
* Medienkonsum kritisch begleiten
* Zugang zu guten Medien verschaffen
* Vertrauen in vermittelte Vielfalt haben
* Widersprüche und Stereotype aushalten lernen

Umgang mit Kleidung

»Ich finde so kleine Mädchen in ihren adretten Kleidern immer so süß!«, erklärte mir eine Bekannte. Ich fragte, warum sie ihrem Kind dann keine adretten kleinen Kleidchen anziehen würde. »Na, aber ich habe doch leider einen Jungen gekriegt!«

Babys und kleinen Kindern ist es egal, was sie tragen. Dennoch scheuen viele Eltern davor zurück, ihren Kindern Kleidung anzuziehen, die dem »anderen« binären Geschlecht zugeordnet ist als das Kind. Insbesondere, so scheint es mir, wenn die Kleidung, die sie für Kinder besonders schön finden, nun einmal Kleidchen in Pastelltönen, Haarbänder und Ähnliches sind, dem Kind, das sie bekommen haben, aber »männlich« zugewiesen wurde.

Räubertöchter zu haben, wilde Mädchen, die auf Bäume klettern, Grasflecken auf den Jeans und aufgeschlagene Knie haben, ist etwas, was für viele bedeutend akzeptabler ist als zarte »Prinzessinnenjungs«, die schüchtern in ihren rosa Kleidern still malend in der Ecke sitzen.

Es gibt inzwischen einige Kinderbücher, die sich mit dem »Junge trägt Kleid/Rock/Ähnliches«-Thema befassen. Tatsächlich wird »Das Kind mit dem Penis darf keinen rosa Rüschenrock tragen« häufig als problematischer Punkt an mich herangetragen. Ich glaube aber, dass die Familien, in denen Kinder, denen männlich zugewiesen wurde, wirklich keinen rosa Rüschenrock tragen *dürfen,* gar nicht in der Mehrzahl sind.

Viel häufiger ist, dass das Kind ganz selbstverständlich immer in der »Jungen«-Abteilung eingekleidet wurde. Dann existiert gar kein rosa Rüschenrock im Kleiderschrank. Kinder bemerken so oft gar nicht, dass sie die theoretische Möglichkeit hätten, einen solchen Rock zu tragen, wenn es nie als Möglichkeit in ihrer Wahrnehmung auftaucht. Kindern muss gar nicht explizit gesagt werden »Das ist was für Mädchen«, sie schlussfolgern das ganz von allein aus dem Verhalten ihres Umfeldes.

Andere Eltern sorgen sich, dass das Kind gemobbt oder belästigt wird, und reden dem Kind deshalb den rosa Rüschenrock aus oder beschränken das Tragen desselben auf das häusliche Umfeld.

Manchmal lachen Erwachsene auch, wenn sie im Fernsehen/zu Fasching/… oder anderen Gelegenheiten einen vermeintlichen Mann in »Frauenkleidern« sehen. Karikaturen, in denen zum Beispiel männliche Politiker durch Kleidung und Perücken verweiblicht werden, bedienen zutiefst sexistische und transfeindliche Vorurteile und sind dennoch gang und gäbe. Jedes Mal, wenn Erwachsene über so etwas lachen, lernen Kinder, dass geschlechtsnonkonformes Verhalten oder Transsein etwas ist, was von der Mehrheitsgesellschaft als Witz wahrgenommen wird. Sie lernen auch, dass Weiblichkeit etwas ist, was sich zum Abwerten anderer benutzen lässt.

Kleidung ist da, um sich vor Umwelteinflüssen zu schützen. Kleidung hat seit jeher aber auch eine soziale Komponente. Wir haben andere Annahmen über die Person, die uns in wallenden gebatikten Leinenkleidern entgegenkommt, als über die Person, die einen maßgeschneiderten Anzug trägt, oder als über die Person, welche ihre Jogginghose in den hochgezogenen Tennissocken stecken hat.

Die meisten Kinder werden, zumindest bis sie selbst Wünsche äußern und oft noch darüber hinaus, von den für sie zuständigen Erwachsenen eingekleidet. Selbst wenn die Kinder sagen, was sie tragen wollen, haben Erwachsene noch immer die, nicht nur finanzielle, Entscheidungsmacht.

Kindern viel Wahlfreiheit lassen zu können, ist oft ein finanzielles Privileg. Aber nicht nur das: Es ist auch für nicht arme und weiße Menschen deutlich leichter, ihren Kindern Freiheiten in der Bekleidung zu lassen. Alma-Marie in den abgerockten Jeans und dem verzogenen Wolle-Seide-Body ist in den Augen von Erzieher_innen und anderen etwas anderes als Feysa in zu großen Schuhen und einem verwaschenen Kleidchen.

Es ist ein Privileg, wenn Erzieher_innen oder andere außenstehende Personen nicht Verwahrlosung vermuten, sondern eine Erziehung, die den Willen des Kindes oder nachhaltiges Handeln im Fokus hat. Dass Feysa vernachlässigt wird, ist nicht mehr oder weniger wahrscheinlich als bei Alma Marie. Aber der Bekleidung wird rassismusbedingt ein unterschiedliches Maß an Wohlwollen entgegengebracht.

Von Rassismus und/oder Klassismus betroffene Kinder und ihre Bezugspersonen haben nicht die gleichen Möglichkeiten, aus gesellschaftlichen Normen auszubrechen. Das ist nicht nur in Bezug auf Kleidung wichtig, im Hinterkopf zu behalten.

Zurück zum Umgang mit dem heimischen Kleiderschrank: Solange Kinder klein sind, werden sie ohnehin nach dem Gutdünken ihrer Bezugspersonen eingekleidet. Der Geschmack und die finanziellen Mittel der Erwachsenen sind das, was das Kind in den ersten Lebensjahren modisch prägt. Es spricht absolut nichts dagegen, Kindern unabhängig von dem ihnen zugewiesenen Geschlecht die Kleidung anzuziehen, die den Erwachsenen gefällt. Ob das dann der Miniatur-Smoking oder das bauschige Röckchen ist, einfach nur bunt, ausschließlich aus Naturfasern, vegan, aufgetragen aus dem Freund_innenkreis, handgenäht oder vom Modegroßhandel.

Manche Kinder fordern schon recht früh Mitbestimmung bei ihrer Kleidung ein. Unserem großen Kind konnten wir bereits im Alter von zwei Jahren nichts mehr anziehen, was es sich nicht selbst ausgesucht hatte, während das dem mittleren Kind egal war, bis es etwa vier war. Uns war immer wichtig, dass die Kinder dabei aus allem frei wählen konnten. In Bekleidungsgeschäften fragen wir darum oft, ob die Kinder auf der einen oder der anderen Seite anfangen wollen. Meist wollen sie auf der »Mädchen«-Seite anfangen, wo die Kleidung potenziell bunter ist und glitzert.

Die Kinder können dann durch alles hindurchstöbern, nehmen, was ihnen gefällt, dann wird gemeinsam ausgewählt, nach abgesprochenen Kriterien. Wenn der Waldkindergarten etwa die Auflage hat, dass die Beine der Kinder vollständig bekleidet sein sollten, dann ist das eben auch ein Kauf-Kriterium.

Auf der anderen Seite sind zu viele Optionen für Kinder auch oft eine Überforderung. Hier hilft es, einfach nur eine kleine Auswahl bereitzustellen. Also zum Beispiel eine blaue und eine rosa Hose hochzuhalten und zu fragen: »Möchtest du die oder die?« Ich sehe öfter Eltern, die ihre sehr kleinen Kinder dafür feiern, sich geschlechtsnonkonforme Kleidung ausgesucht zu haben. Ein neun Monate altes Baby, das nach einem Kleidungsstück greift, trifft aber wohl nur in den seltensten Fällen eine Entscheidung über »Das möchte ich anziehen«. Aus dem anfänglichen, durch Erwachsene oder ältere Kinder bestimmten Eingekleidet-Werden kann nach und nach ein begleitetes gemeinsames Aussuchen werden, bis die Kinder irgendwann überwiegend selbstständig ihre Entscheidungen treffen. Gerade im Jugendalter kommt dann oft auch ein sozialer Zugehörigkeitsaspekt hinzu: Wer zu welcher sozialen Gruppe gehört, lässt sich oft an Kleidung, Frisur und Make-up festmachen. Auch viele Subkulturen haben sehr markante Stile.

Kleidung ist außerdem etwas, was wohlmeinende Verwandte und Bekannte oft schenken, gerade zur Geburt eines Kindes. Wenn absehbar ist, dass diese Geschenke stark geschlechterrollenkonform sein werden, dann bietet es sich an, direkt für Ausgleich zu sorgen, zumindest wenn diese Kleidung nicht dem eigenen Geschmack entspricht, und vielleicht auch dann, wenn sie es tut. Für eine gewisse Ausgewogenheit zu sorgen, kann Kindern helfen, ihren eigenen Stil zu entdecken – möglichst unabhängig vom Geschmack naher Bezugspersonen.

Kinder ihren Stil selbst finden zu lassen, mag manches Mal Überwindung kosten – aber ich versuche es für mich als Chance zu begreifen, Dinge über mich selbst zu lernen. Wenn Kinder all ihre Lieblingsteile auf einmal anziehen, weil sie es so schön finden, ihre Lieblingsklamotten zu tragen, dann passt das für das erwachsene Auge, was unter dem jahrelangen Einfluss der Modeindustrie, von Werbung und Schönheitsidealen steht, oft nicht besonders gut zusammen. Das grüne Bagger-Shirt wird kombiniert mit dem lila gepunkteten Jäckchen, dazu eine schicke neonrosa Strumpfhose und ein roter Rock mit Einhörnern; weil die Regenbogensocken so wunderschön sind, werden die noch über die Strumpfhose gezogen und das dann in die überhaupt nicht jahreszeitgemäßen Sandalen gezwängt. Dann guckt das Kind in den Spiegel und stellt fest, dass unbedingt noch eine Fliege um den Hals gehört, um »richtig schick« zu sein.

Als das große Kind anfing, solche oder ähnliche Dinge zu kombinieren, musste ich hart an mir arbeiten, nicht zu sagen: »Du, das passt gar nicht zusammen.« Denn es ist egal, wie mir gefällt, was mein Kind sich zu tragen entscheidet. Wichtig ist, dass das Kind halbwegs wetterentsprechend gekleidet ist. Und dass das Kind sich wohlfühlt mit sich selbst. Tatsächlich hat mein großes Kind inzwischen einen eigenen Stil entwickelt, bei dem ich nur staunen kann.

Andere mögen das anders sehen und finden es wichtig, dass ihre Kinder ihr modeästhetisches Empfinden nicht überstrapazieren. Aber auch das kann Kindern liebevoll und geschlechtsoffen vermittelt werden. Zum einen ahmen Kinder nach, was sie sehen, zum anderen ist es natürlich auch möglich, zum Beispiel Outfits vorsortiert in den Kleiderschrank zu räumen. Überhaupt ist die Vorauswahl letztlich den Erwachsenen im Umfeld eines Kindes überlassen, denn bis die Kinder selbst ihre Kleidung kaufen, vergeht eine Weile. Auch wo mit den Kindern eingekauft wird, prägt natürlich das Modeempfinden der Kinder. Es gilt also:

* Einteilungen in »Jungen« und »Mädchen« beim Kleidungskauf ignorieren
* Passform, Funktion und Gefallen sollten relevanter sein als das der Kleidung zugewiesene Geschlecht
* Kleinkinder nicht mit zu viel Auswahl überfordern
* Den eigenen Geschmack und damit auch die eigene geschlechtliche Prägung zurückstellen
* Angst vor der Bewertung durch andere ist ein schlechter Mode-Ratgeber

Umgang mit Spielzeug

Wir hatten einmal Besuch von einem Kind, das stundenlang versonnen mit der Puppenstube bei uns spielte. Als das Kind abgeholt wurde und sein Elter fragte, was es so getan hätte, erzählte ich von dem Spiel mit der Puppenstube. Das Elter war höchst überrascht: Zu Hause würde das Kind ja nur mit Autos spielen, ein richtiger Junge eben. Ich fragte, ob denn eine Puppenstube vorhanden sei. Nein. Das Kind habe seit jeher nur Interesse an Autos gezeigt, von klein auf, sie hätten auch alles voller Autos deswegen, vom Autobett bis zur mehrstöckigen Spielzeuggarage. Im Spielzeugladen würde das Kind auch zuerst immer die Autos ansteuern.

Was also vermutlich mit einem Holzauto begann, welches das Kind aus unbekannten Gründen als sein erstes Lieblingsspielzeug auserkoren hatte (vielleicht hat es beim Ansabbern besonders gut geschmeckt, war einfach zu greifen oder hatte eine ansprechende

Farbe), wurde hier als so maßgeblich für das Interesse gesehen, dass auf das erste Auto bald ein zweites folgte, dann ein Straßenspielteppich, noch mehr Autos und so weiter.

Nichts hat so viel Einfluss auf das Gehirn wie Spielen. Stuart Brown, der über menschliches Spielen forscht, definiert Spielen als zwecklos, einnehmend und spaßig.[22]

Dass Spielen um des Spielens willen passiert, heißt nicht, dass dabei nicht gelernt wird. Spielen ermöglicht Neu- und Verlernen. Spielen ermöglicht Unterbrechung festgefahrenen Verhaltens. Spielen ermöglicht das Austesten sozialer Normen. Spielen ermöglicht, zwischenmenschliche Bindungen zu bilden und zu stärken – kurz: Spielen ist großartig!

Spielzeuge für Kinder lassen sich grob unterteilen in Spielzeug für Rollenspiele, Motorik-Spielzeug, Bau- und Konstruktionsspielzeug, Logik-Spielzeug und Spielzeug, um soziale und verbale Fähigkeiten anzuregen. Alle Kinder sollten die Gelegenheit haben, all dieses Spielzeug für unterschiedliche Arten von Spielen zur Verfügung zu haben.

Rollenspiele, also Spiele, in denen Kinder »so tun als ob«, ermöglichen Kindern, in einem sicheren Umfeld unterschiedliche Rollen und unterschiedliches Verhalten zu erproben. Spielzeug, das damit assoziiert ist, wird aber überdurchschnittlich häufig an Kinder, die für Mädchen gehalten werden, verschenkt, vermarktet und zur Verfügung gestellt. Ob es um die Spielküche geht oder Puppen, ist dabei recht egal. Selbst Verkleidungskisten sind für Kinder, die für Jungen gehalten werden, oft bedeutend eindimensionaler als für Mädchen. Denn während vermeintliche Mädchen auch »männliche« Rollen ausprobieren dürfen, ist Prinzessin spielen für vermeintliche Jungs oft ein zu großer Ausbruch aus existierenden Normen. Fast alle Kinder fangen, wenn sie gelassen werden, an, Als-ob-Spiele zu spielen. Sie tun so, als ob sie furchtbare Monster wären, sie tun so, als ob sie eine Familie wären, sie tun so, als ob sie einen schrecklichen Verlust erlitten hätten, und nicht zuletzt tun Kinder, die mit einer festen Geschlechtszuweisung aufwachsen, auch gelegentlich so, als ob sie das andere binäre Geschlecht wären. Letzteres kann das erste Herantasten einen trans Kindes an seine Geschlechtsidentität sein – aber in vielen Fällen ist es einfach nur ein Rollenspiel.

Kinder, denen bei ihrer Geburt weiblich zugewiesen wurde, werden schon in jungen Jahren häufiger und intensiver in Haushaltstätigkeiten eingewiesen. Spielzeuge wie Bügeleisen, Staubsauger und Co. finden sich sehr oft in zarten rosa Tönen und nur ausgesprochen selten in Blau – und die Kinder, die in der Werbung mit diesen Sachen spielen, sind bedeutend häufiger über Kleidung, Frisur und Accessoires als Mädchen markiert als als Jungen.

Doch Dinge wie den Tisch abräumen oder decken, Handtücher zusammenlegen oder grob staubsaugen, können die meisten Kleinkinder schon recht früh – oft sind es auch Sachen, an denen sie sich mit Inbrunst beteiligen, wenn sie gelassen werden. Es kann ziemlich nervenaufreibend sein, einem zweijährigen Kind zuzugucken, wie es mit der empfindlichen Lieblingstasse in die Küche rennt. Ganz ohne dass wir das wollen, schleicht sich bei solchen Aktivitäten aber oft Vorurteilsdenken ein: Das Kind, dem weiblich zugewiesen wurde und dem wir aufgrund dieser Zuweisung eher zutrauen, geschickt genug zu sein, vorsichtig genug zu sein, talentiert genug in Haushaltsdingen ... ist auf einmal das Kind, das die Lieblingstasse bis in die Küche bringen darf, und zum Glück passiert ihr nichts. Wurde dem Kind aber männlich zugewiesen, sind wir eher geneigt zu sagen, »Lass mal« oder »Ganz langsam und vorsichtig, das ist meine Lieblingstasse und waaaah ... gib sie lieber mal her«. Mit den tatsächlichen Fähigkeiten des Kindes hat das oft gar nichts zu tun.

Gerade Kleinkinder spielen unglaublich gern, dass sie im Haushalt helfen – und machen das teilweise dann auch tatsächlich. Natürlich dauert es bedeutend länger, wenn ein zweijähriges Kind Wäsche zusammenlegt, als wenn ich das tue, und vielleicht ist es nicht ganz so ordentlich. Aber das Kind lernt dabei, zu helfen und Ordnung zu halten. Leider wird dieses Spielen viel häufiger bei Kindern, die für Mädchen gehalten werden, unterstützt, als bei Kindern, die für Jungen gehalten werden. Es gibt fast alle Haushaltsgeräte, teilweise funktionierend, auch in einer kleinen Variante für Kinder. Aber es gibt einfach keinen guten Grund, weshalb ein Kinderbesen oder ein Kinderwischmop rosa sein sollte. Es ist für jedes Kind gut, Spielzeug zu haben, mit welchem es Haushaltstätigkeiten imitieren kann – und dazu muss oft gar nicht zu den Spielzeugvarianten gegriffen werden. Ein Holzbesenstil kann abgesägt werden, damit er für Kinder leichter zu handhaben ist, ein alter Joghurt-Eimer macht sich hervorragend als Putzeimerchen, Schwämme lassen sich für Kinderhände halbieren, es gibt Wäscheleinen zur Befestigung an Heizungen, die dann eine super Höhe für Kinder haben, und so weiter.

Auch kleinere Reparaturen, Möbelaufbauten oder Heimwerkeleien sind etwas, woran Kinder sich früh beteiligen können. Doch Spielzeug-Werkzeugkästen oder funktionale Werkzeuge in Kindergröße finden sich meist als »Jungenspielzeug« angepriesen.

Motorik-Spielzeug, vom Ball bis zum Kinderfahrzeug, gibt es meist in zwei Ausführungen: rosa/lila oder blau/grün. Mit Blümchen oder mit Blitzen. Bau- und Konstruktionsspielzeug richtet sich überwiegend an vermeintliche Jungen. Hier gibt es oft spezielle Sets für »Mädchen«, die dann statt einer Feuerwehrstation einen Frisiersalon aus Bausteinchen bauen sollen. Ähnlich sieht es aus, wenn es um Logik-Spielzeuge, wie zum Beispiel Experimentierkästen geht. Während erste Roboter-Aufbauten an »Jungs« vermarktet werden, bekommen Mädchen so etwas wie ein »Lippenbalsam-Labor« oder züchten einen Kristall-Feengarten.

Die Stereotypen des »kreativen Mädchens«, das schöne Dinge schaffen will, gegen den »intellektuellen Jungen«, der praktische Dinge schaffen will, zeigen sich in der Vermarktung von Experimentierkästen überdeutlich.

Spielzeuge, die darauf ausgelegt sind, verbale und soziale Fähigkeiten auszubauen, werden oft gezielt an »Mädchen« gerichtet. Kindermikrofone kommen beispielsweise übermäßig oft in Rosa oder Lila daher.

Es ist für alle Kinder wichtig, alle Möglichkeiten des Spielens ausprobieren zu können. Da sich hier in Bildungseinrichtungen sehr oft sehr intensive Geschlechterstereotype einschleichen, kann es sinnvoll sein, Kindern gezielt mehr von dem zu ermöglichen, was ihrem zugewiesenen binären Geschlecht entgegengesetzt wäre. Also Kindern, denen weiblich zugewiesen wurde, bewusst viel Konstruktionsspielzeug, Robotik-Experimentierkästen und Autos zu geben, und Kindern, denen männlich zugewiesen wurde, Glitzermalstifte, rosa Mikrofone und Puppen.

Kinder werden genug mit dem konfrontiert werden, was ihrer Zuweisung entspricht. Es macht Sinn, an den Stellen konkret zu fördern, die vom Umfeld voraussichtlich nicht oder nicht im gleichen Maße wie bei dem entsprechend anderen vermuteten binären Geschlecht gefördert werden.

»Ich hätte in der Schule gern den Informatik-Kurs besucht«, berichtete mir ein_e Freund_in. »Doch der Lehrer sagte, das sei nichts für Mädchen.« Es sind diese kleinen, alltäglichen, sexistischen Kommentare, die Geschlechterrollen in Köpfen mehr und mehr verhärten und gegen die wir als Bezugspersonen von Kindern vorgehen sollten.

Es gibt eine Figur auf dem Kinderspielzeugmarkt, die auch mit Filmen, Hörspielen und Ähnlichem vertreten ist, bei der mir mein »Keine Verbote«-Grundsatz sehr schwerfällt. Diese Figur ist: Barbie. Das ist wahrscheinlich nicht besonders überraschend, denn die Kritik an Barbie ist seit Jahrzehnten laut. Ich erinnere mich an eine Kindergartenfreundin, die den Wunsch hatte, wenn sie groß wäre, »wie Barbie« zu sein. Und ich spüre, wie sich alles in mir zusammenkrampft, wenn ich mir vorstelle, dass das der Wunsch eines Kindes ist. Inzwischen gibt es Barbie zwar auch in Ausführungen, die zumindest nicht mehr auf der Stelle tot umfallen würden, wenn sie lebendig wären, aber das Körper- und Frauenbild, welches durch Barbie vermittelt wird, ist noch immer eine Katastrophe. Es gibt inzwischen mehrere Alternativen zu Barbie auf dem Markt, die gezielt Leute anzusprechen versuchen, welche eben mit Barbie genannte Probleme haben.

Was also tun? Doch ein Verbot? Ich glaube, dass Verbote das Augenmerk erst recht auf das Verbotene lenken. Es gibt bei uns also kein Barbie-Verbot. Bisher gibt es allerdings auch noch keine Barbies im Haushalt. Wir haben nur eine »Wir kaufen das nicht, wenn die Kinder keinen Wunsch danach haben«-Regel, an die wir auch andere Erwachsene bitten, sich zu halten. Aber ja, wenn die Kinder sich eines Tages Barbies wünschen, dann werden sie welche bekommen. Ich hatte als Kind auch welche und erinnere mich, dass meine Oma ihnen Kleidung strickte und nähte, »damit die was Vernünftiges anzuziehen haben«. Dass ich vieles an Barbies kritisch finde, vom Körperbild bis hin zum Rollenbild, kann ich mit den Kindern dann ja thematisieren.

Ich notierte einmal für einen Vortrag über Geschlechtsidentität im Kindergartenalter über Spielecken in Kindergärten, dass diese oft unbewusst zu »Mädchen-« und »Jungenecken« werden, indem vermeintlich thematisch sortiert wird. Die Verkleidungskiste für Rollenspiele landet bei den Puppen, die wiederum neben der Spielküche stehen, weil das ja alles so gut zusammenpasst. Dagegen finden sich die Bauklötze neben der Holzeisenbahn und daneben, klar, die Spielzeugautos.

Dann blickte ich mich bei uns zu Hause um und sah die Puppen neben der Spielküche und die Bauklötze neben der Holzeisenbahn und zuckte innerlich zusammen. Ganz ohne bösen Willen und obwohl ich eigentlich weiß, wie leicht so etwas passiert, bin ich selbst in eine Klischeefalle gelaufen. Also räumte ich die Bauklötze neben die Spielküche und die Puppen zur Holzeisenbahn. Danach bekam ich sehr häufig Bauklotzsuppe serviert und die Puppen reisten mit der Bahn in alle Welt.

Wir prägen, womit die Kinder spielen wollen, auch durch das Angebot, welches wir ihnen machen. Das heißt nicht, dass die Kinder von sich aus keine Interessen haben. Aber ob sie diese entdecken können, liegt zu großen Teilen auch an uns. Zusammenfassend können wir das wie folgt tun:

* Bewusst darauf achten, nicht unbewusst Stereotype zu reproduzieren
* Dem Kind gezielt Spielzeug zur Verfügung stellen, welches üblicherweise nicht dem zugewiesenen Geschlecht des Kindes zugeordnet ist
* Gespräche statt Verbote
* Das Kind beschenkende und betreuende Personen mit an Bord holen
* Jedes Kind braucht jede Art von Spielzeug: was zum Kreativ-Sein, was zum Bauen, was zum Kommunizieren, was zum Kuscheln, was zum Als-ob-Spielen

Kinderreime neu gedacht

Wer kleine Kinder hat, betreut oder mit ihnen arbeitet, singt, spricht und spielt mit ihnen oft in Reimen. Wer das nicht tut, kann diesen

Abschnitt getrost überspringen. Viele Kinderlieder und -reime sind diskriminierend – und männlich gegendert oder reproduzieren Geschlechterstereotype. Während den meisten Menschen klar ist, dass rassistisches Liedgut wie »Alle Kinder lernen lesen« oder »Drei Chinesen mit dem Kontrabass« schlicht nicht mehr gesungen werden sollte, sieht das bei sexistischen Texten wie »Grün, grün, grün sind alle meine Kleider« anders aus. Viele Menschen wollen sie weiterhin singen, verzweifeln aber an den mitgelieferten Rollenstereotypen. Dabei ist ein Umdichten oft sehr einfach. Mein Lieblingsbeispiel hierfür ist »Hoppe, Hoppe, Reiter«, das die meisten wie folgt kennen:

Hoppe, Hoppe, Reiter,
fällt er hin, dann schreit er,
fällt er in den Graben,
fressen ihn die Raben,
fällt er in den Sumpf,
macht der Reiter plumps.

Je nachdem, aus welcher Region wir kommen und wie alt die Fassung des Reims ist, gibt es noch weitere Zeilen, wie zum Beispiel »Fällt er in die Hecken / fressen ihn die Schnecken«. Uns hat daran nicht nur das generische Maskulinum gestört, sondern auch das »gefressen werden«, das vielen Kindern zu gruselig ist. Manche mögen das, manche nicht. Unsere Varianten, die wir nach Brainstorming in Online-Communities für uns gefunden haben, lauten daher:

Hoppe, Hoppe, Reiterin,
wird es wild, dann fällt sie hin,
fällt sie in den Graben,

kitzeln sie die Raben,
fällt sie in den Sumpf,
macht die [Name des Kindes] plumps.

Hoppe, Hoppe, Reiterlein,
wird es wild, dann will es schrei'n,
fällt es in den Graben,
kitzeln es die Raben,
fällt es in den Sumpf,
macht das [Name des Kindes] plumps.

Hoppe, Hoppe, Reiter,
wird es wild, dann schreit er,
fällt er in den Graben,
kitzeln ihn die Raben,
fällt er in den Sumpf,
macht der [Name des Kindes] plumps.

Bei vielen Kinderreimen ist es einfacher; die »Zehn kleinen Zappelmänner« zum Beispiel sind schon länger auch als »Zehn kleine Zappfelfinger« durchaus geläufig. Bei »Backe, backe Kuchen« lässt sich »der Bäcker hat gerufen« flugs zu »zum Backen wird gerufen …« machen. Auch das beliebte Kinderlied »Wer will fleißige Handwerker sehen?« beschäftigt sich ausschließlich mit Personen, die sich vom Maskulinum angesprochen fühlen. Eine alternative Variante sähe zum Beispiel so aus:

Wer will fleißiges Handwerk seh'n,
der muss zu uns Kindern geh'n.
Stein auf Stein, Stein auf Stein,
das Häuschen wird bald fertig sein.

Wer will fleißiges Handwerk seh'n,
der muss zu uns Kindern geh'n!
O wie fein, o wie fein,
ins Fenster kommt die Scheibe rein.

Wer will fleißiges Handwerk seh'n,
der muss zu uns Kindern geh'n!
Tauchet ein, tauchet ein,
wir streichen jetzt die Wände fein.

Wer will fleißiges Handwerk seh'n,
der muss zu uns Kindern geh'n!
Zisch, zisch, zisch; zisch, zisch, zisch,
geschwind hobeln wir glatt den Tisch.

Wer will fleißiges Handwerk seh'n,
der muss zu uns Kindern geh'n!
Poch, poch, poch; poch, poch, poch,
wir schustern schleunigst zu das Loch.

Wer will fleißiges Handwerk seh'n,
der muss zu uns Kindern geh'n!
Stich, stich, stich; stich, stich, stich,
ein Kleid gibt's gleich für dich und mich.

Wer will fleißiges Handwerk seh'n,
der muss zu uns Kindern geh'n!
Rühre ein, rühre ein,
der Kuchen wird bald fertig sein.

Wer will fleißiges Handwerk seh'n,
der muss zu uns Kindern geh'n!
Trapp, trapp, drein, trapp, trapp, drein,
jetzt geh'n wir von der Arbeit heim.

Wer will fleißiges Handwerk seh'n,
der muss zu uns Kindern gehn!
Hopp, hopp, hopp; hopp, hopp, hopp,
jetzt tanzen alle im Galopp.

Aber was ist mit Liedgut wie dem schon erwähnten »Grün, grün, grün sind alle meine Kleider«? In dem Lied versteckt sich Heteronormativität, also die Annahme, dass alle Menschen heterosexuell/heteroromantisch veranlagt sind, und viele Menschen finden es irgendwie seltsam, wenn vermeintliche Jungen dieses Lied singen. Was daran liegt, dass sich hier der singende Part über den Beruf des Mannes definiert. Grün wird getragen, weil der Schatz ein Jäger ist, Rot, weil er ein Reiter ist, Blau, weil er ein Matrose ist, Schwarz, weil er ein Schornsteinfeger ist, und bunt, weil er ein Maler ist. Bei uns ist das Lied einfach aus dem Repertoire geflogen, aber auch hier lässt sich umdichten, zum Beispiel auf »weil die Welt so schön grün ist«, »weil rot die Farbe der Liebe ist«, »weil das Meer so weit und blau ist« oder Ähnliches. So wird dem Lied ein neuer Fokus gegeben, weshalb eine Farbe die Lieblingsfarbe ist. Gerade im (vor-)schulischen Umfeld ist ein solches Umdichten auch eine gute Übung zur Förderung der Kreativität oder sogar zum Kennenlernen – so kann in der gleichen Klasse beispielsweise die Farbe »grün« gemocht werden, weil Monsterschleim grün ist, weil's die Augenfarbe der Oma ist oder weil Popel grün sind.

Andere Lieder wie »Zeigt her eure Füßchen, zeigt her eure Schuh und sehet den fleißigen Waschfrauen zu« muten nicht nur wegen der Geschlechterbilder, die darin transportiert werden, einfach sehr altertümlich an. Hier kann eine Kontextualisierung mit den Kindern gemacht werden, auch kleine Kinder verstehen schon die Einordnung, dass das Lied sehr, sehr alt ist und Wäsche zumindest in unserem Teil der Welt gar nicht mehr mühselig von Hand geschrubbt, gewrungen und geschüttelt werden muss.

Im Zuge dessen kann auch darüber gesprochen werden, weshalb diese Arbeit früher häufig von Frauen gemacht wurde, was ein Waschbrett oder was eine Wäschemangel ist. Der Weg von der Haushaltsaufgabe über die Waschhäuser und Großwäschereien des frühen 20. Jahrhunderts bis hin zur modernen Waschmaschine und damit zurück in die einzelnen Haushalte ist auch für den Sachkundeunterricht oder aus privatem Forschungsinteresse spannend. Direkt begleitend kann darüber gesprochen werden, wer diese Form von Sorgearbeit im Umfeld der Kinder übernimmt. Wer sortiert die schmutzige Wäsche, bedient die Maschine, hängt die Wäsche zum Trocknen auf, bügelt sie eventuell, räumt sie in die Schränke, bessert kaputte Wäsche aus, kann Grasflecken entfernen und weiß immer, welches Kind der Familie gerade welche Kleidergröße trägt oder neue Unterhemden braucht?

Du kannst dem Jungen doch kein Kleid anziehen – Stereotypen begegnen

»Du kannst dem Jungen doch kein Kleid anziehen!«, wurde mir eines Tages gesagt, als eines meiner Kinder im Kleid in der Sandkiste spielte. »Warum nicht?«, fragte ich. »Du machst ihn doch lächerlich!«, erwiderte die Person. »Weil Kleider lächerlich sind?«, wollte ich wissen. »Nein, weil er aussieht wie ein Mädchen!«, antwortete mein Gegenüber. »Ach, und Mädchen zu sein ist etwas Lächerliches?« Die Person schmollte und schwieg.

Ein Mädchen zu sein ist nichts Lächerliches. Dass Mädchen gesellschaftlich aber immer noch als weniger wert angesehen werden als Jungen, zeigt sich schnell beim Blick auf das, was passiert, wenn ein mutmaßlicher Junge sich ein Kleid anzieht oder sich mit Dingen beschäftigt, die stark mit Weiblichkeit konnotiert sind – intensives Rollenspiel mit Puppen zum Beispiel.

Wie kommt es aber, dass wir bei kleinen Kindern, in deren Geburtsurkunden der Vermerk »männlich« zu finden ist, einen Impuls haben, sie auf gar keinen Fall irgendwie »weiblich« erscheinen zu lassen? Und was können wir tun, um unsere Kinder darin zu unterstützen, so zu sein, wie sie sind, in egal welcher Kleidung, mit egal welchen Vorlieben und unabhängig davon, ob sie zurückhaltend und schüchtern oder draufgängerisch und offen sind?

In seinem Buch *Prinzessinnenjungs* setzt sich Nils Pickert mit genau diesem Mechanismus sehr intensiv auseinander. Er schreibt: »Eine kleine Abweichung, eine leichte Asymmetrie genügt schon, um ein Gefühl zu erzeugen, den Anforderungen an männliche Geschlechtsidentität nicht zu genügen.«[1]

Sehr ausführlich, mit Fokus auf die US-amerikanische Gesellschaft, beschäftigt sich auch die Dokumentation »The mask you live in« mit der Entstehung des westlichen Männlichkeitsbildes. Michael Kimmel sagt darin: »Wenn ich sagen sollte, was die bestimmende Emotion US-amerikanischer Männlichkeit ist, dann würde ich sagen: Angst. Warum? Weil du beständig deine Männlichkeit beweisen musst.«[2]

»Sei nicht so ein Mädchen«, »Sei keine Pussy«, »Sei keine Memme« – all das sind Sprüche, die Kinder, welche für Jungen gehalten werden, zu hören bekommen. Davon lernen sie: nämlich dass Mädchen-Sein etwas Schlechtes ist. Dass Mädchenhaft-Sein schlecht ist. Es ist das Grundfutter dessen, was auch als »toxische Männlichkeit« bezeichnet wird – ein Männlichkeitsbild, das nur dann funktioniert, wenn alle anderen schwach sind.

Das sind die gesellschaftlichen Vorstellungen, die unsere Kinder prägen und ihnen den Zugang zu ihrer eigenen Geschlechtsidentität, ihrem individuellen Ausleben dieser und der Akzeptanz aller anderen so erschwert.

Teile der heutigen Jugendgeneration sind hier bereits weiter, doch das Grundproblem besteht noch immer. Es wird in diesem Kapitel darum gehen, Stereotypen Wissen entgegenzusetzen. Dabei wird es auch um Emotionen, psychische Gesundheit, Suizid, häusliche Gewalt (auch gegen Kinder), Femizid[3], Homofeindlichkeit und toxische Männlichkeit gehen.

Wie Mädchen und wie Jungen sein sollen

Dass Mädchen weniger oft Berufe aus dem MINT-Bereich (Mathe, Informatik, Naturwissenschaften, Technik) ergreifen, verwundert wenig, wenn schon auf ihren T-Shirts Sprüche wie »In Mathe bin ich Deko« stehen und alle Spielzeuge, die naturwissenschaftliches Denken fördern, an Jungen vermarktet werden, es sei denn, sie bekommen einen »weiblichen Twist«, wie zum Beispiel die Konstruktion einer Waschmaschine.

Mit Kindern, die für Jungen gehalten werden, wird im Kleinkind-Alltag etwa dreimal so häufig ein Zahlenbezug hergestellt wie mit Kindern, die für Mädchen gehalten werden. Während die einen also hören: »Schau mal, dort vorn in dem Baum sitzen drei Vögel«, hören die anderen in der gleichen Situation: »Schau mal, dort vorn in dem Baum sitzen hübsche Vögelchen.«[4]

Das gesellschaftlich erwünschte, den Stereotypen entsprechende Verhalten wird außerdem immer wieder bestärkt, oft unbewusst: Vermeintliche Mädchen kriegen Komplimente für schöne Frisuren und hübsche Kleider, vermeintliche Jungen werden gelobt, wenn sie kräftig sind und ihre Tränen runterschlucken.

Das ist selten beabsichtigt, aber wir alle haben das einfach so sehr verinnerlicht, dass es immer wieder passiert. Das eigene Handeln dahingehend immer wieder zu prüfen ist enorm wichtig, um verinnerlichten Sexismus zu überwinden.

Dass Jungen weniger gut ihre Gefühle artikulieren können, erstaunt dann nicht mehr, wenn wir uns bewusst machen, dass mit Kindern, die für Jungen gehalten werden, bedeutend weniger über Gefühle gesprochen wird. Nicht nur wird weniger über Gefühle gesprochen, sondern es werden auch andere Methoden zur Gefühlsverarbeitung vermittelt. Die meisten erwachsenen Männer können relativ gut über Wut, Ärger, Frustration sprechen[5] und kennen, meist körperliche, Methoden, diese Gefühle zu verarbeiten. Überschwängliche Freude ist höchstens als Reaktion auf Sport-Ereignisse in Ordnung. Aber nuanciertes Sprechen über andere Gefühle fällt ihnen oft schwer. Nicht, weil sie diese Gefühle nicht empfinden, sondern weil sie nicht gelernt haben, diese zu artikulieren.

Weinen gilt als »mädchenhaft« und schwach, um Hilfe bitten und Gespräche über Emotionen führen als »weichlich«. Deswegen gibt es vermeintlich lustige Sprüche wie: »Männer haben auch Gefühle. Durst zum Beispiel.« Daneben gibt es Männer, die häufiger obdachlos sind, sich häufiger als Frauen[6] suizidieren und sich häufiger als Frauen zu spät in medizinische Behandlung begeben, weil sie sich »keine Blöße geben wollen«. Es gibt auch die Männer, die ihre Partnerinnen ermorden, weil sie eifersüchtig waren oder der Ansicht, ihre Partnerin habe zu gehorchen, und die Männer, die ihre Kinder schlagen, weil sie frustriert sind und weil sie, im Gegensatz zu ihren Partnerinnen, keine Erziehungsratgeber lesen oder sich anderweitig darum bemühen, die gewaltvollen Erziehungsmuster, die sie selbst erfahren haben, zu überwinden.

Geschlechterstereotype sind potenziell tödlich. Es geht nicht nur darum, dass kleine Kinder, die für Jungen gehalten werden, auch mit Puppen spielen dürfen. Es geht darum, dass alle Kinder ein gutes Miteinander lernen, das nicht darauf aufbaut, dass ihnen nur ein limitierter Katalog akzeptabler Verhaltensweisen zur Verfügung steht.

Es geht darum, dass Kinder lernen, dass kein Geschlecht irgendeinem anderen Geschlecht unterlegen ist oder ein Geschlecht gott-/naturgegeben über andere verfügen dürfte. Es geht darum, dass Kinder lernen, dass alle Menschen den gleichen Wert haben und keine_r aufgrund von Geschlecht, sexueller/romantischer Orientierung, Behinderung, Religion oder Herkunft weniger wert ist. Sehen wir uns also einmal an, wie Mädchen und Jungen sein sollen, welche Stereotype die Gesellschaft auf sie projiziert.

Hetero-Romantisierung

Ich war einmal mit einem meiner Kinder in einem Café, in dem auch andere Eltern mit Kindern waren. Mein Kind, damals noch keine zwei Jahre alt, mit etwa schulterlangem Haar, trug einen pinken Pulli mit einem großen Herz darauf und eine rosa Hose. Die anderen Kinder hatten sehr kurze Haare, trugen Jeans und blaue Pullover; es waren drei, etwa im Alter meines Kindes. Sie begannen mit meinem Kind zu spielen. Die Kinder fingen an, sich mit meinem Kind Küsschen zu geben. Die anderen Eltern kommentierten: »Oh wie niedlich! Guck mal, wie sie die Kleine dort umgarnen! Na, wer von den dreien kriegt sie wohl?« Ich beobachtete das eine Weile, dann stellte ich fest, dass meinem Kind die Nase lief, und rief es mit seinem, von den meisten männlich zugeordneten Namen zu mir. Die Stimmung kippte sofort, die Eltern riefen ihre Kinder ebenfalls zu sich, und tatsächlich durften die anderen Kinder danach nicht mehr mit meinem Kind spielen, es gab Kopfschütteln und hochgezogene Augenbrauen und »Das ist ja gar kein Mädchen!«-Kommentare.

In dieser Situation also hatten die anderen Eltern mein Kind als »Mädchen« einsortiert – und damit zum Begierdeobjekt für ihre mutmaßlichen Jungen gemacht. Als sie ihren »Fehler« bemerkten, wurde das Verhalten der Kinder rückwirkend als etwas Schamvolles neu interpretiert. Die Küsschen unter Kleinkindern sind also niedlich, wenn angenommen wird, dass die Interaktion zwischen Mädchen und Junge stattfindet, aber unerwünscht, wenn angenommen wird, dass sie zwischen zwei Jungen passiert. Der Hauptgrund für dieses Ereignis war, dass anwesende Erwachsene erst Kleidung benutzt haben, um einem Kind ein Geschlecht zuzuweisen, und dann einen Namen. Daneben spielt hier auch Homofeindlichkeit eine große Rolle: dass kleine vermeintliche Jungs liebevolle, von Erwachsenen sexualisierte und romantisierte Interaktionen miteinander teilen, ist unerwünscht.

Das ist erst einmal nur eine Anekdote, aber »Guck mal, wie süß die zwei sind, die heiraten bestimmt mal!« wird grundsätzlich nicht gesagt, wenn zwei Kinder, die für Jungs gehalten werden, händchenhaltend über den Spielplatz stapfen, oder zwei Kinder, die für Mädchen gehalten werden, sich Küsschen geben. Romantisierung kindlicher Freundschaft passiert ziemlich ausschließlich dort, wo die »Paare« der Hetero-Norm entsprechen. Insbesondere Kinder, die für Jungen gehalten werden, sollen keine zu emotional nahen körperlichen Freundschaften zu anderen Kindern haben, die für Jungen gehalten werden. Es ist akzeptierter, wenn Kinder, denen männlich zugewiesen wurde, ihr Bedürfnis nach körperlicher Interaktion über Gewalt untereinander stillen, als wenn sie zueinander liebevoll sind. Jungen raufen, Mädchen giggeln.

Die Ent-Emotionalisierung von Kindern, die für männlich gehalten werden, beginnt früh und endet in Erwachsenenjahren in »echten Männerfreundschaften«, die sich höchstens mal auf die Schulter klopfen, um emotionale Unterstützung auszudrücken, und ansonsten sich stereotyperweise mit einem Bier in der Hand am Grill stehend über Fußball unterhalten.

Zwischenmenschliche Beziehungen sind überhaupt für viele Männer ein schwieriges Thema.

John Mulaney, ein Comedian, formulierte im März 2020 in der »Saturday Night Show«: »Dein Vater hat keine Freunde. Wenn du denkst, dass er Freunde hat, liegst du falsch! Deine Mutter hat Freundinnen, und die haben Ehemänner! Das sind nicht deines Vaters Freunde!«[7]

Kinder-Freundschaften, insbesondere bei vermeintlichen Jungen, sollten unterstützt werden. Zu lernen, zwischenmenschliche Beziehungen zu etablieren, zu pflegen und zu erhalten, ist keine »weibliche« Aufgabe. Auch Jungen und Männer profitieren von liebevollen, umsorgenden, platonischen Freundschaften. Sie sollten Menschen haben, mit denen sie über alles reden können, die immer da sind, die ihnen Konstanten in ihrem Leben geben. Dinge, die romantische Beziehungen weder auffangen können noch sollten. Das

»sie ist nicht nur meine Partnerin/Frau, sondern auch meine beste Freundin« ist nicht das romantische Ideal, zu dem es oft verklärt wird, sondern wird in vielen romantischen Beziehungen zu Gift. Soziale Beziehungen haben unterschiedliche Ebenen. Zum Beispiel können Beziehungen freundschaftlich, romantisch, sexuell, physisch, Fürsorge tragend (gemeinsam für andere oder füreinander), finanziell verantwortlich, geschäftlich, häuslich, sozial (gemeinsam in der Gesellschaft sichtbar sein), lebenspartner_innenschaftlich, emotional … sein. Für Menschen, die keine Männer sind, verteilen sich diese oft auf mindestens eine Handvoll Menschen. Bei Männern lasten alle Beziehungsebenen oft auf ein bis zwei Menschen. Das Ideal der heteronormativen Kleinfamilie belastet eine einzige Paarbeziehung mit fast allen diesen Ebenen. Gerade für den emotionalen Bereich ist es aber für alle Beteiligten besser, wenn es auch Personen außerhalb dieser Beziehung gibt, mit denen gesprochen werden kann. Doch Emotionen und emotionale Arbeit sind für Männer noch einmal ein ganz eigenes Thema.

Die Verfestigung von (vermeintlich) geschlechtshomogenen Freundschaften beginnt oft schon mit Verabredungen zum Spielen und Geburtstagseinladungen. Allzu oft passiert es, dass Eltern eher Kinder einladen, die dem vermuteten Geschlecht des eigenen Kindes entsprechen. Solange unsere Kinder sich noch nicht eigenständig verabreden und ihre Freundschaften selbst pflegen, obliegt es uns, dies zu tun. In dieser Zeit tun wir gut daran, unseren Kindern vielfältige Formen von freundschaftlichen Beziehungen zu ermöglichen. Nora Imlau schreibt in ihrem Buch *Freundschaft: Wie Kinder sie erleben und Eltern sie stärken können:* »Gerade wenn unsere Kinder geborgen und geliebt aufwachsen, entwickeln sie auch schon sehr früh die Fähigkeit, mit anderen Menschen in Kontakt zu treten, sie immer besser kennenzulernen und fest ins Herz zu schließen. Wenn wir sie dabei begleiten und unterstützen, machen wir ihnen ein großes Geschenk.«[8] Freundschaften sind für alle Kinder von großer Bedeutung – ihre Pflege und ihr Erhalt sind Fähigkeiten, die Kinder unabhängig von ihrem Geschlecht vermittelt bekommen sollten. Damit nicht die einen als Erwachsene die Beziehungspflege für die anderen übernehmen (müssen). Wie ist das bei euch? Wer pflegt wessen Freundschaften? Wer hat enge Freundschaften?

Gefühle

Wie im Kapitel »Ein geschlechtsoffenes Umfeld schaffen« angesprochen, lohnt es sich in einigen Fällen, den Stereotypen, denen unsere Kinder ausgesetzt sind, aktiv ein Gegengewicht zu geben. Im Falle von Kindern, denen männlich zugewiesen wurde und zugeschrieben wird, beinhaltet das, Fähigkeiten zur emotionalen Selbstfürsorge aktiv zu vermitteln. Kleine vermeintliche Jungen weinen zu lassen. Nicht zu mutmaßen, dass sie wütend sind statt traurig. Es zu einer Gewohnheit zu machen, über Gefühle zu sprechen: Beim Aufwachen (»Wie war deine Nacht, wie fühlst du dich?«), beim Essen, beim Ins-Bett-Bringen (»Wie war dein Tag, was war dir heute wichtig, was hat dich bewegt?«).

Es gibt wunderbare Kinderbücher, um mit Kindern Gefühle zu thematisieren. Aber auch vielen Erwachsenen fehlt die Sprache über Gefühle. Im Film »Alles steht Kopf«, der sich hervorragend eignet, um mit Kindern über Gefühle zu sprechen, gibt es die personifizierten Gefühle Freude, Kummer, Angst, Ekel und Wut. Von diesen Kategorien ausgehend, können wir Worte finden, um diese differenzierter zu beschreiben.

* Wenn wir freudig sind, fühlen wir uns vielleicht: zuversichtlich, optimistisch, inspiriert, mutig, amüsiert, selbstsicher, verspielt, interessiert, zufrieden, stolz, dankbar, wertgeschätzt, neugierig, frei, fröhlich, respektiert, ermächtigt, ausgelassen …

* Wenn wir bekümmert sind, fühlen wir uns vielleicht: traurig, verzweifelt, verletzt, verzagt, einsam, enttäuscht, ungeliebt, unglücklich, isoliert, zurückgezogen, verlassen, schuldig, leer, hoffnungslos …
* Wenn wir ängstlich sind, fühlen wir uns vielleicht: eingeschüchtert, verletzlich, panisch, besorgt, furchtsam, unsicher, bloßgestellt …
* Wenn wir angeekelt sind, fühlen wir uns vielleicht: abgestoßen, peinlich berührt, missbilligend, verachtend, widerstrebend …
* Wenn wir wütend sind, fühlen wir uns vielleicht: aggressiv, zornig, eifersüchtig, auf Konfrontationskurs, sauer, nachtragend, entrüstet, provoziert, bitter …

Natürlich können wir uns auch einfach schlecht fühlen (weil wir zum Beispiel müde, gelangweilt oder gestresst sind), Überraschung verspüren (zum Beispiel in einem positiven Sinne aufgeregt, erstaunt … als auch in einem negativen Sinne verwirrt oder schockiert) oder voller Liebe sein (wir fühlen uns zugewandt oder gesehen, erfüllt …).

Vermeintlichen Jungen möglichst viel Sprache und Strategien zum Thema Emotionen beizubringen, hilft dabei, auszugleichen, was ihnen gesellschaftlich vorenthalten wird.

Kommunikation über Gefühle mit Kindern ist wichtig, sie ist umso wichtiger, wenn wir vermuten, dass die Kinder Jungen sein könnten, denn es ist für Jungen bei Weitem nicht so akzeptiert, Gefühle zu zeigen und zu kommunizieren, wie für Kinder anderer Geschlechter.

Gerade Weinen ist etwas, das bei Jungen oft ins Lächerliche gezogen wird – nicht selten, indem es verweiblicht wird. Über Gefühle reden bedeutet auch, über die eigenen Gefühle zu reden. Während wir unsere Kinder keinesfalls mit Therapiepersonen verwechseln dürfen, sollten wir dennoch mit ihnen über das reden, was uns bewegt. Wir müssen uns nicht andauernd vor unseren Kindern zusammenreißen. Einen guten Umgang mit ihren Emotionen lernen Kinder nicht, indem sie erwachsene Personen beobachten, die sich beständig selbst ermahnen, ja nicht zu emotional zu sein. Kinder dürfen euch weinen und lachen sehen, euch zornig erleben und erschöpft, verletzt und verunsichert.

Ich gestehe, dass ich gelegentlich genervt bin, wenn ich wütend bin und garstig, und mein großes Kind dann ankommt und mir sagt: »Ich glaube, du bist gerade sehr wütend. Komm, lass uns gemeinsam atmen, ja?«, aber natürlich höre ich mich selbst im Kind. Es behandelt mich, wie ich es behandle, wenn ich sehe, dass es in einer Emotion gerade keinen Ausweg findet: Es assistiert mir und zeigt Möglichkeiten auf, die ich vielleicht gerade selbst nicht sehen kann.

So wie ich dem Kind anbiete, ein Kissen zu schlagen, im Garten zu schreien, richtig kräftig aufzustampfen, zu kuscheln, zu reden, Kakao zu trinken … so tut es das andersherum auch. Es lernt auch, dass es okay ist, Hilfe zu brauchen. Wir müssen nicht immer alles allein schaffen. Auch unsere Emotionen nicht. Das heißt aber nicht, dass Männer ihre emotionale Arbeit bei Frauen und frauisierten Menschen abladen sollten. Allzu oft wird angenommen, dass das Um-andere-Kümmern, das Hilfsbereit-Sein irgendwie »weibliche« Eigenschaften wären, die Mädchen und Frauen von Natur aus zufallen.

Hilfsbereitschaft

Ein_e Freund_in berichtet:
»Ich war in der ersten Klasse häufig schneller fertig als die anderen. Es gab in meiner Klasse ein Kind, vermeintlich ein Junge, das nicht

so gut mitkam und oft zusätzliche Unterstützung brauchte. Weil ich immer so schnell war und weil ich für ein Mädchen gehalten wurde, wurde mir diese Aufgabe übertragen. Alle gingen davon aus, dass ich selbstverständlich gern helfe und dieser pädagogischen Herausforderung auch gewachsen wäre, denn das ist ja, was Mädchen tun.«

Das Pflegende, Unterstützende, Hilfsbereite wird immer wieder denen aufgebürdet, die für weiblich gehalten werden. Menschen, die in Pflegeberufen arbeiten, Menschen, die mit jüngeren Kindern arbeiten, Menschen, die am Tag Dutzende andere Menschen anlächeln müssen, ob an der Kasse, in der Kneipe oder im Kundenservice, sind zum größten Teil nicht männlich. Männer sind in diesen Bereichen vor allem da vertreten, wo es um die vermeintlich »harten« Fälle geht: in betreuten Wohngemeinschaften für »schwierige« Jugendliche zum Beispiel.

Das Stereotyp, dass Männer weniger in kümmernde Rollen gehören als Menschen anderer Geschlechter, reicht viel weiter, als sie nur bei der Kindererziehung im familiären Rahmen hintanzustellen. Es ist eine der tief sitzenden Annahmen über Geschlecht.

Im Umgang mit Kindern können wir hier ganz bewusst darauf setzen, Kindern, denen männlich zugewiesen wurde, Kümmer-Aufgaben zu überlassen. Sei es, ihr Spiel mit Puppen zu bekräftigen (»Oh, du kümmerst dich ja gut um das Kleine, wie heißt es denn?«), oder ihnen gezielt die Aufgaben im Haushalt anzuvertrauen, die meist bei den Kindern landen, die für Mädchen gehalten werden, also zum Beispiel das Aufhängen von Wäsche, das Tisch-Decken, das kurzzeitige Betreuen jüngerer Kinder im Haushalt … Kinder, die für Mädchen gehalten werden, können dafür die Aufgaben übernehmen, die stattdessen übrig bleiben: den Müll rausbringen, das Regal aufbauen, die Spinnen nach draußen umziehen …

Es ist schon einiges in Bewegung, wenn der Teenie-Sohn Mittagessen kocht, während die Teenie-Tochter selbstverständlich den Rasen mäht. Letzteres wird auch deshalb häufig vermeintlich männlichen Jugendlichen überlassen, weil es als körperlich anstrengender gilt.

Körperkraft

»Ich brauche hier mal drei starke Jungs, um die Sitzbänke umzustellen!« Solche oder ähnliche Sätze hat wohl jede_r von uns schon einmal gehört. Die heutige Jugendgeneration protestiert hier aber oft schon.

Angeblich sind Jungen »von Natur aus« stärker als Mädchen. Was stimmt, ist, dass Testosteron beim Aufbau von Muskeln hilfreich ist. Das ist aber vor der Pubertät gänzlich irrelevant, es macht also wenig Sinn, zu Kindern in der dritten Klasse einen Satz wie oben zu sagen.

Außerdem bestimmt Testosteron nicht das Geschlecht. Wie hoch der Testosteron-Wert ist, sagt weder etwas über Muskelkraft noch über Geschlecht aus. Es sagt nur etwas darüber aus, ob der Aufbau von Muskeln hormonell etwas erleichtert wird.

Woran aber liegt es, dass wir uns bei einem körperlich starken Menschen meist eher einen »Mann wie ein Schrank« vorstellen als eine »Frau wie ein Schrank«?

Bilder von Bodybuilderinnen in den sozialen Netzwerken werden oft mit Aussagen kommentiert, dass das abstoßend sei, widernatürlich, nicht schön. Schiere Muskelmasse ist nichts, was bei Menschen, die für Frauen gehalten werden, in irgendeiner Form als erstrebenswert gilt. Gerade genug Muskeln für einen definierten Körper sollen es sein, bitte schön.

Dass Menschen, die für männlich gehalten werden, dagegen stark sein sollen, ist weit verbreitet. »Weichei« oder »Schwächling« zu sein? Überhaupt nicht in Ordnung!

Kinder wachsen also auf in einer Welt, in der es für Frauen als erstrebenswert gilt, schön zu sein, und für Männer, stark zu sein. Zeitgleich wird ihnen beständig erzählt, dass sie entweder zum einen oder zum anderen heranwachsen werden.

Wenn Mädchen Muskeln aufbauen, dann bitte so, dass das für Männeraugen »ästhetisch« und »hübsch anzuschauen« ist. Gewichtheben ist da weniger gefragt als Pole-Dance.

Hübsch- und Lieb-Sein

»Die Aufgabe einer Frau ist es nicht, schön zu sein für andere, und die eines Mädchen nicht, angepasst zu sein und leise. Gebt Euren Kindern eine eigene Stimme. Einen eigenen Willen und Raum, sie selbst zu sein.« Nicole Jäger auf familie.de

Die Erwartungshaltung an Mädchen, dass sie hübsch und lieb sein sollen, sitzt tief in der Gesellschaft.

Schon Neugeborenen, die zu Mädchen gemacht werden, wird das angedichtet. Sie bekommen süße kleine Kleidchen an, in Extremfällen sogar mit *girlie glue*[9] Schmuck an den Kopf geklebt und ihnen wird bedeutend öfter gesagt, dass sie bildhübsch, wunderschön, süß, niedlich, adrett, bezaubernd aussähen, als das Neugeborenen gesagt wird, die zu Jungen gemacht werden.

Körper von vermeintlichen Mädchen werden beständig kommentiert. Schon früh werden sie mit absurden Körperbildern konfrontiert, Puppen mit übergroßen Augen und Taillen, schmaler als ihr Schädel. Disney-Prinzessinnen, die sich hauptsächlich über ihre Kleider unterscheiden lassen. Die Erwartungen an frauisierte Körper sind nahezu unrealistisch, und nicht nur Essstörungen sind die Folge.

Lieb-Sein ist etwas, was oft mit Hübsch-Sein einhergeht, die beiden Dinge sind miteinander verwoben. Denn brav und lieb aussehen ist eines der Schönheitskriterien, die an frauisierte Körper angelegt werden. Nachgiebig sollen Frauen sein, weich und vergebend. Der viel bemühte Spruch »Wahre Schönheit kommt von innen« zielt auch darauf ab: dass, wer nur brav und nett genug ist, auch schön sei. Generell ist die Erwartungshaltung an Mädchen und Frauen, dass sie wenig Raum einnehmen sollten. Ihre Körper sollen klein und zierlich sein, sie selbst zurückhaltend und bescheiden. Währenddessen sitzen Männer mit breit gespreizten Beinen und massigen Körpern – egal ob »Managerspeck« oder Muskelmasse – im öffentlichen Nahverkehr und unterhalten sich gern auch mal lautstark.

Die Alternative zu »hübsch und lieb« lautet häufig, dass Mädchen mehr wie Jungen sein sollen – die hier schon an mehreren Stellen erwähnten Räubertöchter, die wie ein Siegel der feministischen Elternschaft vorgezeigt werden. Coole Mädels, die den Mund aufmachen, sich die Knie aufschürfen, rülpsen und eine Eins in Mathe haben. Das ist nicht die Lösung sexistischer Probleme. Es ist nur eine Denkweise, die dazu führt, dass erwachsene Frauen lernen sollen, über ihr Gehalt »wie Männer zu verhandeln«, statt miserable Arbeitsbedingungen zu bekämpfen.

Statt also Kinder (insbesondere jene, denen weiblich zugewiesen wurde) zu bestärken, entweder lieb und hübsch oder frech und wild zu sein, bestärkt ihre Vielfalt! Wir neigen dazu, das Verhalten, welches wir aufgrund des zugewiesenen oder zugeschriebenen Geschlechts eines Kindes erwarten, auch zu bestärken – und verfestigen so Stereotype. Gerade bei vermeintlichen Mädchen tun wir also gut daran, bewusst darauf zu achten, weniger oft ihr Äußeres zu fokussieren. Statt zu sagen: »Du siehst so süß aus mit deinen Zöpfen!«, können wir beispielsweise auch sagen: »Wow, tolle Zöpfe, hast du dir die selbst gemacht? Du bist ja geschickt!«

Was aber nicht dazu beiträgt, ist das reflexhafte Ablehnen von allem, was rosa ist und glitzert. Rosa und Glitzer sind für alle da. Eltern, die sich um feministische Erziehung bemühen, haben oft den Impuls, Dinge, die als *mädchenhaft* gelten, aus der Erziehung zu entfernen. Aber diese Dinge sind nicht das Problem. Rosa ist nicht das Problem, Lieb-Sein und Hübsch-Sein wollen ist nicht das Problem. Das Problem ist es, wenn Kinder dahingehend limitiert werden – oder andersherum gar keinen Zugriff darauf haben.

Aggressivität

»In der Grundschule zum Beispiel höre ich oft: ›Was sich liebt, das neckt sich.‹ (…) Wie (einige) andere Erwachsene bei solchen Sätzen lächeln. Als wäre das was Schönes. (…) Als Kind hab ich den Satz auch oft gehört und nie verstanden. Warum ist jemand, der mich mag, gemein zu mir? Warum soll ich das als Zuneigung interpretieren? Kann denn niemand diesem anderen Kind beibringen, dass es schönere Wege gibt, seine Zuneigung auszudrücken?« Patricia Cammarata auf ihrem Blog dasnuf.de

Wie Mädchen Aggressionen zeigen dürfen (vorzugsweise gar nicht) und wie Jungen Aggressionen zeigen dürfen, unterscheidet sich ganz massiv.

Während bei Mädchen von »Zickenkriegen« die Rede ist, womit passiv aggressive Handlungen und Lästereien gemeint sind, ist bei Jungen die Rede von »er ist explodiert« oder »musste seine Wut mal rauslassen«. Frauen sind »hysterisch«, Männer haben selbst dann »einen schlechten Tag gehabt«, wenn am Ende dieses Tages jemand aufgrund ihrer Wut verletzt im Krankenhaus liegt. Während vermeintliche Mädchen beständig dazu angehalten werden, ihre Wut zu unterdrücken, darüber zu kommunizieren und Wut als ihr eigenes Fehlverhalten zu bewerten, ist Wut bei vermeintlichen Jungen etwas, das akzeptiert wird. Jungs sind angeblich so. Sie müssen angeblich rumbrüllen, sich prügeln und auch mal mit Stöcken ein Tier erschlagen. Das Zerstören von Dingen und das Verletzen von Lebewesen gelten bei kleinen Jungen als ein akzeptabler Weg der Verarbeitung von Wut. Wenn Lebewesen zu Schaden kommen, dann wird zwar oft gesagt, dass das ja nichts sei, was gut wäre, aber oft gibt es dennoch großes Verständnis – es ist eben ein Junge. Ich kenne sehr viele Frauen und frauisierte Menschen, mich eingeschlossen, die ihre Wut ausleben, indem sie richtig gründlich putzen – ich kenne keinen einzigen Mann, der das tut.

Wer in welcher Form Aggressionen ausleben darf, welches Wut-Verhalten sozial akzeptiert ist, hängt ganz eng damit zusammen, als welches Geschlecht ein Mensch wahrgenommen wird. Eine Frau, die aggressiv brüllt und mit der Faust auf den Tisch haut? Die ist mit Sicherheit psychisch krank (hier kommt es oft zu ableistischen, also behindertenfeindlichen Erklärungsmustern – denn vermeintlich ist es für eine Frau so untypisch, das zu tun, dass die Ursache direkt in einer Krankheit gesucht wird). Ein Mann, der aggressiv brüllt und mit der Faust auf den Tisch haut? Der ist mit Sicherheit ein bisschen impulsiv, aber eben durchsetzungsstark.

Ich wünsche kleinen vermeintlichen Mädchen, dass sie richtig wütend sein dürfen. Dass sie laut brüllen und alles Mist finden dürfen, ein Kissen verprügeln und mit dem Fuß aufstampfen. Ich wünsche kleinen vermeintlichen Jungs, dass sie richtig wütend sein dürfen. Dass sie lediglich laut brüllen, aber niemanden anbrüllen, dass sie alles Mist finden dürfen, aber trotzdem nur ein Kissen verprügeln und mit dem Fuß aufstampfen.

Das Gewaltpotenzial, das mit maskuliner Wut einhergeht, zeigt sich immer wieder in erschreckendem Ausmaß bei Fußballspielen: Verliert die favorisierte Mannschaft, steigen die Fälle häuslicher Gewalt.[10]

Wir müssen unsere Kinder davor schützen, solche schädlichen Stereotype in sich aufzusaugen und nachzuahmen. Mädchen und Kinder, die für solche gehalten werden, haben ein Recht darauf, ihre Wut ausleben zu dürfen. Und Jungen und Kinder, die für solche gehalten werden, haben kein Recht darauf, ihre Wut zum Schaden anderer auszuleben. Unseren Kindern gute Wege zu zeigen, mit Wut und Aggressionen umzugehen, schützt unsere Kinder. Sowohl davor, diese schwierigen Gefühle in sich hineinzufressen, als auch davor, diese schwierigen Gefühle zu Gewalt werden zu lassen. Ein wunderbares Kinderbuch, um mit Kindern ab etwa vier Jahren dieses komplexe Gefühl zu erkunden, ist *Pau und die Wut* – es hat außerdem einen Hauptcharakter ohne Geschlechtszuweisung.

Probiert gemeinsam mit euren Kindern aus, was euch bei Wut guttut: Malt ein wütendes Bild und zerreißt es anschließend, schreit, so laut ihr könnt, bewegt euch … Da Wut und Aggressionen auch eine Baustelle vieler Erwachsener sind, profitiert ihr davon möglicherweise ebenso sehr wie eure Kinder.

Wenn Kinder Stereotype reproduzieren

Eine Blog-Leserin schrieb mir:
»Mein fünfjähriger Sohn hat immer gerne alle möglichen Klamotten getragen, egal ob sie aus der Jungen- oder Mädchenabteilung stammten. Das änderte sich, er begann auszusortieren: Klamotten für den Alltag (zum Beispiel Kita) und Kleidung für familiäres Umfeld. Kleidung, die aus der Mädchenabteilung kam, landete nicht bei den Klamotten für den Alltag. Wenn ich ihn frage, warum er das macht, sagt er, dass die anderen Kinder ihn sonst auslachen. Er wirkt dabei sehr unzufrieden. Wir haben schon etliche Male darüber gesprochen, und ich versuche ihm immer wieder, ein anderes Bewusstsein zu zeigen.

In geschütztem Raum nimmt er das auch an, und ich biete ihm diesen geschützten Raum, wo ich es kann. Das hat natürlich Grenzen. Neulich lagen wir einfach nebeneinander, und er war traurig, weil er sich nicht traute, einen seiner Pullover anzuziehen. Natürlich, es sind nur Klamotten. Gleichzeitig sehe ich darin eine unglaublich starke Rollenzuschreibung, die für ihn offensichtlich schwierig ist.
Es geht mir nicht darum, was er anzieht. Es geht mir auch keinesfalls darum, dass er zu wenig Kleidung hat oder dass ich nichts Neues kaufen möchte. Ich möchte nur, dass er sich wohlfühlt, und möchte ihn darin stärken, sich nicht in Rollen oder Geschlechter einsortieren zu lassen, die für ihn nicht passen. Hast du eine Idee, wie ich da die richtigen Worte finden kann?«
Mahnusch mit Samin (5)

Das Kind der Leserin ist genau in dem Alter, in welchem Kinder sich mehr und mehr an anderen Kindern und zusehends weniger an den erwachsenen Bezugspersonen orientieren. Das Kind beobachtet: Was sehen die anderen, wenn sie mich sehen? Wie kann ich mich ihnen begreiflich machen? Wer bin ich, und wie bringe ich das zum Ausdruck?

Dem Kind zu Hause Sicherheit und einen Raum, um sich auszuprobieren, zu geben, ist genau richtig. Dem Kind aktiv zuzuhören und ihm Rückversicherung zu geben, gibt dem Kind die Möglichkeit, seine Nöte zu formulieren.

Ich erlebe oft, dass Eltern ihren Kindern etwas sagen wie »Farben sind für alle da« oder »Du darfst alles tragen, was du willst«. Für Kinder, die sich selbst gerade im Zwiespalt erleben, zwischen dem, was sie mögen, und dem, was akzeptiert ist, ist das aber keine hilfreiche Aussage. Viel hilfreicher ist es, herauszufinden, worum es dem Kind geht, was das Betrübende für das Kind an der Situation ist. Es ist in Ordnung, wenn das Kind sich jetzt gerade nur zu Hause ausleben mag. Gegen gesellschaftliche Normen zu verstoßen ist in diesem Alter enorm schwierig für Kinder, und sehr viele Kinder haben in diesem Alter Phasen, in denen sie sich sehr stereotyp verhalten und kleiden. Das heißt nicht, dass das jetzt immer so bleibt. Die rigiden Rollenzuschreibungen, die Kinder mit etwa vier bis sechs Jahren machen, verlaufen sich oft wieder etwas in den ersten Grundschuljahren – vor allem auch bei den anderen Kindern. Dadurch wird es für alle Kinder leichter, aus Geschlechternormen auszubrechen.

Ein solches Unwohlsein kann viele Gründe haben. Es kann sein, dass das Kind merkt, dass es sich geschlechterrollennonkonform verhält und damit aneckt. Vielleicht stört sich das Kind auch daran, dass die anderen sich lustig machen. Vielleicht merkt das Kind gerade, dass es trans und/oder nicht binär ist. Für ein trans Kind kann die Ablehnung anderer bedeuten, dass es lernt, dass es sein Geschlecht nicht ausleben darf. Das ist eine andere Sache, als zu erleben, dass der eigene Stil angegriffen wird, weil es einfach viel tiefer in die Identität eingreift. (Zum Thema trans Kinder gibt es am Ende des Buches ein eigenständiges Kapitel.)

Wenn ich als Elter merke, dass Geschlechterstereotype bei uns im Kindergarten Thema sind, gebe ich auch gern Bücher mit, die dieses Thema aufgreifen, damit das Kind im Gespräch mit anderen Kindern über das Gelesene einfache Beispiele hat. *Julian ist eine Meerjungfrau* beschäftigt sich zum Beispiel mit einem Kind, dem männlich zugewiesen wurde und das sich nonkonform verhält, vielleicht auch trans ist. *Ferdinand macht sich schön* ist ein weiteres Kinderbuch, in dem die Nonkonformität nicht als solche thematisiert wird, sondern sich ein nach Namen und Pronomen als männlich beurteilter Drache für ein Fest schön macht. Mehr Empfehlungen finden sich im Anhang des Buches.

Kinder, so Herbert Renz-Polster in *Kinder verstehen – Born to be wild*, orientieren sich in ihrem Verhalten am »Prototyp eines Kindergartenkindes«[11], am Durchschnitt, sie wollen sich sowohl einfügen als auch durch einzelne Eigenschaften hervorstechen.

Wenn wir uns also einen Kindergarten/ein Tageselter/ähnliche außerfamiliäre Betreuung für unser Kind aussuchen können, weil wir die finanziellen, örtlichen und zeitlichen Ressourcen dafür haben, kann es sich durchaus lohnen, zu gucken, wie rosa-hellblau geprägt die Kinder in der Gruppe sind, wie die Erzieher_innen mit dem Thema Stereotype umgehen – manche Kindergärten haben ausgeklügelte Konzepte zur Geschlechtsoffenheit. Das populärste Beispiel dürfte wohl der schwedische Kindergarten »Egalia« in Stockholm sein.

Die Idee dazu hatte 2010 die Erzieherin Lotta Rajalin. Ihre Vision: ein Ort der Gleichheit und Freiheit.

»Wir bevorzugen es, die Namen der Kinder zu verwenden. Wir sagen Lisa, Sarah, Mohammed und Carl, wenn wir über oder zu den Kindern sprechen. Oder wir verwenden den Oberbegriff ›Kind‹. Und das hat nichts damit zu tun, dass ›Junge‹ oder ›Mädchen‹ hässliche Wörter sind, das sind sie absolut nicht. Aber unser Gehirn verknüpft ›Junge‹ und ›Mädchen‹ mit so vielen alten, traditionellen Stereotypen, Erwartungen und Mustern«, sagt Lotta Rajalin, Vorschullehrerin.[12]

Generell ist es gut, mit den Erzieher_innen darüber ins Gespräch zu kommen, wie Geschlechterrollen mit den Kindern thematisiert werden. Materialempfehlungen für Fachkräfte finden sich im Anhang.

Insbesondere für Kinder, denen männlich zugewiesen wurde, ist geschlechtsnonkonformes Verhalten etwas, wofür sie gesellschaftlich in unterschiedlichen Formen bestraft werden. Sei es Ausschluss aus Gruppen, höhnische Kommentare oder tatsächlich körperliche Gewalt.

Wenn ein Kind sich eine Zeit lang oder auch dauerhaft geschlechtskonform verhalten möchte, dann ist das in Ordnung. Wir müssen unsere Kinder nicht dazu bringen, sich geschlechtsnonkonform zu verhalten. Wir müssen unterscheiden in Stereotype, die Schaden anrichten, und Stereotype, die einfach nur in die Gesamtmasse der Konzepte von Männlichkeit und Weiblichkeit hineinzählen.

Ein Kind, dem männlich zugewiesen wurde und das, obwohl es diese Möglichkeit haben könnte, sich nicht schminken möchte, weil es da einfach keinen Bock drauf hat, muss sich selbstredend nicht schminken, nur damit wir als Eltern unsere Geschlechtsoffenheit beweisen können. Hat dasselbe Kind aber niemals Bock, im Haushalt mitzuhelfen, bewegen wir uns in einem Bereich, der geschlechtskonform, aber schädlich ist. Das schadet sowohl dem Kind als auch anderen Menschen, mit denen das Kind irgendwann Kontakt haben wird. Einen Haushalt allein führen zu können mag für einige Kinder ein niemals erreichbares Ziel sein (zum Beispiel für manche behinderten Kinder), aber (vermeintliche) Männlichkeit ist nichts, was ein Kind daran hindern sollte. Ich wünsche mir für Jungen und Männer, dass sie wissen, wie ein Haushalt geführt wird, damit sie nicht auf die Arbeit von nicht männlichen Personen angewiesen sind, und ich wünsche es für die nicht männlichen Personen, die Besseres verdient haben (meist unbezahlt im Rahmen von Partner_innenschaft oder Ehe), als Haushaltsführung für Männer zu machen. Denn auch wenn einige immer wieder anderes behaupten, ist »Hausfrau« gar nicht der angeborene Zustand von weiblichen Menschen.

»Es klingt seltsam, aber alles, was wir der Hausarbeit heute zuordnen (typische Frauenarbeit, bestimmte Tätigkeiten, Mutterrolle), hat sich erst vor ein paar hundert Jahren entwickelt. Vor dem 18. Jahrhundert hat es Hausarbeit in dieser Form nicht gegeben. Die natürliche Bestimmung der Frau als Mutter am heimischen Herd ist eine Erfindung des Bürgertums.«[13]

Was wir aber den Menschen entgegnen können, die immer wieder an Stereotypen festhalten, damit möchte ich mich im nächsten Kapitel beschäftigen.

Die häufigsten Gegenargumente entkräften

Einige Argumente begegnen mir immer und immer wieder in Diskussionen mit Menschen, die geschlechtsoffene Erziehung kritisieren. Im Folgenden betrachte ich deshalb einige der Aussagen, die mir in dieser oder anderer Form immer wieder über den Weg gelaufen sind, und werde auf sie antworten. Viele Menschen, die so argumentieren, sind gar nicht wirklich an einer Diskussion interessiert. Sie haben ihre festen Glaubenssätze und möchten von diesen nicht abweichen. Aber für die, bei denen das anders ist, ist es gut, Wissen parat zu haben, um in eine Diskussion gehen zu können.

Es wird in diesem Kapitel darum gehen, die häufigsten Argumente gegen geschlechtsoffene Erziehung zu widerlegen. Dabei wird es auch um Homo- und Transfeindlichkeit gehen, um Mobbing, sexualisierte Gewalt und Rassismus.

»Schon Babys können Männer und Frauen unterscheiden!«

Wenn es um vermeintlich naturgegebene Unterschiede zwischen Männern und Frauen geht, wird gern behauptet, dass schon sehr kleine Kinder »die zwei Geschlechter« unterscheiden könnten. Es ist richtig, dass Kinder früh lernen, zu unterscheiden zwischen dem, was ihnen als männlich, und dem, was ihnen als weiblich vermittelt wird. Doch wenn Babys Bilder von Männern und Frauen gezeigt bekommen und Forscher_innen ihre Reaktion darauf beobachten, um herauszufinden, ob sich darin eine Unterscheidung zwischen den Geschlechtern zeigt, dann müssen die Bilder so gestaltet sein, dass es möglichst viele Anhaltspunkte gibt, über welche die Kinder Unterscheidungen treffen. Bilder von Männern müssen also zum Beispiel einen deutlichen Bartwuchs zeigen und eckige Gesichtszüge haben, Bilder von Frauen müssen bartlos sein und weiche Gesichtszüge haben. Babys und auch jüngere Kinder können nur dann zwischen »Männern« und »Frauen« unterscheiden, wenn diese möglichst stereotyp aussehen.[1] Babys unterscheiden also nicht Geschlechter, sondern äußere Merkmale, von denen sie seit Geburt vermittelt bekommen haben, dass diese zu zwei verschiedenen Kategorien gehören. Babys, die eine vollbärtige Tante haben oder einen Papa mit langem Haar auf dem Kopf und wenig Haar im Gesicht, sind da vielleicht schon nicht mehr so sicher. Viel besser, als dass solche Studien belegen, dass Babys einen Unterschied zwischen Geschlechtern erkennen könnten, belegen diese Studien, dass stereotype Kategorien schon sehr früh vermittelt werden.

Bei Studien über Unterschiede zwischen den Geschlechtern kommt es immer wieder zu Ungenauigkeiten. Die sogenannte Bestätigungsverzerrung (confirmation bias) sorgt dafür, dass die Annahmen, die über Geschlecht existieren, in Fragestellungen einfließen und zur Bestätigung der Vorannahmen führen. Wer annimmt, dass nur zwei Geschlechter existieren und dass es zwischen diesen erhebliche Unterschiede gibt, wird genau das auch feststellen, wenn die Forschungsfragen, die sie_er dazu entwickelt, nicht in Erwägung ziehen, dass diese Annahmen falsch sein könnten. Wenn ich an Umfragen teilnehme, die nach Geschlecht nur mit den Optionen »männlich« oder »weiblich« fragen, nehme ich entweder nicht teil oder werfe eine Münze. Natürlich komme ich in diesen Umfragen dann entweder nicht vor oder bin vielleicht ein statistischer Ausrutscher.

Solche Studien werden dann oft herangezogen, um das nächste »Gegenargument« gegen Geschlechtsoffenheit zu belegen.

»Geschlecht ist biologisch festgelegt und kann nicht einfach aberzogen werden!«

Dass Geschlecht nicht biologisch festgelegt ist, wurde bereits im ersten Kapitel ausführlich dargelegt. Allerdings wird dieses Argument oft mit der Behauptung verknüpft, es würde Kinder verwirren, wenn sie ohne geschlechtliche Zuweisung aufwachsen dürfen. Es ist spannend, dass das Geschlecht gleichermaßen unerschütterlich festgelegt sein soll, angeblich durch Erziehung nicht veränderbar, aber es zeitgleich Kinder in ihrer vermeintlich naturgegebenen Geschlechtlichkeit verwirren würde, diese nicht beständig zu bestätigen.

Wenn Geschlecht etwas ist, was unveränderlich von »der Natur« vorgegeben ist, dann sollte es exakt keinen Unterschied machen, ob ich einem Kind beständig ein Geschlecht zuweise oder ob ich es so gut es geht frei von dieser Zuweisung aufwachsen lasse.

Tatsächlich ist das Konstrukt »Geschlecht« aber so fragil, dass es eben immer und immer wieder bekräftigt werden muss, um zu funktionieren. Im Grunde werden Kinder ohne Penis gesellschaftlich zu Mädchen gemacht und Kinder mit Penis zur Norm: zu kleinen Männern. Was tatsächlich biologische Veranlagung ist und was das Resultat von gesellschaftlichem Verhalten zu dem, was wir als Geschlecht mutmaßen, wird sich erst dann zeigen, wenn wir nicht mehr beständig alles vergeschlechtlichen.

Wer glaubt, dass Geschlecht etwas ist, was gott- oder naturgegeben dem Menschen über seinen Körper sichtbar innewohnt, sollte sich um geschlechtsoffene Erziehung nicht sorgen: Sie könnte in dem Fall ja ohnehin nichts verändern.

»Das verwirrt Kinder, sie verstehen das noch nicht!«

Das ist ein Argument, welches meist von Erwachsenen vorgebracht wird, die das mit den Geschlechtern selbst verwirrend finden. Kinder finden mehr als zwei Geschlechter genauso wenig verwirrend wie mehr als zwei Pokémon.

Kinder im Alter von zwei Jahren können auch bereits acht oder mehr unterschiedliche Markenlogos zuordnen.

Kindern nicht zuzutrauen, mehr als zwei Geschlechter unterscheiden zu lernen, unterschätzt Kinder ganz massiv.

Es ist sehr leicht, mit Kindern, die geschlechtsoffen aufwachsen, über die Vielfalt von Geschlecht zu sprechen. Bist du ein Mädchen, ein Junge, beides, etwas anderes oder einfach nur ein Kind? Es ist sehr schwer, mit Menschen, die nicht geschlechtsoffen aufgewachsen sind, über die Vielfalt von Geschlecht zu sprechen. Oft wird sich über die Vielzahl von Namen für Geschlechtsidentitäten lustig gemacht, Menschen amüsieren sich darüber, dass Menschen eine Sprache suchen, um sich anderen Menschen verständlich zu machen. Kein Mensch erwartet, dass alle namentlich benannten Geschlechter jedem anderen Menschen geläufig sind. Wozu auch? Das ist nicht notwendig, um respektvoll mit anderen Menschen umzugehen.

Kindern beizubringen, dass sie Menschen deren Geschlecht nicht ansehen können, verwirrt Kinder nicht. Kindern beizubringen, dass sie Menschen fragen können, welche Pronomen diese für sich aktuell bevorzugen können, verwirrt Kinder auch nicht. Es ist vollkommen üblich, nach Namen zu fragen, warum nicht auch nach Pronomen? Kindern beizubringen, dass das Geschlecht anderer Menschen für sie selbst in der Regel einfach überhaupt keine Relevanz hat, verwirrt Kinder ebenfalls nicht.

Es sind Erwachsene, die Geschlecht immer und immer wieder zu einem Thema machen. Das Einzige, was daran für Kinder, die geschlechtsoffen aufwachsen, verwirrend ist, sind die Erwachsenen um sie herum, die alles und alle vergeschlechtlichen.

»Kinder brauchen klare Rollenvorbilder!«

Kinder lernen durch Außeneindrücke und Beispiele, wer sie sind und zu welchen Kategorien sie gehören beziehungsweise in welche Kategorien sie die Außenwelt steckt. Das lässt sich in dieser Welt nicht verhindern, die überall solche Kategorien aufmacht. Sie müssen (nicht nur) durch Eltern aufgebrochen werden, doch das geht nicht ausschließlich mit Erklärungen – vor allem funktioniert das über Vorbilder, andere Kinder, Freund_innen, aber eben auch Erwachsene.

Ich bin bereits darauf eingegangen, dass Eltern durch ihre Rolle, die oft mit sehr viel Zeit mit eigenen Kindern einhergeht, eine besonders wichtige Vorbildrolle in der Entwicklung von Normen und Möglichkeiten spielen. Das bezieht sich nicht nur darauf, wen Kinder die Wäsche aufhängen und wen sie auf dem Sofa sitzen sehen, sondern auch darauf, auf welche Weisen die Erwachsenen um sie herum ihre Geschlechter ausdrücken. Ein Kind kann von Menschen umgeben sein, welche sich sehr geschlechtskonform verhalten, und damit schnell Frauen mit kurzen Haaren für Männer halten – oder es kann lernen, dass alle Haarlängen für alle da sind. Tatsächlich geht es bei Haarlängen inzwischen den meisten Kindern so, dass es mehr unterschiedliche Vorbilder in der nahen Umgebung für sie gibt. Das erstreckt sich aber nicht auf andere sinnvolle Vorbilder, zum Beispiel emotionale Männer, körperlich schwer arbeitende Frauen und nicht binäre Menschen, die einfach nur existieren. Herbert Renz-Polster schreibt: »Kinder mögen ihre Persönlichkeit nur zu einem bescheidenen Teil zu Hause im Elternhaus ausbilden – aber zu Hause passiert trotzdem eine ganze Menge, was das Leben eines Kindes von Grund auf prägt.«[2]

Das, was Kinder wahrnehmen und als selbstverständlich erleben, bestimmt ihren Erwartungshorizont. Kinder haben keine Ratgeber, die sie lesen, um sich Geschlechtertheorien zu erschließen, sie sehen in jungen Jahren meist keine Dokumentationen über die negativen Auswirkungen von Geschlechterstereotypen in der Werbung oder befassen sich mit Modellen von Geschlechtskonstruktion. Nichts kann einem Kind besser zeigen, dass es okay ist, das eigene Geschlecht auf unterschiedliche Art und Weise auszudrücken, als ein Umfeld, welches das auch tut. Ohne Männer mit Nagellack, die das Kind im Alltag erlebt, wird es viel länger dauern, einem Kind zu erklären, dass es den immer tragen darf und kann, auch wenn es in der Kita dafür kritisiert wird. Viel besser wirkt (auch für die ganze Kita-Gruppe) ein klares Vorbild in Form eines erwachsenen Mannes, der einfach ohne weitere Aufregung Nagellack trägt oder einen Rock, wie in dem schönen Kinderbuch *Der Junge im Rock*.

Natürlich müssen Eltern für eine gute Vorbildfunktion nicht anfangen, sich komplett geschlechtsnonkonform zu verhalten. Aber es tut immer gut, Beispiele im eigenen Umfeld zu suchen und sie den Kindern in Erinnerung zu rufen, wenn diese normative Vorstellungen, denen sie ausgesetzt waren, wiedergeben. Und vielleicht tut es ja auch uns Eltern gut, sich daran zu erinnern, dass mehr erlaubt ist, als wir uns selbst zugestehen.

Für Kinder ist es nicht wichtig, in einer heteronormativen Kleinfamilie aufzuwachsen. Denn das ist es, was meist gemeint wird, wenn Menschen davon sprechen, dass Kinder klare Rollenvorbilder bräuchten: dass kleine vermeintliche Jungs sehen sollen, wie der große starke Papa das Geld verdient, und kleine vermeintliche Mädchen sehen sollen, wie die hübsche nette Mama den Haushalt führt. Gemeint sind meist Rollenvorbilder aus den 1950ern, aufgewärmt von den Ewiggestrigen.

Ich stimme völlig zu, dass gute Rollenvorbilder für Kinder wichtig sind. Allerdings im Sinne vielfältiger Repräsentation. Für Kinder ist es enorm wichtig, sich selbst in anderen wiederfinden zu können! Eben darum setze ich mich für Geschlechtsoffenheit ein. Weil sehr viele Kinder sich selbst überhaupt nicht wiederfinden können. Weil es zu wenig Rollenvorbilder gibt für zarte Jungs, impulsive Mädchen, in sich ruhende nicht binäre Kinder, dicke Kinder, Schwarze Kinder, Kinder of Color, behinderte Kinder …

Das Gefühl, anders zu sein, allein zu sein, das macht bitter. Darum ist Repräsentation wichtig.

»Aber mein Kind ist eben einfach ein typisches Mädchen/ein typischer Junge!«

Es spricht absolut nichts dagegen, wenn Kinder sich aus einer breiten Palette an Möglichkeiten dafür entscheiden, so zu sein, dass sie als sehr geschlechtskonform wahrgenommen werden.

Meist ist das aber gar nicht der Fall. Viel häufiger passiert es, dass unbewusst Stereotype verstärkt wurden. Da hat das Kind eine kurze Phase, in der Rosa die Lieblingsfarbe ist, und schwupps ist alles rosa und es wird von allen Seiten bekräftigt, dass das Kind ja auch wirklich süß in Rosa aussähe.

Das heißt nicht, dass es in irgendeiner Form falsch wäre, Kindern ihre aktuelle Lieblingsfarbe für ihre Dinge zu ermöglichen. Es heißt vielmehr, dass wir uns selbst immer wieder fragen sollten, ob wir Dinge gerade für das Kind tun, das wir haben, oder für das Bild in unserem Kopf über das Kind, das wir haben. Es ist in vielen zwischenmenschlichen Beziehungen ein Phänomen, eine innere Erwartungshaltung zu haben, wie die andere Person ist, ein inneres Bild über die Identität dieses Menschen, und unsere Interaktionen passen wir diesem Bild an statt dem Menschen.

Wenn es um Geschlecht geht, dann kommt noch hinzu, dass wir eine Erwartungshaltung darüber haben, wie das Geschlecht, von dem wir annehmen, dass unser Kind es hat, sich sozial angemessen verhält.

Ein Kind, dem männlich zugewiesen wurde, nennen wir es der Einfachheit halber John, und das zu seinem ersten Geburtstag einen Ball geschenkt bekommt, den es dann fröhlich mit dem Fuß von sich kickt, wird direkt als kleiner Fußballer angesehen. Haben wir es hingegen mit einem Kind zu tun, welchem weiblich zugewiesen wurde, nennen wir es Semiha, und das den gleichen Ball mit ebenso großer Freude kickt, passiert das nicht, denn es entspricht nicht unserer Erwartungshaltung über das vermeintliche Geschlecht des Kindes. Während John bald darauf ein Trikot geschenkt bekommt und dann mit Papa und Opa zum ersten Mal ein Fußballspiel gucken darf, kriegt Semiha einen Puppenwagen, in welchem es dann den Ball spazieren schiebt. Ich habe einmal ein Kind gesehen, welches vielleicht drei Jahre alt war und auf dessen T-Shirt »Spielerfrau 2035« stand. Wenn meine Alterseinschätzung stimmt, wird das Kind 2035 etwa 19 Jahre alt sein. Das ist sicherlich ein extremes Beispiel, aber es spiegelt etwas wider, was gesellschaftlich sehr etabliert ist: Fußball ist ein Männerding, Frauen beim Fußball sind nicht aktiv, sondern höchstens einem Mann zugehörig. Ein Kind, das einen Fußball bekommt und diesen zum Fußballspielen benutzt, wird viel wahrscheinlicher darin bestärkt, dass Fußballspielen genau sein Ding ist, wenn dieses Kind für männlich gehalten wird.

Es ist nicht so, dass wir eine bewusste Entscheidung darüber treffen, dass wir John so und Semiha anders behandeln. Hier greifen verinnerlichte Stereotype unbewusst in unser Handeln ein. Darum ist es so wichtig, dass wir uns diese bewusst machen, hinterfragen und uns überlegen, wie wir handeln wollen.

Grundsätzlich ist es so, dass wir Dingen, die unserer Erwartungshaltung entsprechen, eine größere Bedeutung beimessen. Dinge, die unserer Erwartungshaltung widersprechen, blenden wir eher aus. Dass John also andauernd Semihas Puppenwagen durch die Gegend schiebt, ist für unser inneres Bild über John nicht so relevant wie die wenigen Male, die er den Ball schießt, weil es eben nicht der Erwartung entspricht, mit der wir die Situationen bewerten.

Vielleicht ist das vermeintlich typische Mädchen tatsächlich ein typisches Mädchen. Vielleicht ist das typische Mädchen aber sehr viel komplexer, und einige Dinge, die es mag, sind Dinge, die üblicherweise von Mädchen erwartet werden. Vielleicht schminkt das Kind sich gern, sucht sich mit großem Enthusiasmus jeden Tag ein neues Outfit aus und liebt alles, was rosa ist und glitzert – klettert aber zeitgleich auf die höchsten Bäume, flucht so, dass Erwachsene zusammenzucken, und prügelt sich leidenschaftlich.

»Das mag zu Hause funktionieren, aber wie soll das im Kindergarten und in der Schule gehen?«

Ist es ein Junge oder ein Mädchen? Das ist tatsächlich oft eine der ersten Fragen, wenn ein Kind in Kita, Schule oder andere Bildungseinrichtungen kommt. Oft auch aus einem Bestreben heraus, ein ausgewogenes »Geschlechterverhältnis« zu haben.

In unserem Kindergarten wurden die Kinder morgens gezählt nach »Wie viele Jungen/Mädchen sind da?« Dabei haben die Erzieher_innen den Kindern eines der beiden Geschlechter zugewiesen. Ziel war es, dass die Kinder im Zehner-Bereich zählen lernen und die älteren Kinder erste Addition (Wir sind heute 5 Mädchen und 6 Jungen, wie viele Kinder sind heute also da?). Ich sprach mit den Erzieher_innen darüber, weshalb ich das problematisch finde, und es wurde danach anders gezählt: zum Beispiel alle Kinder mit Zöpfen und alle Kinder ohne Zöpfe oder alle Kinder mit Gummistiefeln und alle mit anderen Schuhen … Für geschlechtliche Zuordnung wurde ein anderes Angebot gemacht: »Alle Kinder, die Mädchen / Jungen sind, machen mal einen Schritt nach vorn!« Idealerweise, ohne das zu bewerten (also ohne Kommentare wie »Giovanni, du bist doch ein Junge, komm mal nach vorn!«) oder zu korrigieren (»Nein, Samira, du bist doch kein Junge, geh mal wieder zurück und komm gleich nach vorn, wenn die Mädchen dran sind!«).

Schultoiletten sind oft binärgeschlechtlich getrennt, der Sportunterricht findet teilweise noch immer sortiert nach »Mädchen« und »Jungen« statt. Umkleiden und Zimmerbelegung bei Schulfahrten? Alles aufgeteilt in zwei Kategorien. Bei älteren Kindern wird dabei oft als Argument angeführt, dass die Kinder in Obhut der Lehrkräfte ja schwanger werden könnten. Das ist nicht nur heteronormativ, sondern auch reichlich naiv: Wenn Teenies Sex haben, wissen sie auch, dass dazu kein gemeinsames Schlafzimmer notwendig ist. Als anderes Argument wird sexualisierte Gewalt ins Feld geführt. Können die Jugendlichen selbst entscheiden, dann werden sie aber in der Regel vor allem andere Jugendliche wählen, mit denen sie sich sicher fühlen. Gewalt, auch sexualisierte, findet auch in »reinen Mädchenzimmern« statt.

Dieses binäre Aufteilen ist nicht nur für trans Kinder ein Problem, sondern führt auch immer wieder zu unterschiedlicher Förderung schulischer Leistungen.

Ich selbst habe, zum Leidwesen meiner Lehrkräfte, in meiner Schulzeit teilweise Strichlisten geführt, um meinen Lehrkräften aufzuzeigen, wie oft sie »Jungen« im Vergleich zu »Mädchen« aufriefen. Es war ein Trauerspiel. Eines der extremsten Beispiele war folgendes: Während eines der vermeintlichen Mädchen (von 21 in der Klasse) ganze vier Mal aufgerufen wurde, wurde von den vermeintlichen Jungen (von 7 in der Klasse) dreizehn Mal einer drangenommen. Meist war es nicht ganz so dramatisch, aber der Unterschied war immer da.

Aber wie funktioniert geschlechtsoffene Erziehung nun in Bildungseinrichtungen? Optimalerweise, indem Erzieher_innen und Lehrkräfte mit an Bord geholt werden.

Es ist schwierig, immer das Elter zu sein, das auf Diskriminierung aufmerksam macht. Das kann auch die Kinder ins Aus stellen. Wie bereits im Abschnitt »Lehrmaterial an der Schule« geschrieben, ist es sinnvoll, zu gucken, welche Kämpfe möglich sind. Oft lassen sich in Bildungs- und Betreuungseinrichtungen einzelne Verbündete finden, mit denen gemeinsam es leichter ist, die Situation in diesen Einrichtungen zu verändern.

Manchmal geht das aber einfach gar nicht. Dann ist es umso wichtiger, dass die Kinder zu Hause die Offenheit erfahren, die ihnen im sonstigen Umfeld fehlt.

»Aber was ist mit Mobbing?«

Viele, mit denen ich über geschlechtsoffene Erziehung spreche, tragen eine ganz große Sorge in sich: Was ist, wenn sie Kinder zu Mobbingopfern machen? Sie möchten ihrem Kind gern freie Entfaltungsmöglichkeiten bieten, aber es auch schützen. Das ist verständlich. Die meisten Menschen, die mit Kindern leben, wollen diese beschützen. Kein Elter sagt: »Also, ich wünsche mir für mein Kind, dass es mal so richtig ausgiebig gemobbt wird. Am besten, bis es die Schule wechseln muss!« Aber ein Kind nicht es selbst sein zu lassen, schützt nicht vor Mobbing.

Andersartigkeit wird häufig als Grund für Mobbing genannt. Normabweichungen sind Angriffspunkte. Ein Junge, der gern rosa Kleider trägt, oder ein Mädchen, das kurze Haare hat und Kampfsport macht, oder ein Kind, das sich nicht binärgeschlechtlich verortet, erscheinen besonders gefährdet.

Aber was geben wir Kindern mit, wenn wir sie auffordern, sich lieber anzupassen, um nicht eventuell gemobbt zu werden? Und was sagen wir ihnen, indem wir ihnen beibringen, dass es an ihnen ist, sich anzupassen?

»Du bist gut so, wie du bist, aber andere sehen das vielleicht nicht so, darum verstell dich lieber, damit dich keine_r ärgert« ist keine besonders ermächtigende Botschaft. Unauffällig sein, sich anpassen, das sind Überlebensmechanismen und es kann gute Gründe geben, diese dem Kind anzuraten. Gerade migrantische Menschen berichten immer wieder davon, es sich eben nicht leisten zu können, auch auf der Geschlechterebene noch aus gesellschaftlichen Normen auszubrechen. Dort wo schon viele Augen auf einen Menschen gerichtet sind, ist jede Normabweichung mehr Angriffsfläche, noch mehr zu ertragen, noch mehr auszuhalten.

Ich verstehe alle Eltern, die ihre Kinder vor Mobbing schützen wollen, aber der beste Schutz vor Mobbing ist, Kinder dazu zu erziehen, andere Kinder nicht zu mobben. Kein Selbstbewusstsein der Welt schützt vor einer Klassengemeinschaft, die sich gegen ein Kind verschworen hat, weil es einen komischen Pickel hat, einen lustigen Namen oder einfach nur die falschen Socken trägt, und fortan immer wieder nach Dingen gesucht werden, die als Aufhänger für Mobbing genutzt werden können. Selbstsicherheit und die

Gewissheit, sich immer vertrauensvoll an Erwachsene wenden zu können, die dem Kind bedingungslos zur Seite stehen, sind kein Schutz vor Mobbing, aber die besten Werkzeuge, damit das Mobbing nicht zu schlimm wird. Es kann aber auch bei den selbstsichersten Kindern mit den unterstützendsten Eltern zu schlimmen Mobbingfällen kommen. Denn das Problem sind nicht die Kinder, die gemobbt werden, sondern die Kinder, die mobben.

Hand aufs Herz: Die Wahrscheinlichkeit, dass unsere Kinder gemobbt werden, ist sehr viel kleiner als die, dass unsere Kinder andere Kinder mobben oder Mobbing geschehen lassen. Die Zahl der Opfer ist bedeutend geringer als die der Täter_innen, Mitlaufenden und Schweigenden. Es ist also auch wichtig, uns selbst zu fragen, was wir tun können, damit unsere Kinder andere Kinder nicht mobben. Damit unsere Kinder sagen: »Stopp! Das ist nicht okay!«, wenn sie mitbekommen, dass andere Kinder gemobbt werden.

Das ist ein unbequemer Gedanke. Wer setzt sich schon gern damit auseinander, dass Kinder (womöglich sogar die eigenen) zu Täter_innen werden? Aber es ist ein Irrglaube, dass mobbende Kinder aus lieblosen Verhältnissen stammen und nur ihre eigenen erlebten Traumata an anderen auslassen. Auch liebevolle Elternhäuser bringen Kinder hervor, die mitmachen, wenn andere fertiggemacht werden. Dazugehören zu wollen ist ein großer Motivator menschlichen Verhaltens. Menschen sind soziale Wesen, und Gruppenausschluss bedeutet eine massive Beschränkung. Also machen viele Kinder mit. Es ist leichter, sich schweigend in eine Gruppe von laut mobbenden Kindern zu stellen, als sich deutlich gegen diese Gruppe zu stellen. Vermitteln wir unseren Kindern, dass Vielfalt normal ist und »Andersartigkeit« nichts Schlechtes, dann stärken wir sie, egal ob sie selbst anders sind oder nicht.

»Davon wird er doch schwul!«

Mein erster Impuls auf solche Aussagen ist immer die Antwort: »Na und?« Dann wird er halt schwul. Ich werde es wohl nicht mehr erleben, dass Eltern zu hören kriegen: »Aber habt ihr keine Angst, dass sie hetero wird?« Dabei wäre das eine viel berechtigtere Angst, denn die meiste häusliche Gewalt erleben Frauen in Beziehungen mit Männern durch ebendiese Männer, mit denen sie in Beziehung sind. Auch schwule Menschen kriegen reichlich Gewalt ab. Von daher: Natürlich kann es uns Sorgen machen, dass in einer Gesellschaft, die schwule Menschen nicht ausreichend schützt, unser Kind schwul wird.

Aber gucken wir uns das Argument doch einmal an. Tatsächlich gibt es strukturell ähnliche Argumente auch mit »sie könnte lesbisch werden« oder »du machst das Kind trans«. Doch zumeist geht es darum, dass Kinder, die für Jungen gehalten werden, »verweichlichen« könnten – indem sie schwul werden oder trans weiblich oder einfach nur geschlechtsnonkonform, »weibisch«, »mädchenhaft«. Die Gründe dieser Sorge sind viel Misogynie (Frauenfeindlichkeit) und natürlich Homofeindlichkeit. Schwul sein wird assoziiert mit femininen Eigenschaften, und feminine Eigenschaften sind per se weniger wert als »maskuline« Eigenschaften.

Das ganze Konzept »Männlichkeit« funktioniert ausschließlich darüber, nicht weiblich zu sein. Darum funktionieren »schwul« und »Du Mädchen!« auch so gut als Beleidigungen. Selbst Mädchen wollen zum Beispiel keine »Heulsuse« sein. Dadurch dass Männer und Männlichkeit gesellschaftlich nicht nur als das Starke, sondern sogar als das Normale betrachtet werden, ist jede Abweichung davon gleich einer Abwertung. Ein schwuler Junge ist kein »richtiger« Mann, weil zu dem Konstrukt der Männlichkeit dazugehört, dass Männer heterosexuell sind. In »The Mask You Live In« fasst Dr. Way das zusammen: »Jungen treten in eine Kultur der Maskulinität ein, welche diese bizarre Gleichung macht, dass männliche Intimität mit Sexualität verknüpft sein muss. Sie beginnen Dinge zu sagen wie: ›Ich fühle mich ihm nah, nicht schwul gemeint‹, ›Er ist cool, nicht schwul gemeint.‹ Es gibt also diese konstante Illusion, dass jedes Zeichen von Intimität als potenziell schwul wahrgenommen werden wird und dass, wenn du normal bist, du kein Verlangen nach männlicher Intimität hast.«[3]

»Scheiß Schwuchtel!«, »Das ist doch schwul!« ist (nicht nur) auf deutschen Schulhöfen eine Beleidigung. Männlich zu sein ist in unserer Gesellschaft unmittelbar verknüpft mit den Konzepten großer sexueller Aktivität mit Frauen. Alles andere bedeutet, in der eigenen Männlichkeit hinterfragt zu werden. Schwul sein erscheint deshalb als etwas Gruseliges, Unerwünschtes, wovor wir unsere Kinder bewahren sollten. Kinder werden aber nicht durch geschlechtsoffene Erziehung schwul, sie sind es einfach.

Die Idee, dass sich Kindern eine sexuelle Orientierung oder ein Geschlecht anerziehen ließe, kommt erstaunlicherweise zumeist von jenen Menschen, die zeitgleich der festen Überzeugung sind, es gäbe nur zwei Geschlechter, die sich eindeutig am Äußeren eines Menschen ablesen lassen, und nur eine korrekte Sexualität – und alles andere nicht für menschliche Vielfalt, sondern für krankhafte Abweichungen halten. Wenn dem so wäre, dann würde aber ja auch eine offene Erziehung daran nichts verändern. Sexuelle, romantische und geschlechtliche Identität sind Veranlagung. Was sich durch die Erziehung beeinflussen lässt, ist, inwieweit Kinder mit dieser Veranlagung gut und offen leben können. Das Kind wird also nicht schwul, es darf aber schwul sein, wenn das ist, wie es nun einmal ist.

»Das ist doch Frühsexualisierung!«

Das Argument der Frühsexualisierung ist eines, das vom rechten Rand in die Mitte der Gesellschaft gewandert ist. Tatsächlich hat das Wort eine lange rechte Historie und wird immer wieder aus der Mottenkiste geholt, wenn es um vielfältige Formen zu lieben und zu leben geht.

Meist wird hierbei schnell auf Pädophilie verwiesen. Wer sich jetzt denkt »Hä? Das hat doch gar nichts miteinander zu tun?«, hat recht. Das hat gar nichts miteinander zu tun, aber wenn Zusammenhänge zu sexualisierter Gewalt an Kindern aufgemacht werden, auch wenn diese überhaupt nicht existieren, dann gehen Bezugspersonen von Kindern sehr schnell in einen Schutzmodus. Dieses oder andere Scheinargumente kommen häufig in Diskussionen um geschlechtsoffene Erziehung auf.

Wenn Kinder alt genug sind, um sie basierend auf ihren Genitalien in die Schubladen »Mädchen« oder »Junge« zu stecken, sind sie auch alt genug, um etwas über geschlechtliche Identität zu lernen. Es geht darum, Kinder zu ermutigen und zu unterstützen, so zu sein, wie sie sind.

Von zu früher Sexualisierung und Romantisierung wird leider nie gesprochen, wenn kleine vermeintliche Mädchen T-Shirts angezogen bekommen, auf denen steht: »Sorry Boys, Daddy said no Dating!« (Tschuldigung, Jungs, Papi hat mir Dates verboten).

Wenn Kinder bereit sind, etwas von Prinz und Prinzessin zu hören, die sich lieb haben, dann sind sie auch bereit, etwas von Tänzer und Superheld, die sich lieb haben, zu hören oder von Seeräuberin und Tierärztin, die sich lieb haben, oder von der Königin, die sich in den Stallburschen und die Köchin verliebte, und wenn sie nicht gestorben sind, leben alle drei gemeinsam glücklich und zufrieden.

Wenn Kinder alt genug sind, um zu lernen, dass Penisse in Vaginen eingeführt werden, dann sind sie auch alt genug, etwas darüber zu lernen, wie zwei Menschen mit Penis oder zwei Menschen mit Vulva Sex haben. Das ist kein Wissen für das nächste Level, das nur freigeschaltet wird, wenn das Kind aus irgendwelchen Gründen damit in Berührung kommt.

»Ihr wollt Kinder nur für eure Ideologie instrumentalisieren!«

Die kurze Antwort auf diesen Vorwurf lautet: Ja, stimmt.

Die ausführliche Antwort ist etwas komplexer. Alle Eltern erziehen Kinder nach ihrem Weltbild. Erwachsene behandeln Kinder so, wie Kinder ihrer Ansicht nach behandelt werden sollten.

Aber Ideologie und Instrumentalisieren, das sind Kampfbegriffe. Sie sollen bedeuten, dass hier Eltern ihre Kinder benutzen, ausnutzen, um ihre eigene, in den Augen der Kritiker_innen falsche, Weltanschauung zu verbreiten.

Kinder instrumentalisieren, das soll böse und falsch klingen. Ähnlich wie bei der angeblichen Frühsexualisierung auch, wird hier mit Emotionen gespielt, um zu erreichen, dass Menschen sich gegen geschlechtsoffene Erziehung positionieren.

Was ist denn nun meine Ideologie?

Ich bin zutiefst davon überzeugt, dass Menschen vielfältig sind und wir ein gutes, liebevolles Miteinander brauchen, um den Herausforderungen zu begegnen, die auf uns zukommen, und um zu einer Gesellschaft zu werden, in der ich meine Kinder gern groß werden lasse. Ich bin davon so sehr überzeugt, dass ich diese Überzeugung meinen Kindern mitgeben möchte. Ich bin sogar so sehr davon überzeugt, dass ich ein Buch darüber schreibe!

Es ist nun aber keineswegs so, dass Kinder, die nicht geschlechtsoffen aufwachsen, keiner Ideologie ausgesetzt wären. Im Gegenteil. Gerade die Menschen, die das Zwei-Geschlechter-Eine-Sexualität-Modell ganz vehement verteidigen, sind darin oft so sehr ideologisch, dass sie sich in Hass versteifen.

Menschen, die mir vorwerfen, ich würde meine Kinder instrumentalisieren, sind die gleichen Menschen, die mir in den sozialen Medien Hassnachrichten schicken. Es ist müßig, mit diesen Menschen zu diskutieren, da sie in der Regel keine Offenheit mitbringen, andere Weltbilder auch nur im Ansatz als legitim zu betrachten.

»Hast du denn keine anderen Probleme?«

Diese Frage ist natürlich kein wirkliches Argument, wird aber häufig gestellt. Sie soll heißen: Ach dieser Geschlechterquatsch, guck doch mal, was für andere *ernsthafte* Probleme es in der Welt gibt, und setz dich gegen die ein! Meist kommt das von Menschen, die sich ihrerseits gar nicht für die »anderen Probleme« einsetzen.

Ich möchte das kurz ernst nehmen, denn natürlich habe ich andere Probleme. Viele davon habe ich auch bereits angerissen.

Bedauerlicherweise haben fast all meine anderen Probleme mit Sexismus zu tun und damit, dass wir kleine Kinder in Geschlechterschablonen pressen.

Die Klimakrise? Das ist aktuell eines meiner größten Probleme. Wenig überraschend ist auch das Thema eng verknüpft mit Vorstellungen über Männlichkeit. Männer leben weniger oft vegan oder vegetarisch, weil das als unmännlich gilt, ebenso schmeißen sie häufiger Müll in die Natur und setzen sich seltener für Klimabelange ein. Zeitgleich fahren sie öfter Luftverpester und leiten die Unternehmen, die hauptsächlich ursächlich für Schadstoff-Emissionen sind. Tier- und Klimaschutz gelten als »Frauenthemen«. Über Greta

Thunberg wird sich unter anderem deshalb lustig gemacht, weil sie ein Mädchen ist. Die Schwarzen Aktivist_innen, die indigenen Aktivist_innen und die Aktivist_innen of Color, deren Namen kaum bekannt sind, wie etwa Vanessa Nakate, Wangari Maathai, Nadia Nazar, Isra Hirsi, Xiye Bastida und Amariyanna Copeny, zeigen unmittelbar ein anderes großes Problem auf: Rassismus. Denn obwohl insbesondere BIPoC[4] bereits jetzt und heute unter den Auswirkungen der Klimakrise leiden, ist die Debatte um die Klimakrise oft eine, die sich um weiße Aktivist_innen zentriert, die mit Bewegungen wie »Fridays for Future« auch mitunter den Eindruck schüren, es handle sich bei der Klimakrise um ein zukünftiges Problem, kein gegenwärtiges.

Ich bin nicht von Rassismus betroffen. Ich kann und will mir also nicht herausnehmen, darüber umfassend aufzuklären. Es gibt Schwarze Menschen, indigene Menschen und Menschen of Color, die das unermüdlich tun und von denen auch ich gelernt habe. Lest beispielsweise Noah Sow, Alice Hasters und Tupoka Ogette (siehe auch Leseempfehlungen). Folgt BIPoC auf den sozialen Medien, hört ihnen zu und verstärkt ihre Stimmen, kauft ihre Bücher und bezahlt sie für ihre Aufklärungsarbeit. Aber ja, auch Rassismus und Sexismus sind eng verknüpft, denn das Zwei-Geschlechter-Eine-Sexualität-Modell ist Teil weißer Unterdrückungsstrukturen.

Davon können wir direkt übergehen zum aktuellen Rechtsruck in Europa. Ausführlich hat Herbert Renz-Polster in seinem Buch *Erziehung prägt Gesinnung* auseinandergenommen, »wie der weltweite Rechtsruck entstehen konnte – und wie wir ihn aufhalten können«. Denn Erziehung, die sich auf kindliche Selbstbestimmung und liebevolles Miteinander fokussiert, ist Teil dessen, was unsere Gesellschaft braucht, um nicht noch weiter nach rechts abzudriften. Es sollte nicht länger peinlich sein, als Mann ein Kleid zu tragen. Stattdessen sollten lieber die zutiefst beschämt sein, die zusehen, wenn Menschen im Mittelmeer ertrinken. Die, die den Mund nicht aufkriegen, wenn Tante Lieschen mal wieder über »die Ausländer« ablästert und damit selbstredend nicht den netten weißen französischen Nachbarn meint.

Von rechter Seite kommt als Vorwurf dann noch oft, es gäbe ja genug »deutsche« Probleme, wie zum Beispiel Obdachlosigkeit und Kinderarmut. Nun ist es aber mitnichten so, dass Rechtskonservative und Rechtsextreme und ihre Wähler_innenschaft sich besonders verdient machen würden im Kampf gegen Obdachlosigkeit und Kinderarmut. Und ja, beides sind Themen, die mit »dem Geschlechterthema« zusammenhängen. Welche Kinder sind übermäßig oft von Kinderarmut betroffen? Die Kinder von alleinerziehenden Frauen. Welche Menschen geraten übermäßig häufig in Obdachlosigkeit? Männer, die es nicht geschafft haben, Hilfe anzunehmen. Wer ist in Obdachlosigkeit am meisten von Gewalt betroffen? Frauen, die obdachlos geworden sind.

Ich habe also auch andere Probleme (sogar noch mehr als hier aufgeführt). Sie hängen aber alle auch damit zusammen, dass wir uns selbst und unsere Kinder in immer enger werdende Geschlechterschablonen pressen.

Oma sagt, ich bin ein Mädchen, aber das stimmt nicht – wenn Kinder trans sind

Dieses Kapitel ist nicht nur für die, deren Kind trans ist. Es ist für alle, denn trans Kinder müssen beschützt werden. Zu viele von ihnen wachsen in einem nicht unterstützenden Umfeld auf. Jede Unterstützung, die sie von außerhalb bekommen, kann für sie lebensrettend sein. Alle trans Kinder sollten die Möglichkeit haben, aufzuwachsen wie Ricarda.

»Ich kann eigentlich nicht sagen, seit wann ich weiß, dass ich trans bin. In meiner Familie gab es aber einen Zeitpunkt, an dem ich meinen Müttern sagte, dass ich kein Junge bin. Das war in der 4. Klasse. Meine Eltern haben die Nachricht offen angenommen und unterstützen mich seitdem. Ich wurde von meiner Familie sofort mit dem neuen Namen und dem richtigen Pronomen angesprochen.
Auch in der Schule gab es keine Probleme mit der Umstellung. Ich habe von allen Seiten Unterstützung erfahren. Wenige Wochen nach meinem Coming-out bei meinen Eltern hatte ich eine Therapeutin, Ärzte, Lehrkräfte und Familie, die mich auf meinem Weg unterstützen. Ich habe inzwischen meine neue Geburtsurkunde und damit offiziell auch meinen alten Namen ablegen können.
Ich kann einfach ich sein und bin sehr froh, dass ich nicht jahrelang dafür kämpfen musste.« Ricarda (12)

Wie viele trans Personen genau es gibt, ist nicht bekannt. Die Zahlen sind sehr verschieden, je nachdem, wer sie unter welchen Gesichtspunkten erhebt. Eine anonyme Umfrage unter US-amerikanischen Teenagern aus dem Jahre 2019 zeigte, dass etwa eines von fünfzig Kindern trans ist.[1] Das hieße, trans Personen machen etwa zwei Prozent der Gesellschaft aus. In einer durchschnittlichen zweizügigen Schule in Deutschland gäbe es demnach pro Jahrgang ein trans Kind. Eine andere Studie aus Pittsburgh unter Leitung von Dr. Kacie Kidd besagt, dass eins von zehn Kindern »gender divers«, also nicht binär und/oder trans ist.[2] Das wären dann zwei bis drei Kinder pro Klasse in einer durchschnittlichen deutschen Schule mit einer Klassenstärke von circa 25 Kindern.

Umfragen mit Selbstidentifikationsmöglichkeit sind in der Regel näher an dem Anteil der Menschen, die trans sind, als andere Erhebungen, die beispielsweise nur die Menschen erfassen, die medizinische Transitionsschritte in Angriff genommen haben. Das ist nämlich etwas, das weder alle trans Personen möchten, noch ist es etwas, das für alle trans Personen zugänglich ist.

Je nach Statistik finden sich also Zahlen zwischen zwei bis zehn Prozent von Kindern und Jugendlichen, die trans und/oder nicht binär sind. Unter älteren Personen ist die obere Zahl geringer – das liegt aber auch an fehlender Sprache und mangelnder Repräsentation. Wer nicht weiß, dass »kein Geschlecht« oder »ein anderes Geschlecht« mögliche Optionen sind, kann oft eben sich selbst nicht benennen.

Wie groß die genaue Zahl ist, ist letzten Endes jedoch egal – beschützt werden müssen trans und/oder nicht binäre Kinder in jedem Fall, egal ob es zwei von 100 oder zehn von 100 Kindern sind, denn sie sind in besonderem Maße gefährdet.

Stimmt das Geschlecht eines Kindes nicht oder nicht vollständig mit dem überein, was ihm zugeschrieben oder zugewiesen wurde, wird es auf gesellschaftliche und rechtliche Hürden stoßen. Diskriminierende Gesetze, Begutachtungszwang, übergriffige Ärzt_innen, Erwachsene, die besser zu wissen glauben, was das Kind braucht, als das Kind selbst. In diesem Kapitel geht es also um trans Kinder und wie wir sie begleiten und schützen können. Dabei wird es auch um das Thema Transfeindlichkeit und ihre Folgen gehen, also um Suizid, Depressionen und andere psychische Erkrankungen, um Mord, körperliche und psychische Gewalt.

Aber was genau ist denn dieses »trans« jetzt?

Was heißt trans? Was heißt es, trans zu sein?

Wie im Kapitel »Von Schniedelwutz und Schneckchen« dargelegt, ist trans ein Adjektiv, um zu beschreiben, dass das tatsächliche Geschlecht eines Menschen von dem Geschlecht abweicht, welches ihm zugewiesen wurde. Wird ein Kind geboren und die Erwachsenen um es herum sagen: »Das ist ein Mädchen«, aber tatsächlich handelt es sich um einen Jungen, ist das Kind trans. Vermutlich wird es aber eine Zeit brauchen, um das formulieren zu können. In den ersten Lebensjahren wird dieses Kind also aufwachsen, während es von allen Seiten für ein Mädchen gehalten werden.

Die geschlechtsoffene Erziehung würde hingegen versuchen, dem Kind trotz des zugewiesenen Geschlechts nicht beständig zuzuschreiben, ein Mädchen zu sein. Vielleicht würde es sogar gelingen, dem Kind die Möglichkeit zu geben, über sein eigenes Geschlecht eine Aussage zu machen, bevor andere Zuschreibungen machen.

Viele, aber nicht alle trans Personen wissen schon sehr früh in ihrem Leben, dass sie trans sind. Der Widerspruch zwischen dem eigenen Geschlecht und dem, wie die Außenwelt das Kind behandelt aufgrund des Geschlechts, das ihm zugeschrieben wird, kann eine sehr große Belastung für trans Kinder sein.

Auch viele nicht binäre Menschen, also Menschen, die ein Geschlecht haben, das nicht oder nur teilweise männlich / weiblich ist, sind trans. Ob eine Person sich selbst als trans bezeichnet oder nicht, sollte von der entsprechenden Person erfragt werden. Die meisten nicht binären Personen, die ich kenne, mich eingeschlossen, bezeichnen sich auch als trans.

Nicht binäre Geschlechter gibt es unzählige, viele Menschen finden Worte für sich, die sie mit anderen teilen. Das Internet ist voll von Begriffen für das eigene geschlechtliche Erleben. Einige, die häufig verwendet werden, sind zum Beispiel:

* genderqueer, ein Geschlecht, das einfach grundsätzlich queer ist, sich im Zwei-Geschlechter-Modell einfach nicht verorten lässt
* genderfluid, ein Geschlecht, das zwischen zwei oder mehr Geschlechtern hin und her fließt
* demiboy / demigirl, ein Geschlecht, das zu einem Teil männlich bzw. weiblich ist und ansonsten etwas anderes
* agender, die Abwesenheit von Geschlecht
* neutrois, ein Geschlecht, das neutral ist

Wie genau Menschen sind, die diese Geschlechter haben, ist ebenso verschieden, wie Frauen oder Männer sich untereinander unterscheiden. Es gibt nicht die eine Art, nicht binär zu sein.

Das Gegenteil von trans ist cis: Wird ein Kind geboren und die Menschen, die das Kind sehen, sagen: »Das ist ein Junge!«, und dieses Kind ist auch tatsächlich ein Junge, ist es cis.

Die Begriffe trans und cis sind nicht nur in Bezug auf Geschlecht gebräuchlich. Beide werden in vielen Kontexten als Vorsilbe gebraucht: transatlantisch und cisalpin zum Beispiel. Die Worte stammen aus dem Lateinischen, »trans« bedeutet so viel wie »jenseits« und »cis« so viel wie »diesseits«. Wer cis ist, befindet sich diesseits des Zwei-Geschlechter-Modells, wer trans ist, befindet sich jenseits des Zwei-Geschlechter-Modells.

Erst im Jahre 2019 hat die WHO beschlossen[3], trans zu sein nicht länger als psychische Krankheit zu listen. Zuvor wurde nicht differenziert zwischen dem krankheitswertigen Erleben, dass einige trans Personen haben, und dem Transsein an sich. Trans Menschen wurden psychopathologisiert. »Wird jedoch eine historische Perspektive auf das Phänomen eingenommen, wird schnell deutlich, dass die Einordnung als psychische Störung mehr auf Einstellungen, Werten und Haltungen des 20. Jahrhunderts denn auf wissenschaftlicher oder klinischer Evidenz beruht.«[4]

Auch wenn die neuesten Richtlinien dahingehend verändert wurden, ist noch nicht ins gesamtgesellschaftliche Erleben vorgedrungen, dass trans zu sein keine Erkrankung ist. Auch die Darstellung von trans Personen in Büchern, Filmen und Serien trägt dazu bei. Die Dokumentation »Disclosure«[5] zeigt sehr eindringlich auf, wie die Darstellung von trans Personen in Hollywood-Filmen das gesellschaftliche Verständnis von trans Personen geprägt hat. Laverne Cox, selbst Schwarze trans Schauspielerin und unter anderem bekannt aus »Orange is the new black«, hat diese Dokumentation als ausführende Produzentin mitgestaltet und sagte dazu, dass »Repräsentation Herzen und Gedanken verändern kann, Leute inspirieren kann«, aber »kombiniert werden muss mit Bestrebungen, Ideologien, Institutionen, gesellschaftliche Ordnung und materielle Voraussetzungen des Lebens von Personen zu verändern«.[6]

Bis zum Jahr 2011 unterlagen trans Menschen in Deutschland einem Sterilisations- und Operationszwang, wenn sie ihren Namen und Geschlechtseintrag offiziell ändern lassen wollten. Mit dem Urteil Az. 2 BvR 3295/07 vom 11.01.2011 wurden diese Teile des TSG[7] außer Kraft gesetzt.

Sehr häufig wird Transsein mit einer sexuellen Orientierung verwechselt. Trans zu sein hat aber nichts mit sexuellen Präferenzen zu tun. Trans Personen können beispielsweise a-, bi-, hetero-, homo- oder pansexuell sein, ebenso wie cis Menschen auch. Die Frage bei sexueller (und auch bei romantischer) Anziehung ist »Von wem fühle ich mich angezogen?«. Die Frage bei Geschlecht ist Teil von »Wer bin ich?«.

Dennoch sind trans Personen Teil der LGBTQIA-Community, deren Diskriminierung auf Cis- und Heteronormativität beruht. Denn das Zwei-Geschlechter-Eine-Sexualität-Modell geht eben davon aus, dass es exakt zwei Geschlechter gibt, die sich eineindeutig an Körpern bei der Geburt ablesen lassen und die sich gegenseitig anziehend finden, weil das die Voraussetzung menschlicher Reproduktion sei.

So kommt es, dass trans zu sein zwar keine sexuelle Orientierung ist, aber oft in einem Atemzug mit sexuellen Orientierungen genannt wird. Das wiederum bringt dann Menschen auf den Plan, die eine Gefahr für Kinder wittern und Aufklärung von Kindern über geschlechtliche und sexuelle Vielfalt gleichsetzen mit sexualisierter Gewalt an Kindern.

In Ungarn ist derzeit zu beobachten, welche Ausmaße Queerfeindlichkeit annehmen kann: Selbst Bücher, in denen homosexuelle Menschen auch nur erwähnt werden, dürfen seit Juli 2021 nur noch in Sichtschutztüten verkauft werden.[8] In 200 Metern Umkreis um Schulen und andere Bildungseinrichtungen dürfen Bücher, Filme und Co., die LGBTQIA+ Menschen beinhalten, nicht verkauft werden.

Doch Aufklärung ist gut für alle Kinder, nicht nur für die, die selbst LGBTQIA+ sind. Vorstellungen davon, was »normal« ist, prägen alle Kinder und schaden allen Kindern. Egal ob das toxische

Männlichkeitsvorstellungen oder ob es frauenfeindliche Beziehungsideale sind. Es ermöglicht ihnen auch, ihre Freund_innen zu unterstützen.

»Die Schulleitung hat gestern den Lehrern VERBOTEN mich Tim zu nennen.
Die sind jetzt anscheinend verpflichtet mich bei meinem [D]eadname zu rufen.
Ob ich gerade ne halbe Stunde geheult hab? definitiv.«
Twitterte der 19-jährige Tim und erhielt darauf viel Zuspruch aus der trans Community. Einen Tag später konnte er berichten:
»ob meine Klasse zum Support ne trans Flagge kaufen, die ins Klassenzimmer hängen und jedem Schüler n Trans Shirt & Maske kaufen? oh ja. ich heule gleich vor Freude qwq« @itsme_timm

---

Es gibt oft die Beschreibung, trans Menschen wären »im falschen Körper« geboren. Auf viele trifft das aber nicht zu, und die meisten lehnen diese Beschreibung für sich selbst ab. Es wollen auch nicht alle trans Menschen ihren Körper verändern: Das größte Problem ist meist nicht der Körper, sondern zu was der Körper im sozialen Miteinander gemacht wird.

Trans zu sein ist ein Wissen über sich selbst, dass Menschen im Laufe ihres Lebens haben. So wie manche Menschen wissen, dass Schreiben voll ihr Ding ist, und andere, dass ihnen die Arbeit mit Kindern Erfüllung bringt oder die Arbeit mit ihren Händen.

»Forscher[_innen] konnten nachweisen, dass sich das Wissen um die geschlechtliche Zugehörigkeit unabhängig vom körperlichen Erscheinungsbild oder der Erziehung entwickelt. Beim geschlechtlichen Ausreifungsprozess des Menschen im Mutterleib spielen hormonelle und genetische Faktoren sowie ihr Zusammenspiel eine Rolle. Die körperlichen Geschlechtsmerkmale und das Gehirn können sich unabhängig voneinander ›geschlechtlich‹ entwickeln. Der Mensch, so vermuten Wissenschaftler, kommt mit einem im Gehirn verankerten Wissen um das eigene Geschlecht auf die Welt.«[9]

Es ist unklar, wie viel »handwerklich begabt sein« in Menschen angelegt ist und wie viel davon Erziehung und Prägung ausmachen, ebenso wie das beim Transsein unklar ist, auch wenn die Studienlage[10] sehr darauf hindeutet, dass das ebenso wie die sexuelle Orientierung eine Werkseinstellung ist: etwas womit Menschen geboren werden. Aber auch wenn es das nicht wäre, selbst wenn es eine Wahl wäre, eine Entscheidung darüber, so leben zu wollen: Menschen sollten so leben dürfen, wie sie es möchten.

Nein, das ist keine Phase

»Wenn ich als erwachsener Mann auf dieses Kind, das ich war, zurückblicke, erkenne ich natürlich in vielen Kleinigkeiten erste Anzeichen für mein heutiges Leben – doch als Kind selbst habe ich lange nicht gemerkt, dass ich vielleicht anders sein könnte als die meisten Mädchen. […] Je älter ich wurde und je sichtbarer sich mein Körper veränderte, desto stärker spürte ich, dass ich mich unpassend verhielt. […] Die Pubertät traf mich hart, und ich hatte keine Chance, mich zu wehren […].« Linus Giese, Ich bin Linus

Dass ein Kind trans ist, wird häufig früh im Leben eines Kindes deutlich. Viele trans Kinder formulieren mit großer Klarheit immer wieder »Ich bin ein Mädchen/Junge« oder »Ich bin kein Mädchen/Junge«. Darin unterscheiden sie sich von Kindern, die in Als-ob-Spielen andere Rollen erkunden.

Wenn Kinder auch außerhalb spielerischer Situationen immer wieder formulieren, dass sie das andere binäre Geschlecht haben als das, welches ihnen zugewiesen wurde, oder dass sie nicht das Geschlecht haben, welches ihnen zugewiesen wurde, dann kann das ein Zeichen sein, dass das Kind trans ist.

Andere Anzeichen können sein, dass das Kind körperliche und/oder soziale Dysphorie erlebt. Dysphorie beschreibt ein Unwohlsein über bestimmte Dinge, das zu Missmut, Vermeidung von Situationen, Angst, Traurigkeit und Gereiztheit führen kann. Dysphorie ist das Gegenteil von Euphorie.

Persönlich finde ich Euphorie den besseren Indikator für Transsein: Empfindet ein Kind zum Beispiel immer wieder Freude darüber, wenn andere Menschen es für ein anderes Geschlecht als das ihm zugewiesene halten? Ist es glücklich, wenn es von einer Gruppe Kinder angenommen wird, die das andere binäre zugewiesene Geschlecht haben?

Dysphorie dagegen führt eher dazu, dass das Kind zum Beispiel unglücklich ist über den eigenen Körper (»Ich will einen Penis!«) oder über soziale Situationen (»Ich will nicht immer bei den Jungen in der Umkleidekabine sein müssen!«).

In der aktuellen S3-Leitlinie zur Diagnostik, Beratung und Behandlung »Geschlechtsinkongruenz, Geschlechtsdysphorie und Trans-Gesundheit«[11] werden die folgenden diagnostischen Kriterien für geschlechtliche Dysphorie bei Jugendlichen und Erwachsenen im DSM-5 festgehalten:

A. eine seit mindestens sechs Monaten bestehende ausgeprägte Diskrepanz zwischen Gender und Zuweisungsgeschlecht, wobei sechs Einzelkriterien angeführt werden, von denen mindestens zwei erfüllt sein müssen, sowie
   1. Ausgeprägte Diskrepanz zwischen Gender und den primären

und/oder sekundären Geschlechtsmerkmalen (oder, bei Jugendlichen, den erwarteten sekundären Geschlechtsmerkmalen).

2. Ausgeprägtes Verlangen, die eigenen primären und/oder sekundären Geschlechtsmerkmale loszuwerden (oder, bei Jugendlichen, das Verlangen, die Entwicklung der erwarteten sekundären Geschlechtsmerkmale zu verhindern).
3. Ausgeprägtes Verlangen nach den primären und/oder sekundären Geschlechtsmerkmalen des anderen Geschlechts.
4. Ausgeprägtes Verlangen, dem anderen Geschlecht anzugehören (oder einem alternativen Gender, das sich vom Zuweisungsgeschlecht unterscheidet).
5. Ausgeprägtes Verlangen danach, wie das andere Geschlecht behandelt zu werden (oder wie ein alternatives Gender, das sich vom Zuweisungsgeschlecht unterscheidet).
6. Ausgeprägte Überzeugung, die typischen Gefühle und Reaktionsweisen des anderen Geschlechts aufzuweisen (oder die eines alternativen Gender, das sich vom Zuweisungsgeschlecht unterscheidet).

B. ein klinisch relevantes Leiden oder Beeinträchtigungen in sozialen, schulischen oder anderen wichtigen Funktionsbereichen.«

Geschlechtliche Dysphorie und Euphorie sind aber keineswegs etwas, das nur trans Personen erleben. Für viele cis Menschen ist es ebenso Dysphorie auslösend, wenn sie zum Beispiel für das andere binäre Geschlecht gehalten werden. Im Gegensatz zu trans Personen widerfährt ihnen das aber meist bedeutend seltener, sodass die Dysphorie im Gesamten keine so große Belastung darstellt.

Bisher habe ich im Buch schon häufig darüber gesprochen, dass zum Beleidigen von Männern/Jungen diese oft verweiblicht werden. Das funktioniert nicht nur darüber, dass ein Verweiblichen immer auch ein Abwerten ist, sondern auch darüber, dass das beständige Absprechen von Männlichkeit auch Dysphorie auslösen kann.

Dysphorie kann dazu führen, den Auslöser von Dysphorie zu vermeiden: Das kann bei cis Kindern dazu führen, dass sie übermäßig Stereotype reproduzieren, um zu beweisen, dass sie ihrem zugewiesenen Geschlecht entsprechen.

Ein beständiges Verweiblichen kleiner cis Jungen, das Benutzen von Weiblichkeit als Abwertung, kann also dazu führen, dass diese sich sehr stark in ein stereotypes männliches Rollenbild bewegen.

Dysphorie und Euphorie können auch ansonsten bei cis Personen über Dinge entstehen, die einfach aus den Stereotypen herausfallen. So kann auch ein cis Mann empfinden, dass an seinem Körper Brüste fehlen, und sich wünschen, er hätte welche. Aber eine Operation, ohne diese selbst zu zahlen (und selbst dann) oder ohne trans zu sein und entsprechende Gutachten und Hormontherapie zu haben, ist fast unmöglich, auch wenn der Leidensdruck durch die fehlenden Brüste sehr groß ist.

Viele Menschen sagen in einem ersten Impuls: »Na, das ist nur eine Phase.« Selbst wenn es aber »nur« eine Phase sein sollte, ist es wichtig, das Kind ernst zu nehmen und anzunehmen. Gemeint ist mit dem »das ist nur eine Phase« häufig, dass es wieder vorbeigehen wird und sich jetzt nicht zu sehr damit aufgehalten werden muss.

Wenn ein Kind für sich aber klar erkannt hat, welches Geschlecht es hat, dann ist das meist keine Phase. Kein Mensch käme auf die Idee, zu einem cis Kind, das klar und deutlich sagt, dass das eigene Geschlecht dem zugewiesenen entspricht, zu sagen: »Ach, das ist nur eine Phase. Das wächst sich raus.« Sind Kinder trans, ist der Drang dazu bei vielen bedeutend größer, eben weil es als Normabweichung gilt, trans zu sein.[12] Es halten sich aber viel mehr Personen fälschlicherweise für cis, als sich Personen fälschlicherweise für trans halten. Fast alle trans Personen haben sich zumindest einen Teil ihres Lebens für cis gehalten. Die Zahl der Personen, die sich fälschlicherweise für trans halten, ist bedeutend geringer – ich werde gleich noch einmal auf das Thema Detransition zurückkommen.

Aber gehen wir doch einmal davon aus, dass es sich um eine Phase handelt. Was kann das heißen?

* Das kann heißen, dass das Kind trans ist und auf dem Weg, die richtigen Worte für sich selbst zu finden, eine Abzweigung gegangen ist, von der es feststellt, dass diese doch nicht in die richtige Richtung führt – also sich beispielsweise erst für ein trans Mädchen hält, dann aber feststellt, dass es neutrois ist.
* Das kann heißen, dass das Kind sich ausführlich mit seinem Geschlecht beschäftigt und festgestellt hat, dass es cis ist.
* Das kann heißen, dass das Kind fluide Geschlechter hat, die phasenweise wechseln.
* Das kann heißen, dass das Kind trans ist, aber sieht, wie wenig Verständnis und Unterstützung es bekommt, und sich deshalb aus Selbstschutz erst einmal wieder zurückzieht. Diese Kinder haben dann häufig deutlich später in ihrem Leben ein erneutes Coming-out.

Etwas, was in den letzen Jahren verstärkt durch die Medien geht, sind Detransitionen: Menschen, die festgestellt haben, dass sie doch nicht trans sind, und zu ihrem zugewiesenen Geschlecht zurück transitionieren. Von rechten und radikalfeministischen Medien wird das sehr aufgebauscht und fälschlicherweise als Zeichen gesehen, dass »dieses Transding nur ein Trend« sei. Laut einer Studie aus den USA[13] ist tatsächlich die Zahl derer, die irgendwann in ihrem Leben detransitionieren, gar nicht so klein. Die überwältigende Mehrheit (82,5 Prozent) der Menschen, die dies tun, machen das allerdings nicht, weil sie festgestellt haben, dass sie nicht trans sind, sondern aufgrund von »Druck von mindestens einem Elternteil (35,5 Prozent), Druck aus ihrer Gemeinschaft oder soziales Stigma (32,5 Prozent), Schwierigkeiten, einen Job zu finden (26,8 Prozent). Weitere Gründe waren beispielsweise Druck von medizinischen Fachkräften (5,6 Prozent) oder von religiösen Führungspersonen (5,3 Prozent). Detransitionen waren darüber hinaus häufig assoziiert mit einer Zuweisung als männlich zur Geburt, einer nicht binären Geschlechtsidentität oder bisexueller Orientierung, was zu vorherigen Untersuchungen passt, die zeigen, dass diese Faktoren mit niedriger sozialer Akzeptanz einhergehen.«[14] Viele transitionieren zu einem späteren Zeitpunkt in ihrem Leben erneut oder detransitionieren als Prozess, der sie nicht zurückbringen soll zu dem, wo sie vor der Transition waren, sondern zu etwas anderem. Eli Kappo berichtet auf ihrem Blog: »Dafür, dass ich meinen Körper modifizieren konnte, bin ich tatsächlich sehr dankbar, auch wenn ich einige Entscheidungen zumindest teilweise oder manchmal bereue. Ich kann ohne Vorbehalte sagen, dass zu keinem Zeitpunkt etwas geschah, was ich nicht ausdrücklich wollte. Der Grund, warum ich stehenblieb, war, dass die Transition mich nicht von dem, was mich quälte, erlöst hatte. Der Grund, warum ich zurückging, war, dass ich merkte, dass ich versuche, eine schöne Lüge zu leben. Nein, nicht das Geschlecht, in dem ich am anderen Ende der Transition angekommen war. Das war nicht weniger wahr als wenn ich heute sage, dass ich eine Frau bin. Die Lüge war, zu glauben, dass ich mich verändern und etwas Besseres werden kann. Dass ich meine alte Haut abstreife und darunter etwas Anderes, etwas Wunderschönes zum Vorschein kommt.«[15]

Nun ist nicht jeder Selbstzweifel eines trans Kindes ein Anlass, gleich an eine Detransition zu denken. Gerade bei großen Lebensentscheidungen ist es sinnvoll, sich immer wieder die Frage zu stellen: Will ich das wirklich? Der »vielleicht bin ich gar nicht wirklich trans«-Gedanke begleitet viele trans Menschen. Aber Transsein in einer transfeindlichen Gesellschaft ist kein lustiger Modetrend und keine pubertäre Rebellion.

Mit der Problematik, dass Menschen Detransitionen instrumentalisieren, um sie als Argument gegen trans Personen zu verwenden, statt sie als das zu nehmen, was sie sind, nämlich Veränderungen und Neu-Entscheidungen im Leben eines Menschen, sind wir beim nächsten Thema: Transfeindlichkeit.

Transfeindlichkeit: Hass und Gewalt

Wenn ich von trans Personen schreibe, komme ich nicht umhin, von dem Hass und der Gewalt zu erzählen, die wir erleben. Ich würde diesen Teil gern aussparen können. Doch er ist bedauerlicherweise noch immer ein Teil des Alltags einer jeden trans Person. Wenn nicht die eigene erlebte Gewalt, dann die, die Freund_innen erleben, und die Angst vor der Gewalt und dem Hass.

»Hass? Das ist doch sicher zu viel gesagt«, denken viele. Aber Hass hat viele Gesichter, und körperliche Gewalt und Hetze sind nur eines davon.

Viele Menschen finden trans Menschen so lange in Ordnung, solange es andere sind, Personen, die nicht in ihrem zu nahen Umfeld sind. Wenn sie auf einmal bemerken, dass die Lehrerin trans ist, der Fußballcoach, wenn das Erziehx im Kindergarten sich als nicht binär outet. Wenn das Kind mit einem trans Kind spielt. Wenn das eigene Kind trans ist. Dann ist das zu nah dran. »Solche gibt es auch, und es kann ja jede_r leben, wie sie_er will« sind Aussagen, die nicht halb so akzeptierend sind, wie sie auf den ersten Blick aussehen.

Viele Menschen wissen wenig über trans Menschen, und was das Bild von trans Menschen in den Medien prägt, sind hauptsächlich Karikaturen und Horrorgeschichten.

All die angeblich lustigen Bilder, in denen Politiker in Frauenkleidern dargestellt werden, sind nichts als schlecht versteckte Transfeindlichkeit. Auch das ist Hass: Ein Mann im Frauenkleid, was für eine Lachnummer?

Misogynie (Frauenfeindlichkeit) und Transfeindlichkeit gehen oft Hand in Hand. Dem vermeintlichen Jungen, dem gesagt wird, er solle sich nicht wie ein Mädchen anziehen, widerfährt beides gleichermaßen. Dieses Kind erlebt die Abwertung von Weiblichkeit und zeitgleich die Abwertung von Transsein. Es ist in den Augen vieler schlimm, wenn ein Junge sich wie ein Mädchen anzieht. Noch viel schlimmer ist es für viele, wenn ein Kind, das sie für einen Jungen gehalten haben, ein Mädchen ist.

Trans Menschen, die andere Menschen kennenlernen, müssen beständig Angst haben, diese anderen Menschen könnten sie hassen – einfach nur, weil sie trans sind. Insbesondere für trans Frauen ist die Gefahr groß, Gewalt zu erfahren.

»Alle brauchen jemanden, um sich überlegen zu fühlen. Diese Linie endet allerdings bei uns. Diese Scheiße fließt bergab, vorbei an den Frauen, den Schwarzen, den Latinos, den Homos, bis sie den Grund erreicht und auf uns landet«, sagt der Charakter Lulu in der Serie »Pose«.[16]

Dass Schwarze trans Frauen, oft Sex-Arbeiterinnen, diejenigen sind, bei denen der Hass am stärksten zuschlägt, zeigt sich jedes Jahr aufs Neue am Trans Day of Remembrance, dem Tag des Erinnerns an verstorbene trans und/oder nicht binäre Menschen (am 20. November eines jeden Jahres). Im Jahre 2020 wurden 350 Morde weltweit an trans Menschen gemeldet.[17] 98 Prozent der Morde waren an transfemininen Personen oder trans Frauen. 62 Prozent von ihnen waren Sex-Arbeitende. 79 Prozent der Morde in den USA waren an trans Personen of Color, Schwarzen oder indigenen trans Personen. Von den elf Morden, die auf Europa entfallen, waren die Hälfte Morde an migrantischen Personen. Die tatsächliche Zahl der Morde dürfte um ein Vielfaches höher sein, nicht alle Länder erheben entsprechende Statistiken und es ist entsprechend schwierig, die Morde zu beziffern.

Morde sind sicher der Gipfel der Transfeindlichkeit, davor stehen Gewalttaten körperlicher, verbaler und psychischer Natur. In einer Umfrage[18] der EU-Grundrechteagentur (FRA) gaben allein für Deutschland Teilnehmende an, dass 59 Prozent der trans Befragten und 60 Prozent der inter Befragten in den letzten fünf Jahren mehr als einmal aufgrund ihres Transseins beziehungsweise Interseins angegriffen wurden, 19 Prozent der trans Befragten und 23 Prozent der inter Befragten wurden in den letzten fünf Jahren einmal aufgrund dessen angegriffen.[19]

Der Buchhändler und Blogger Linus Giese, dessen Autobiografie *Ich bin Linus* 2020 erschien, berichtete unter anderem im *Tagesspiegel*[20] von dem Hass, den er täglich in den sozialen Medien erfährt. Linus ist trans und seine ersten Erfahrungen mit digitaler Gewalt, die mit Kommentaren auf Twitter begann, beschreibt er so:

»Wirklich bedroht fühle ich mich, als Das S. [Twittername der belästigenden Person] damit beginnt, Fotos von mir zu twittern, angereichert mit eindeutigen Drohungen.

Ein paar Minuten später entdecke ich, dass derselbe Nutzer auf seinem Account auch die Anschrift meines Arbeitgebers veröffentlicht hat – und seine Follower dazu anstiftet, dort anzurufen und nach meinem alten Namen zu fragen. Das ist der Moment, in dem mir einerseits klar wird, dass die Beschimpfungen eine Dimension erreichen, die ich nicht mehr einfach hinnehmen und ertragen möchte.

Andererseits muss ich aber auch erkennen, dass mir das hier gerade passiert, weil ich mich dazu entschieden habe, offen damit umzugehen, dass ich trans bin […]«

Warum schreibe ich das hier? Ich möchte niemandem Angst machen. Aber die Lebensrealität vieler trans Menschen ist furchteinflößend, und eben das ist der Grund dafür, das trans Kinder unsere Unterstützung brauchen. Es ist auch der Grund dafür, dass alle Kinder wissen müssen, dass trans und nicht binäre Menschen existieren und sie das gleiche Recht haben wie alle anderen Kinder auch: ein unbeschwertes, frohes Leben zu führen.

Was hilft dem Kind?

»Ich stamme von der nordwestlichen Küste Tasmaniens, dem Bibelgürtel. Siebzig Prozent der Leute, zwischen denen ich lebte, waren der Überzeugung, dass Homosexualität eine Straftat sein sollte. Siebzig Prozent der Leute, die mich erzogen haben, die mich geliebt haben, denen ich vertraut habe, haben geglaubt, dass Homosexualität eine Sünde ist, dass Homosexuelle abscheuliche, minderwertige, pädophile Menschen wären. Siebzig Prozent! Und zu dem Zeitpunkt, als ich herausfand, dass ich lesbisch bin, war es zu spät. Ich war bereits homofeindlich, und es gibt da keinen Schalter, den man einfach umlegen kann. Nein, was passiert, ist, dass du Homofeindlichkeit internalisierst und lernst, dich selbst zu hassen. Dich selbst bis zu deinem Innersten zu hassen. Ich blieb, durchtränkt von Scham, zehn Jahre ungeoutet.«[21]

Was Kinder brauchen, die trans sind, ist das Gleiche, was alle Kinder brauchen: bedingungslose Liebe und Akzeptanz. Doch vielen Kindern, die trans sind oder auf eine andere Art queer, geht es wie der gerade zitierten Hannah Gadsby: Sie sind umgeben von

Hass und verinnerlichen zutiefst, dass das, was sie sind, falsch ist. Dass sie nicht in Ordnung sind, wie sie sind.

Das ist einer der Gründe, die geschlechtsoffene Erziehung so wichtig machen. Vorzugsweise bevor das eigene Kind sich als trans outet. Damit Kinder keine Angst und Scham darüber verinnerlichen, wie sie sind. Damit sie sich selbst nicht hassen.

Eine Mutter teilte auf TikTok Folgendes über das Outing ihres Sohnes:

»Als du geboren wurdest, war das Erste, was ich zu dir sagte: ›Hey, ich kenne dich, ich habe dich für neun Monate getragen und in neun Stunden geboren.‹ Und so dachte ich, dass ich dich kenne. Als du älter wurdest, wurdest du mehr du selbst als du je zuvor warst. Und je mehr du wurdest, desto mehr war es mir eine Ehre, herauszufinden, wie du als du bist. Und das du, das du immer warst. Als du mir also sagtest: ›Mama, mein Name ist Jesse‹ sagte ich ›Okay. Hallo Jesse‹. Und als du mir sagtest: ›Mama, ich bin ein Junge‹, sagte ich ›Okay. Hallo mein Sohn.‹ Und als du mir sagtest ›Mama, ich will blaue Haare‹, sagte ich ›Okay. Hallo blaue Haare!‹ Danke, dass du mir genug vertraust, um mir zu sagen, wer du bist. Wir lieben, wer du bist.« @mstamramoon

---

Das ist es, was Kinder brauchen: bedingungslose Akzeptanz. Es ist völlig unerheblich, ob das Kind am nächsten Tag einen anderen Namen oder ein anderes Geschlecht nennt. In diesem Moment ist das die Wahrheit des Kindes, unabhängig davon, ob das ein Spiel, eine Phase oder eine Identitätsoffenbarung ist. Wenn das Kind trans ist, dann wird danach mehr kommen. Vielleicht nicht direkt danach. Vielleicht erst am nächsten Tag. Oder nach zwei Wochen. Vielleicht reicht es dem Kind auch erst einmal, diese Wahrheit ausgesprochen zu haben und gehört zu haben, dass sie akzeptiert wird.

Ist das Kind konstant in seiner Selbstoffenbarung, sinkt die Wahrscheinlichkeit, dass es sich um ein Spiel handelt. Wenn das Kind wiederholt äußert, dass es (k)ein Junge/Mädchen ist, dass sein Name anders lautet, dass es bevorzugt, wenn mit anderen Pronomen über es gesprochen wird, dann ist es an der Zeit für Transition.

> Als **Transition** wird der Prozess bezeichnet, sich äußerlich, sozial und vielleicht auch körperlich und rechtlich so zu verändern, dass das eigene Erscheinungsbild und die Wahrnehmung anderer mit dem eigenen Geschlechtsempfinden übereinstimmen. »Dazu können Hormontherapien und Operationen gehören, aber auch Namens- und Personenstandsänderungen, ein anderer Kleidungsstil und viel anderes.«[22]

Doch bevor es so weit ist, ist da oft viel Ausprobieren und Herantasten, sowohl im Spiel als auch im Alltag. Die geschlechtsoffene Erziehung bleibt offen: Die Selbstoffenbarung des Kindes soll nicht hinterfragt werden, gleichzeitig aber die Möglichkeit offengehalten werden, dass Dinge sich verändern und dass das in Ordnung ist.

Es wird passieren, dass ihr Fehler macht: Der abgelegte Name rutscht raus, das bisher genutzte, aber falsche Pronomen kommt viel leichter von den Lippen als das neue, richtige, und statt von »mein Sohn« zu sprechen, entfleucht ein »meine Tochter« eurem Mund. Korrigiert euch einfach kurz, wenn ihr das merkt. Keine große Entschuldigung, kein »Oje, das tut mir aber leid, ich weiß doch, dass dir das voll wichtig ist, mein Schatz!«. Es reicht völlig, kurz zu sagen »... und dann hat sie gesagt ... Tschuldigung, ER hat gesagt ...«.

Lenkt keine große Aufmerksamkeit auf den Fehler und bringt euer Kind (oder auch andere trans Personen) nicht in die Lage, euch »Ist schon gut« oder »Ja, ist nicht schlimm« sagen zu müssen.

Wenn euer Kind sich das wünscht, dann korrigiert andere, die falsch über das Kind sprechen. Das gilt auch und vor allem dann, wenn das Kind nicht anwesend ist. Ein Kind ist auch in seiner Abwesenheit trans. Auch dann noch, wenn ihr stinkwütend auf das Kind seid. Es ist niemals in Ordnung, absichtlich den alten Namen, das falsche Pronomen oder unkorrekte Bezeichnungen zu nutzen. Tatsächliche Akzeptanz zeigt sich da, wo keine Kontrollinstanz ist, und da, wo Macht missbraucht werden könnte.

Für die meisten trans Personen ist es auch am einfachsten, wenn ihr auch über Vergangenes mit aktuellem Namen und Pronomen redet. Das ist Teil der sozialen Transition.

Soziale Transition

»5-Jähriger zum Teen: ›Hast du dich entschieden, lieber ein Junge zu sein?‹ ›Man entscheidet das nicht, man ist einfach, was man ist.‹ ›Dann komm mit uns mit, wir machen ne Bande.‹ So geht das.«
@zederndufft auf Twitter

Für viele Kinder ist der allererste Schritt, soziale Transitionsmaßnahmen zu ergreifen. Sie wollen im sozialen Umfeld mit ihrem richtigen Namen und den richtigen Pronomen angesprochen werden.

Hier ist es wichtig, das Kind zu fragen, ob und welche Unterstützung es sich wünscht. Manche Kinder wollen das allein machen, manche mit Unterstützung (und beides kann sich auch immer mal wieder verändern). Manche wollen es langsam angehen lassen, andere möchten von jetzt auf gleich, dass alle wissen, dass ihr richtiger Name anders lautet, dass sie ein Mädchen / ein Junge / nichts davon / beides / etwas anderes sind, dass über sie mit einem anderen Pronomen gesprochen werden soll und mit anderen Personenbezeichnungen.

Nehmt euren Kindern ihr Outing nicht weg. Die Entscheidung, wer wann wissen darf, dass das Kind trans ist, obliegt einzig und allein dem Kind. Bittet das Kind, wenn ihr das Bedürfnis habt, mit anderen sein Geschlecht zu thematisieren, um Erlaubnis (das sollte eigentlich auch für cis Kinder gelten). Es geht hier um zum Teil sehr intime Details. Wenn ihr zum Beispiel einen trans Sohn habt, der von anderen auch als Junge wahrgenommen wird, verratet ihr mit dem Outing als trans auch etwas über die (gemutmaßten) Genitalien des Kindes. Als einfache Faustregel kann gelten: Sprecht nur dann von eurem »trans Kind«, wenn ihr auch betonen würdet, dass ihr von eurem »cis Kind« sprecht. An allen anderen Stellen hat es keine Relevanz. Wenn ihr bei einem cis Kind von »Sohn«, aber bei einem trans Kind von »trans Sohn« sprecht, dann steckt dahinter meist der Glaube, dass das eine irgendwie relevante Information sei, dass ein Markieren dieser Normabweichung eine gewisse Notwendigkeit habe. Praktisch sollte es für die allermeisten Menschen im Alltag eines Kindes vollkommen egal sein, ob es cis, trans, nicht binär oder binär ist.

Auch der eventuell abgelegte Name des Kindes geht niemanden etwas an, es sei denn, es ist aus rechtlichen Gründen zwingend notwendig, ihn irgendwo anzugeben. Viele Eltern hängen an dem alten Namen. Mit Sicherheit habt ihr euch große Mühe bei der Auswahl des Namens gemacht. Zu akzeptieren, dass dieser Name, in den manchmal monatelange Recherche geflossen ist und der mit Liebe und Bedacht gewählt wurde, abgelegt wird, kann schwer sein. Aber sowohl ihr als auch euer Kind können diesen Namen in liebevoller Erinnerung behalten, wenn er nicht benutzt wird, um das Kind in seiner Identität zu hinterfragen. Das ist genau das Risiko, wenn der abgelegte Name bekannt wird: dass andere sich diesen alten Namen nehmen, um das Kind zu beleidigen und in seiner Identität anzuzweifeln. Wenn Tom jetzt Tom heißt, dann ist es völlig irrelevant, wie er vorher hieß.

Vielleicht lässt euer Kind euch ja auch teilhaben an der Suche nach einem neuen, passenden Namen. Oder ihr dürft einen zweiten Namen vorschlagen. Aber das Kind steht hier klar im Fokus, denn das Kind muss mit dem Namen durch die Welt gehen.

Helft eurem Kind, Pronomen auszuprobieren, wenn es sich unsicher ist, welches Pronomen passt. Sprecht bewusst mit ausgewählten Dritten über das Kind in dessen Anwesenheit mit dem Pronomen, welches das Kind gerade ausprobieren möchte. Da Neopronomen selten zu hören sind, kann es sein, dass sich das passende Pronomen trotzdem erst einmal merkwürdig anfühlt. Gebt eurem Kind und euch Zeit, sich daran zu gewöhnen.

Der Haarschnitt und die Kleidung sind etwas, dessen Veränderung für das Kind viel Erleichterung bringen kann – manche (binären) trans Kinder neigen hier, gerade zu Beginn ihrer Transition, zu sehr stereotypem Verhalten.

»Mit vier Jahren fing Nicki an, zu überlegen: ›Bin ich ein Mädchen oder ein Junge oder nicht-binär?‹ Er kam zu dem Schluss: ›Ich bin ein Mädchen, aber mein Pronomen ist er.‹ Er sagte auch, dass er gerne ein Junge wäre, und auf Nachfrage begründete er das damit, dass er gern Fußball spielen und kurze Haare haben wolle. Wir sprachen darüber, dass er das auch so tun kann, ohne ein Junge zu sein.
Etwa ein halbes Jahr später sagte er, dass er ein Junge ist, und das ist seither so geblieben. Sein Vater und ich hielten immer wieder Rück-

sprache mit ihm, wem gegenüber wir das erwähnen sollten – in der Kita, bei den Familienmitgliedern, Freund_innen usw. Mit Nickis Erlaubnis wiesen wir Leute darauf hin, wenn er misgendert wurde, und mit der Zeit traute er sich, das selbst zur Sprache zu bringen.
Anfangs war er noch sehr darauf bedacht, Kleidung und Spielzeug zu bevorzugen, die in der Gesellschaft ›männlich‹ konnotiert sind. Inzwischen ist er sechs Jahre alt und wieder viel experimentierfreudiger.« Denis, Mutter von Nicki (6)

Lasst euer Kind mit Kleidung im sicheren Rahmen experimentieren! Vielleicht hat es ein, zwei Freund_innen, denen es vertraut und die eine ähnliche Kleidergröße, aber einen anderen Kleiderschrank haben und bereit sind, gemeinsam mal einen Kleidungstausch oder eine Modenschau zu gestalten. Vielleicht habt ihr die finanziellen Möglichkeiten, eurem Kind gebrauchte, gemietete oder neue Kleidung zum Herumprobieren zu organisieren. Vielleicht findet ihr in Gruppen für Angehörige von trans Kindern Tauschangebote.

Auch hier sind Kinder verschieden: Manche wollen direkt ihren ganzen Kleiderschrank ausmisten, andere probieren sich vorsichtig aus und tasten sich zaghaft an einen neuen, eigenen Stil heran, wieder anderen ist das völlig egal und sie tragen einfach weiter, was sie haben.

Wenn ihr bei Haarschnitten unsicher seid, gibt es inzwischen zahlreiche Apps, in denen ihr andere Frisuren ausprobieren könnt, Filterfunktionen von Kameras legen für ältere Kinder in Windeseile Make-up auf oder erzeugen einen Bart auf das eigene Bild.

Für Kinder, die vielleicht schon in der Pubertät stecken, kann es wichtig sein, Merkmale zu verändern, die diese Pubertät hervorgebracht hat, um körperlicher Dysphorie entgegenzuwirken. Stimmtraining kann, auch logopädisch unterstützt, helfen, sich mit der eigenen Stimme wohl(er) zu fühlen. Eine Stimme, die schon durch den Stimmbruch weit gesunken ist, kann nur noch durch eine Operation an den Stimmbändern wieder deutlich höher werden, doch gutes Stimmtraining gleicht hier sehr vieles aus. Auch die Art und Weise zu sprechen kann verändert werden, um gesellschaftliche Erwartungen an das Sprechen von Männern/Frauen zu erfüllen.

Andere Möglichkeiten sind:

* Binder, das sind Kompressions-Oberteile, um die Brust flach wirken zu lassen – Kinder sollten auf keinen Fall zu der Alternative greifen müssen, sich mit Bandagen die Brust abzubinden, da das bedeutend gesundheitsschädlicher ist als korrekt getragene Binder: Bittet um Unterstützung, falls ihr eurem Kind keinen Binder kaufen könnt, in trans Gruppen findet sich hier meist schnell finanzielle Hilfe oder ein gebrauchter Binder
* Packer, das sind Penisprothesen, die in der Unterhose getragen werden können – es gibt sogar Häkelanleitungen dafür im Internet, eine schöne Gelegenheit, Verwandte und Bekannte in die Transition einzubeziehen, die geschickt im Handarbeiten sind
* Tucking, das ist eine Technik, um einen vorhandenen Penis möglichst unsichtbar zu verstauen, es gibt spezielle Unterwäsche, um das zu erleichtern
* Brustprothesen, also Einlagen für BHs, um nicht vorhandene/wenig ausgeprägte Brüste zu ersetzen

Meist erst im späteren Verlauf kommt es zu anderen wichtigen Schritten: Der richtige Name soll auf den Zeugnissen stehen und am Kleiderhaken, in der Schule muss diskutiert werden, welche Toilette und welche Umkleide das Kind benutzen darf, falls es geschlechtergetrennten Unterricht oder Unterrichtseinheiten gibt, auch das. Für die meisten binären trans Kinder ist völlig klar: Sie wollen zu den anderen Kindern, die das gleiche Geschlecht haben wie sie selbst. Egal ob cis oder trans. Für nicht binäre Kinder ist das oft schwieriger. Meist gibt es nur Toiletten und Umkleiden für Jungen und Mädchen. Selten stehen extra Räume zur Verfügung. Helft eurem Kind dabei, eine Lösung zu finden, mit der es sich wohlfühlt, und diese in Kindergarten, Schule, Hort … umzusetzen. Das kann der wöchentliche Wechsel sein, Einzelkabinen, Umkleiden, die dem bei Geburt zugewiesenen Geschlecht entsprechen oder entgegengesetzt sind. Mit eurem Kind und hoffentlich auch mit Unterstützung der Bildungseinrichtung für euer Kind eine funktionierende Lösung zu finden, mit der es sich wohlfühlt, sollte hier immer das Ziel sein.

Juristische Transition

Ein Schritt, der irgendwann sehr wahrscheinlich ansteht, ist die Änderung des Geschlechtseintrages und des Namens, das erleichtert auch die soziale Frage nach der richtigen Toilette und dem richtigen Namen im Zeugnis.

Zur Änderung des Namens und des Geschlechtseintrages gibt es unterschiedliche Möglichkeiten. In Deutschland ist das derzeit (Stand Oktober 2021) über das TSG oder das PStG[23] §45b möglich. Das Verfahren über das veraltete TSG ist sehr mühselig, kostspielig und wird immer wieder als erniedrigend beschrieben. Im Rahmen des TSG werden zwei Gutachten von Sachverständigen erstellt, »die aufgrund ihrer Ausbildung und ihrer beruflichen Erfahrung mit den besonderen Problemen [des Transseins] ausreichend vertraut sind«, welche auf einer neutralen Ebene beweisen sollen, dass die betreffende Person tatsächlich ihr eigenes Geschlecht hat und dieses jetzt auch in offiziellen Papieren stehen darf. Diese Sachverständigen werden entweder beauftragt oder können selbst gewählt werden. Es gibt regionale Unterschiede in der Umsetzung der Gutachtenpflicht und der Akzeptanz der Gutachten. Regionale Verbände, Unterstützungsgruppen und andere trans Personen aus der Gegend wissen oft, an wen ihr euch hierbei gut wenden könnt.

In der Vergangenheit und auch zuletzt gab es immer wieder eine große Anzahl an Berichten darüber, dass die vermeintlich qualifizierten Fachleute (in der Regel Psycholog_innen) oft eine besonders stereotype Meinung von Geschlecht hatten und dass sich Antragstellende für ein nötiges Überzeugen noch viel stereotypischer nach ihrem Geschlecht verhalten, anziehen und benehmen mussten, als sie es eigentlich wollen. Außerdem kommt es immer wieder zu übergriffigen Fragen und Untersuchungen, mit denen die Beauftragten vermeintlich die für die Gutachten nötige Nachweispflicht erbringen wollen – dazu gehören invasive Fragen über den Sex der Antragstellenden oder über das Verhältnis zu den eigenen Genitalien und verschiedene Arten von Unterwäsche sowie unnötige, übergriffige Untersuchungen.

»Ein [trans Mann] berichtet von einem ›Pädophilie-Test‹, den er in einer Berliner Klinik habe durchlaufen sollen. Ihm seien Bilder von nackten Kleinkindern gezeigt worden. Er habe auf einer Skala von 1 bis 5 bewerten müssen, ›wie sehr mich diese erregen‹.

Auffällig ist, wie oft gewisse Gutachterinnen und Gutachter Transidentität mit sexuellen Abartigkeiten in Verbindung bringen, was viel über ihr Weltbild und Fachwissen verrät. Gerne wird die verstaubte These verfolgt, hinter Transidentität verberge sich eine verkappte Homosexualität.«[24]

Nicht zuletzt müssen Antragstellende die gesamten Prozesskosten und die unangenehmen bis übergriffigen Gutachten auch noch selbst bezahlen – und das bei privaten Kosten von durchschnittlich 1.868 Euro. Es kann Verfahrenskostenhilfe beantragt werden.[25]

Neben dem Weg über das TSG besteht auch die Möglichkeit zur Änderung des eigenen Namens und Geschlechtseintrags über

§45b PStG. Dieser besagt, dass das allen Menschen möglich ist, die »eine Variante der Geschlechtsentwicklung aufweisen«. Die Änderung des Vornamens und Geschlechtseintrags erfordert hier keine Gutachten und damit auch keine hohen Kosten, sondern ist mit einem ärztlichen Nachweis und einer öffentlich beglaubigten Erklärung beim Standesamt machbar. Das gilt auch für Kinder unter 18 bzw. 14 Jahren. Das Gesetz besagt in §45b Abs. 2: »Für ein Kind, das geschäftsunfähig oder noch nicht 14 Jahre alt ist, kann nur sein gesetzlicher Vertreter die Erklärung abgeben. Im Übrigen kann ein Kind die Erklärung nur selbst abgeben; es bedarf hierzu der Zustimmung seines gesetzlichen Vertreters. Stimmt der gesetzliche Vertreter nicht zu, so ersetzt das Familiengericht die Zustimmung, wenn die Änderung der Angabe zum Geschlecht oder der Vornamen dem Kindeswohl nicht widerspricht[.]«[26]

Besonders das TSG hat durch seine verletzenden Methoden und hohen Hürden für eine Namens- und Personenstandsänderung in den letzten Jahren viel Kritik auch von sich solidarisierenden cis Personen hervorgerufen. Die Gesetzesentwürfe in Deutschland von Grünen und Linken, ein Selbstbestimmungsgesetz einzuführen, das, wie der Name vermuten lässt, Selbstbestimmung für trans Menschen nach eigenem Gewissen und ohne erzwungene Gutachten möglich machen sollte, scheiterte im Mai 2021 bedauerlicherweise im Bundestag.

In Österreich ist eine Änderung auf einen geschlechtsspezifischen Vornamen nur dann möglich, wenn zuvor der Personenstand geändert wurde. Das passiert seit 1983 über den §41 des Personenstandgesetzes – seit 2006 der Transsexuellen-Erlass in Österreich für ungültig erklärt wurde, wird das genaue Verfahren allerdings von Bundesland zu Bundesland verschieden gehandhabt.[27]

In der Schweiz ist seit Dezember 2020 ein Selbstbestimmungsgesetz in Kraft getreten, welches es erwachsenen trans Personen ermöglicht, leichter ihren Geschlechtseintrag und ihren Namen zu ändern – allerdings nur in den zwei binären Optionen.

Andere Länder sind da schon viel weiter: In Argentinien beispielsweise können Menschen bereits seit 2012 ihre Geschlechtszugehörigkeit frei bestimmen.

Gleich wo ihr wohnt: Die juristische Transition eures Kindes zu unterstützen, ist etwas, womit ihr ihm große Hürden aus dem Weg räumen könnt.

Medizinische Transition

Medizinische Schritte sind oft das Letzte auf der Liste, wenn die Kinder noch vorpubertär sind – denn die Körper von jüngeren Kindern unterscheiden sich auch äußerlich kaum. Und die meisten Unterschiede sind auf Kleidung, Haarschnitt und unterschiedliche sportliche Betätigung und Ernährung zurückzuführen. Erst in der Pubertät, wenn Körper beginnen, größere Mengen »Sexualhormone« zu produzieren, beginnen die Körper, sich sehr unterschiedlich zu verändern.

Um medizinische Schritte anzugehen, ist es in Deutschland zwingende Voraussetzung, eine psychotherapeutische Begleitung zu haben. Nicht alle trans Menschen wollen überhaupt medizinische Schritte angehen, viele nur einige.

So lange das Kind nicht ein gewisses Alter erreicht hat, beschränken sich die Möglichkeiten darauf, dem Kind Medikamente zu geben, welche die Pubertät vorerst unterdrücken. So hat das Kind Zeit, sich eventueller Maßnahmen sicher zu werden. Werden die Blocker abgesetzt, setzt die Pubertät ein, die im Körper veranlagt ist, es sei denn, es wird eine Hormon-Ersatz-Therapie eingeleitet.

Bei einer Hormon-Ersatz-Therapie werden Medikamente genommen, die das gewünschte Hormon enthalten und gegebenenfalls unerwünschte unterdrücken. Testosteron und Östrogen werden dem Körper in Gel-, Tabletten- oder Spritzenform zugeführt, meist in einer Menge, die in etwa dem entspricht, was eine durchschnittliche gleichaltrige endogeschlechtliche[28] cis Person selbst produzieren würde. Trans Personen, die Östrogen nehmen, nehmen häufig zusätzlich Testosteron-Blocker, trans Personen, die Testosteron nehmen, nehmen manchmal Progesteron-Blocker, meist reicht aber das hohe Testosteron-Level, um Progesteron zu blocken, oder das Progesteron stört nicht. So wird ein Hormonhaushalt hergestellt, mit dem die behandelte Person sich wohlfühlt.

Diese Pubertäts-Blocker sind gut erforscht und haben wenig Nebenwirkungen, aber viele positive Effekte für trans Kinder. Pubertäts-Blocker werden schon länger bei Kindern eingesetzt, bei denen der Pubertätsbeginn ungewöhnlich früh einsetzt, und zum Teil auch bei inter Kindern. Ein Nebeneffekt ist auf jeden Fall, dass die Kinder, anders als ihre Altersgenoss_innen, nicht in die Pubertät eintreten, was sozial schwierig sein kann und auch die Entwicklungen verzögert, die durch die Hormone ausgelöst werden würden. In den allermeisten Fällen überwiegt der Nutzen jedoch deutlich. Der Psychiater Georg Romer, welcher viele trans Kinder behandelt hat, sagte dazu in einem Interview mit dem *Focus*: »Wichtig ist, dass ein Laufenlassen der Reifeentwicklung für sich gesehen keine neutrale Option ist, sondern bei Trans-Personen im Jugendalter irreversible Körperveränderungen mit sich bringt, was den psychischen Leidensdruck massiv erhöht und Risiken für die psychische Langzeitgesundheit mit sich birgt. Dies muss vor jeder Behandlungsentscheidung sorgfältig abgewogen werden.«[29]

Lasst euch auf jeden Fall ausführlich in einer endokrinologischen Praxis beraten, in der ihr euch und euer Kind sich wohlfühlen. Wenn ihr die Gelegenheit habt, weil ihr früh wisst, dass das Kind trans ist, sprecht schon vor dem Beginn der Pubertät mit Beratungsstellen und sucht eine Praxis, in der ihr euch wirklich gut aufgehoben fühlt.

Hormone sind keine Einbahnstraße: Weder die Einnahme von Hormon-Blockern noch die Einnahme von Hormonen ist etwas, was lebenslänglich fortgesetzt werden muss. Einzig wenn die Keimdrüsen, in welchen diese Hormone produziert werden, entfernt werden sollten, erfordert das lebenslängliches Ersetzen der ausfallenden Hormonproduktion – ähnlich wie bei einer dysfunktionalen oder entfernten Schilddrüse. Das kann aber, sollte es zu irgendeinem Zeitpunkt die bessere Wahl sein, auch mit den Hormonen erfolgen, welche die Keimdrüsen eigentlich produziert hätten.

Hormone haben einen verändernden Einfluss auf Körper, die diese Hormone von sich aus nur in kleineren Mengen produziert hätten. Sie sind jedoch nur langfristig genauso, wie die Wirkung in einem Körper wäre, in dem sie von allein vorliegen. Vorher kommt es zu größtenteils umkehrbaren Zwischenstadien. Diese Hormone lösen eine Art Pubertät aus – für viele trans Menschen gibt es daher eine zweite Pubertät, wenn sie keine Pubertäts-Blocker bekommen haben, sondern die körperlich veranlagte Pubertät durchlaufen mussten.

Testosteron führt innerhalb der ersten Monate zum Beginn eines Stimmbruchs und zu einem Wachstum der Klitoris oder anderer vorhandener Schwellkörper im Genitalbereich. Später führt es auch zu einem Wachstum von Körper- und Gesichtsbehaarung und eventuell zum Ausfall von Kopfbehaarung. Die Regelblutung, falls sie bereits vorhanden war, verschwindet oft – trotzdem ist Testosteron nicht geeignet, um Schwangerschaften zu verhüten, es kann immer passieren, dass sich doch noch eine Eizelle auf den Weg macht. Meist erst nach einigen Monaten kommt es zu Veränderungen bei der Fett-/Muskelverteilung im Körper, das geht häufig einher mit weniger Kälteempfinden, einer höheren Körpertemperatur, schnellerem Muskelaufbau und mehr Körperkraft. Dass Schraubgläser jetzt leichter geöffnet werden können, liegt allerdings entgegen landläufiger Meinung nicht an mehr Kraft, sondern an einer griffigeren Hautstruktur.

Östrogen dagegen macht die Haut weich, regt langfristig das Brustwachstum an und vermindert das Körperhaarwachstum. Auch hier verändert sich im Lauf der Zeit die Verteilung von Fett und Muskeln im Körper und es kann zu einem stärkeren Kälteempfinden kommen. Es kann auch passieren, dass ein Zyklus entsteht, inklusive prämenstrueller Symptomatiken, allerdings ohne Menstruation – es sei denn, es sind entsprechende Organe vorhanden, was bei trans Personen, die auch inter sind, vorkommen könnte.

In beiden Fällen passieren die genannten Entwicklungen nicht unaufhaltbar schnell. Die meisten sichtbaren Veränderungen ergeben sich nach Jahren der Anwendung, nicht nach Monaten. Irreversible Veränderungen wie Wachstum einzelner Körperregionen lassen sich mit einer Einnahme von Hormonen zwar hervorrufen, sie passieren jedoch niemals plötzlich. Es bestehen Risiken der Behandlung, doch diese stehen in keinem Vergleich[30] zum gelinderten Leidensdruck bei Behandelten. Und ohnehin sind Menschen, die die Einnahme von Hormonen bereuen, sehr selten.[31]

Einige Veränderungen durch Hormone sind von Dauer, viele sind jedoch auch umkehrbar oder lassen bei einem Absetzen im Laufe der Zeit wieder nach. Bei Testosteron sind das Wachstum der Behaarung, bereits passierter Ausfall von Kopfbehaarung, Vergrößerung der Klitoris und der Stimmbruch am »hartnäckigsten«. Das ist es auch, was für trans Personen, die vor der Transition einer Testosteron-Pubertät ausgesetzt waren, oft mehr Behandlungen bedeutet als für trans Personen, deren erste Pubertät östrogenlastig war.

Die Entfernung von Dysphorie auslösender Gesichts- und Körperbehaarung kann, neben den konventionellen, nicht dauerhaften Methoden, mit Laser- oder Nadelepilation erfolgen. Ein einmal geschehener Stimmbruch lässt sich jedoch nicht ohne operativen Eingriff rückgängig machen. Nur das schon genannte Stimmtraining hilft hier ein bisschen.

Weitere operative Möglichkeiten für trans Personen sind die Entfernung oder Vergrößerung der Brüste, die Entfernung von Uterus und Eileitern und das Neu-Formen oder Umgestalten von Genitalien. Seltener gibt es auch andere Operationen, zum Beispiel um die Gesichtsform etwas zu verändern.

Doch operative Eingriffe werden an Kindern und Jugendlichen, die noch stark im Wachstum sind, selten durchgeführt, es sei denn, es gibt medizinische Gründe dafür (so kann die Entfernung von Eileitern und Uterus zum Beispiel auch bei schweren Fällen von Endometriose oder bei Krebserkrankungen vorkommen).

In Deutschland werden diese Operationen teilweise von den Krankenkassen bezahlt, einige (wie zum Beispiel die Veränderung der Gesichtszüge) gelten jedoch als rein kosmetische Operationen und werden nicht übernommen.

Solche wichtigen Entscheidungen, den eigenen Körper betreffend, sollte kein Kind ohne Unterstützung treffen müssen. Ihr müsst mit dem Körper nicht leben, euer Kind wird sein ganzes Leben darin verbringen. Dazu ist es gut, wenn es sich darin möglichst wohlfühlt. Natürlich bergen gerade Operationen immer auch ein Risiko – doch meist ist die Lebensqualität nach solchen gewünschten Operationen immens verbessert.

Wie geht es weiter?

Outet sich ein Kind als trans oder habt ihr die Vermutung, dass euer Kind trans und/oder nicht binär sein könnte, sind die Fragen und Ängste vielleicht im ersten Moment überwältigend.

Holt euch Hilfe und Unterstützung. Damit meine ich in erster Linie wirklich euch und nicht das Kind. Ihr seid sehr wahrscheinlich die wichtigsten Personen im Leben eures Kindes, und was das Kind in allererster Linie braucht, ist euch und eure Unterstützung. Damit ihr diese leisten könnt, braucht ihr eurerseits Unterstützung.

Am Anfang, wenn für das Kind noch kein dringenderer Handlungsbedarf besteht, als in der eigenen Identität leben zu dürfen, sorgt dafür, dass ihr ein Netzwerk habt, das euch bei der Transition eures Kindes begleitet. Die meisten trans Personen finden es nicht schlimm, trans zu sein. Das Anstrengende am Transsein ist die Reaktion des Umfelds, ist das Nicht-Klarkommen der anderen mit dem Transsein. Euch Rat und Unterstützung zu holen, für euch, ist daher der erste Schritt.

»Oft wird vermutet, dass schon Kita-Kinder mit Hormonen behandelt würden. Das ist schlicht und ergreifend falsch. Bei vorpubertären Kindern geht es um Namen, Pronomen, Haare, Kleidung, Zugehörigkeit.
Ich bin sehr dankbar dafür, dass Paula schon in der Kita begann, sich auszuprobieren und herauszufinden, was für sie passt. Aber bis zur ersten (bisher einzigen) körperlichen Intervention, den Pubertätsblockern, dauerte es von dort an noch Jahre.« @paulasmama1 auf Twitter

---

Wenn das eigene Kind oder Enkelkind trans ist, dann müssen auch die nahen Bezugspersonen damit zurechtkommen. Es ist leicht dahergesagt, dass Kinder nun einmal zu akzeptieren sind, wie sie sind. Doch dass das eigene (Enkel-)Kind trans ist oder sein könnte, kann vielen auch erst einmal Angst machen. Einerseits wird da natürlich Sorge um das Kind sein, anderseits vielleicht auch die Angst vor dem »Unnormalen«. Diese Angst gehört nicht zum Kind. Das ist der allerwichtigste Grundsatz. Die Ängste und die Sorgen, die ihr aufgrund des Transseins eures Kindes habt, besprecht ihr nicht mit dem Kind. Die Transfeindlichkeit, die ihr internalisiert habt (wir alle haben das, kein Grund, sich zu schämen, der einzige Grund, sich zu schämen, wäre, es nicht ändern zu wollen), sollte nicht auf dem Rücken des Kindes reflektiert werden.

Feiert euer Kind. Feiert euer Kind dafür, wie es ist, dafür dass es herausgefunden hat, wer es ist.

Vielleicht könnt ihr auch euch feiern, dass das Kind euch vertraut hat, sich euch anvertraut hat.

Viele Eltern haben auch Sorge, teilweise sogar, weil sie geschlechtsoffen erzogen haben, dass sie in irgendeiner Form schuld wären an der Queerness des Kindes. Das passiert nicht. Queer zu sein ist auch nichts, was in irgendeiner Form eine Schuld verursacht.

Der Gedanke, dass hier irgendwo eine »Schuld« vorhanden ist, liegt sicher auch an der Sorge, dass das Transsein für Kinder Last und Bürde wird. Trans zu sein in einer transfeindlichen Gesellschaft ist hart. Aber das Kind ist trans. Das ändert sich nicht. Es ändert sich nur, ob damit offen umgegangen wird. Ob das Kind so leben kann, wie es leben möchte. So wie es ist. Nicht offen leben zu können, macht nichts leichter.

Für trans Personen ist die Transition meist eine große Erleichterung und bringt Gutes in ihr Leben. Es macht das Leben besser, nicht schlechter.

Auf Twitter fragte @im_just_laur, was das Beste sei, was trans Personen durch ihre Transition gewonnen haben.[32] Hier kommt eine Auswahl an Antworten:

»Einen Ausblick und eine Perspektive auf die Zukunft. Zuvor fühlte ich mich, als erhalte ich nur diese Figur am Leben, als die ich auftrete. Diese Person hatte keine Zukunft, um die es sich zu kümmern

lohnte, nur ein ›jetzt‹ nach dem anderen. Mittlerweile ist es sinnvoll, langfristige Pläne zu machen und Mühe in sie zu investieren.« @selfawaresoup

–

»Ich bin mutiger geworden und habe gelernt, dass ich mein eigenes Leben beeinflussen kann, auch wenn es furchteinflößend ist, auf unerforschten Pfaden zu wandeln.« @mayamitkind

–

*»Ich habe das Gefühl, dass mein Leben wahrhaftig *meins* ist. Vor meinem Coming-Out hatte ich das Gefühl, dass ich kein Recht hätte, mich selbst um *meiner selbst* willen zu definieren. Ich habe nur versucht, zu leben, wie andere dachten, dass ich leben soll, überzeugt davon, dass ich nur unter ihren Bedingungen Berechtigung hätte. Jetzt lebe ich MEIN Leben zu MEINEN Bedingungen und meine Berechtigung spricht für sich selbst.«* @TransCougarGirl

–

»Emotionen. Allzulange war meine emotionale Bandbreite beschränkt auf Frustration, Depression und, gelegentlich, leichte Zufriedenheit. Ich weine jetzt, über sowohl traurige als fröhliche Dinge. Ich fühle tatsächliche Freude. Ich bin in der Lage, Freund_innen und Familie offen zu sagen, dass ich sie liebe. Es ist erstaunlich.« @ImSarahNotSarah

---

Auch Hoffnung, Selbstbewusstsein, Selbstwertgefühl, Glück und Lebenswillen werden in den Kommentaren immer wieder genannt.

Wenn es schwierige Zeiten gibt, in denen ihr euch fragt, ob ihr das Richtige für euer Kind tut: Hört auf erwachsene trans Personen.

Ihr könnt euer Kind nicht davor bewahren, trans zu sein in einer transfeindlichen Gesellschaft. Aber ihr könnt euer Kind davor bewahren, damit auf sich selbst gestellt zu sein.

Ermöglicht eurem Kind auch, an queerer Kultur und queerem Leben teilzuhaben, wenn es das möchte. Sucht nach queeren Kinder- und Jugendräumen, geht auf (trans) Pride-Veranstaltungen oder recherchiert gemeinsam über trans Menschen in der Geschichte. Lasst das Kind Kontakt zu anderen trans Kindern haben – es tut gut, nicht »das Einzige« zu sein, das »so« ist. Gemeinschaft ist ein wichtiger Aspekt menschlichen Lebens und eine Gemeinschaft, in der ein Mensch um seiner selbst willen willkommen geheißen wird, sehr viel wert für das Lebensgefühl.

Wendet euch mit eurem Kind an Beratungsstellen – zum Beispiel an TRAKINE (Trans-Kinder-Netz). Diese können euch helfen, therapeutische und medizinische Fachkräfte zu finden, sie können euch helfen, euch mit anderen Eltern von trans Kindern zu vernetzen.

Wenn Kinder sich erst als Jugendliche outen, dann geht es oft auch viel schneller um medizinische und juristische Maßnahmen. Geschlechtsoffene Erziehung gibt Kindern viel Raum, in ihr Geschlecht hineinzufinden und zu fühlen. Eine Blog-Leserin erzählt von ihrem trans Teen:

»Weil wir Kinderkleidung in der Familie weitergereicht haben, haben wir eh immer mit dem Fokus praktisch, schön, outdoorgeeignet eingekauft, auf Wunsch des Kindes gab's auch mal ein Kleid, aber das war dann meist zwar heiß geliebt, aber zu unpraktisch für den Alltag. Praktisch, aber auch schön, vererbbar und outdoorgeeignet stand an erster Stelle. Und weil das Geschlecht eines Kindes in unserem Umfeld keine große Rolle spielt, war das auch kein Thema. So war das Outing auch weitgehend kein Ding, es war entspannt, bis auf ein, zwei Personen, die damit Schwierigkeiten hatten, aber das waren ihre Schwierigkeiten. Kinder, die nicht einem Geschlechtsstereo-

typ entsprechen, sollten nicht die Erwartungen und Enttäuschungen von Erwachsenen zu tragen haben. Wer was zu kommentieren hatte, konnte das bei uns Eltern abladen, bekam das aber auch gespiegelt (Wieso ist das für dich ein Problem oder Thema? Wieso denkst du, dass es dich betrifft?). Dass wir zu unserem Kind standen, auch als es sich irgendwann einen neuen Namen aussuchte und sich outete, hat es für alle leichter gemacht. Das Kind bleibt ja unser Kind, egal wie es sich selbst nennt, und die Annahme und Liebe, die sich durch das Outing nicht verändert hat, hat uns einen viel entspannteren, selbstsichereren Teenager beschert.

Auf der einen Seite hat die eher genderneutrale Erziehung viel Freiheit gelassen, sich auszuprobieren in alle Richtungen, auf der anderen Seite hat es ein Outing irgendwie herausgezögert, weil es keine Abgrenzung zu einer Seite bedurfte (wie die etwa ein trans Junge mit einer Rosa-Rüschen-Kindheit gebraucht hätte). Es gab halt nicht den Druck, einem Stereotyp entsprechen zu müssen. Verstärkt wurde das halt auch durch die Pfadfinderbewegung, wo alle alles machen können und die Kluft (Kleidung, die getragen wird und die Zugehörigkeit zu einem Verband ausdrückt) auch eher neutral gehalten ist. Da geht es mehr um Inhalte und Können als um Auftreten/Performance und Aussehen/Kleidung. Das war ein weiterer Teil Freiheit, die wir Eltern ja auch schon erleben konnten. Diese Freiheit, sich selbst auszuprobieren, ohne an Gendergrenzen zu kommen und eingeschränkt zu sein, der Fokus, der eher auf Wissen und Können geht und nicht auf Äußerlichkeiten, wollten wir an unser Kind weitergeben.« Beate mit Elias (20)

Die meisten trans Personen in meinem privaten Umfeld haben sich erst, als sie erwachsen waren, outen können. Die Mutter einer Freundin erzählte mir:

»Was mich bewegt hat, als Lilith sich als Erwachsene, mit 25 Jahren, vor mir outete?
Mir fallen drei Aspekte ein: Der erste ist das bedingungslose Ja zum eigenen Kind. Das ist die Basis, auf der wir dann nach und nach dazugelernt haben, was für Lilith wichtig war.
Der zweite waren die Sorgen, weil es gesellschaftlich für sie auch Ablehnung bringt. Und das tat mir als Mutter weh.
Der dritte war der ›Verlust‹ dabei, nämlich der des Bildes, das so eng mit ihr verwoben war: Wir hatten ja immer den Jungen in ihr gesehen. Also so einfach war es für uns nicht.
Dann waren da natürlich noch Schuldgefühle, es nicht selbst erkannt zu haben. Und dem eigenen Kind dadurch viel vorenthalten zu haben. Konkret zum Beispiel, dass wir ihr nie gesagt haben ›Wie hübsch du bist!‹ und mit ihr nie Mädelskleidung eingekauft haben – das haben wir nachgeholt.« Hannah mit Lilith (32)

Doch viele trans Personen haben gar keinen oder keinen guten Kontakt zu ihren Eltern, und häufig hat die fehlende Unterstützung und Akzeptanz ihres Transseins einen nicht unerheblichen Einfluss auf die schlechte Beziehung. Aber wir können es besser machen, so wie die Mama von Paula.

Die Geschichte von Paula

Auf Twitter berichtet @paulasmama1 von der Transition ihrer Tochter und davon, wie sie als Mutter anfangs damit gerungen hat. Sie schreibt viel über die alltäglichen Dinge von und mit ihrer Tochter. Ich darf die Geschichte von Paulas Transition hier mit euch teilen.

»Seit bald sechs Jahren wird Paula von allen in ihrem Umfeld als Paula angesprochen. Ein Mädchen war sie ja schon immer. Für diesen Schritt, der häufig als ›soziale Transition‹ bezeichnet wird, gibt es keine Altersgrenze. Als wir Paula darin unterstützt haben, wussten wir nicht, wie es weitergehen wird. Sie war damals noch in der Kita. Ich kenne auch Kinder, die in diesem Alter für eine Weile einen neuen Namen und eine andere Ansprache ausprobiert haben und irgendwann damit ›fertig‹ waren. Sehr berührend fand ich die Geschichte eines Kindes, das kurz vor der Einschulung Namen und Pronomen wechselte. Nach einem Jahr sagte das Kind seinen Eltern: ›Ich möchte doch wieder Max sein. Aber ich werde Lilly immer in meinem Herzen haben.‹ Bei Paula war das anders. Sie ist jetzt zwölf Jahre alt und hatte niemals den leisesten Zweifel. Für sie war es auf Dauer sehr schwierig, dass bei offiziellen Anlässen – auf Zeugnissen, auf der Krankenversicherungskarte, in ihrem Kinderreisepass – doch immer wieder der falsche Name auftauchte. Sie hatte Angst, wenn wir im Urlaub ins Ausland fahren wollten. Einige Dinge, wie die Versichertenkarte, konnten wir unbürokratisch ändern lassen, aber beispielsweise nicht den Namen auf dem Zeugnis.

Deshalb haben wir an Paulas zehntem Geburtstag bei Gericht den Antrag auf Vornamens- und Personenstandsänderung gestellt. Dieses Verfahren hat uns 15 Monate lang beschäftigt. Nach zwei gerichtlich beauftragten Gutachten durch psychiatrisch/psychologische Fachpersonen und einer Anhörung bei Gericht bekam Paula den positiven Beschluss, eine neue Geburtsurkunde und ihren ersten Personalausweis, auf dem nun der Name Paula steht. Das Verfahren war für uns alle sehr belastend und hat hohe Kosten verursacht, die wir selbst tragen mussten. Deshalb hoffen wird, dass es bald einen einfacheren, weniger belastenden Weg für die gesetzliche Vornamens- und Personenstandsänderung gibt.

Auch, wenn das Paula nicht mehr betreffen wird. Für diese rechtliche Änderung gibt es keine formale Altersbegrenzung. Früher war diese de facto dadurch gegeben, dass trans Personen für diesen Vorgang nachweisen mussten, dass sie durch eine Operation unfruchtbar gemacht wurden. Diesen besonders menschenverachtenden Teil des sogenannten ›Transsexuellengesetzes‹ hat das Bundesverfassungsgericht inzwischen gekippt.

Und für alle, die Zweifel daran haben, dass Kinder schon im Vorschulalter wissen können, dass sie einem falschen Geschlecht zugeordnet werden: Ich hatte die auch. Ich habe lange mit mir gehadert, bevor ich Paula den Weg dazu gebahnt habe, Paula zu sein.

Ich habe viel recherchiert, beobachtet, zugehört und mich z. B. intensiv mit einem schwulen ehemaligen Mitschüler ausgetauscht, der mir am Ende sagte: ›Ich glaube, bei deinem Kind ist das anders als bei mir damals.‹ Erwachsene trans Personen gesucht, die mir halfen, zu verstehen.

Ich habe Paulas Verhalten für eine Phase gehalten, obwohl sie mir über Jahre eindeutige, konsistente Signale sendete. Ob ihr es glaubt oder nicht: Ich habe nicht beim ersten Mal, als Paula mir sagte, sie sei ›Lisa-Marie‹, gejubelt und mich gefreut, nun endlich eine Tochter zu haben.

Ich hatte eine Höllenangst um sie, als sie das erste Mal im Kleidchen in die Öffentlichkeit ging. Angst vor allem Möglichen, und ich war unendlich traurig, als ich wirklich verstanden habe, dass mein Kind diesen Weg gehen muss. Weil ich ihr ein leichteres Leben gewünscht hätte.

Ich verstehe, wenn ihr Zweifel und Fragen habt. Stellt sie uns, mit Respekt. Aber ich verstehe nicht, wenn ihr denkt, all das besser zu wissen als Paula und die Menschen, die sie aufwachsen sehen. Wenn ihr uns belehren oder gar ›retten‹ wollt.

Oder uns alternativ, wenn wir uns nicht retten lassen wollen, ausgrenzt, diffamiert und angreift. Das verstehe ich nicht. Ihr dürft gerne fragen, um zu lernen, aber euch steht hier keine Meinung zu. Es ist Paulas Leben, ihres ganz allein.«

Wir erziehen jetzt mehrfarbig

Eine Leserin erzählte mir die folgende Anekdote:

»Ich stand mit meinem damals vierjährigen Kind im Spielwarengeschäft vor den Autos. Mein Kind trug ein Kleid. Eine vorübergehende Person kommentierte, dass Autos ja nichts für Mädchen wären. Mein Kind erwiderte schlagfertig: ›Danke, dann nehme ich den Panzer.‹ Ich musste so lachen und habe dann sogar meine Vorbehalte gegen militärisches Spielzeug zur Seite geschoben und den Panzer gekauft.«
Magdalena mit Isabel (8)

Wenn wir unsere Kinder liebevoll in ihrem sie selbst Sein begleiten, geben wir ihnen zumindest teilweise die Möglichkeit, frei von Zuschreibungen aufzuwachsen.

Das heißt nicht, dass ein Kind, das sich selbst geschlechtlich zuordnet, neutral behandelt werden sollte. Ich glaube, hier liegt der größte Unterschied zwischen dem Gedanken der Geschlechtsneutralität und dem der Geschlechtsoffenheit. Allen Kindern gerechte Voraussetzungen mitzugeben, heißt nicht, allen Kindern die gleichen Voraussetzungen mitzugeben. Kinder sind verschieden und brauchen unterschiedliche Dinge. Ein Kind, welches von sich selbst sagt, dass es ein Junge ist, braucht vielleicht Bestätigung in seinem Geschlecht, indem er es so ausleben kann, wie er das will: egal ob das Fußball spielend im Tutu, als liebevoller Puppenvati oder kletternd und Autos großartig findend ist. Die Geschlechtlichkeit eines

Kindes kann und sollte, wenn das Kind dies möchte, durchaus zelebriert werden – auf eine für das Kind passende Art und Weise. Wir können unsere Kinder unterstützen und begleiten, in einer Welt zurechtzukommen, die basierend auf Geschlecht diskriminiert, ohne sie deswegen zu einer neutralen Masse machen zu wollen. Das Geschlecht eines Menschen spielt in unserer Gesellschaft nun einmal eine große Rolle – doch es sollte nicht limitieren, wie ein Kind sein darf.

»Kinder und Erwachsene sollen selbst bestimmen, wer und wie sie sind!«, ließ mich mein damals fünfjähriges Kind auf ein Demoschild schreiben, das es gemalt hatte. Es war ein Schild für eine Demo zum Selbstbestimmungsgesetz.

Manche Menschen glauben, dass es einen Trend gäbe, trans zu sein. Dass es eine Entscheidung sei, eine Modeerscheinung. Trans und / oder nicht binäre Menschen hat es aber immer und überall auf der Welt gegeben. Wir werden nur (wieder) sichtbarer. Menschen können eine Sprache für sich finden, eben weil die Repräsentation zunimmt. Das heißt nicht, dass das eine Modeerscheinung ist. Viele Menschen wollen sich aber gar nicht damit auseinandersetzen, wie es dazu kommt, dass Geschlechtsnonkonformität, Transsein und nicht binär Sein präsenter wird, sondern wollen nur eine Bestätigung ihres festen Zwei-Geschlechter-Eine-Sexualität-Weltbildes. Da passen Gruselgeschichten über »Genderagenda« und Trans-Trend hervorragend, um bei dem bleiben zu können, was bisher gedacht wurde.

Herbert Renz-Polster schrieb: »Anlagen, Umwelt und Erziehung bilden ein *System* – die Einflüsse wirken im Verbund, nehmen Einfluss aufeinander und bedingen sich gegenseitig.«[1]

Kinder sind vor allem das: Kinder. Manche laut, manche leise, manche zart, manche grob, manche umsorgend, manche erforschend, die meisten alles ein bisschen und unterschiedlich stark ausgeprägt. Und das hat nichts damit zu tun, ob sie mit Penis oder Vulvina oder anderen Genitalien zur Welt kamen. Sondern mit Persönlichkeit, Erziehung und gelebtem Vorbild.

Die geschlechtsoffene Erziehung ist eine Erziehung, die für alle Beteiligten positiv ist: Kinder gewinnen die Freiheit, sie selbst zu sein, unabhängig von Zuschreibungen, und wir Erwachsenen gewinnen die Sicherheit, dass wir unseren Kindern alle Optionen, sie selbst sein zu können, offengehalten haben.

Susanne Mierau fragt in ihrem Buch *Geborgen wachsen*: »Wenn wir als Eltern darüber nachdenken, [...] welche Werte wir unserem Kind vermitteln wollen, stellt sich immer eine Frage: Was ist eigentlich unser Ziel? Was ist uns wichtig? Welche Eigenschaften wollen wir vermitteln und welche auf keinen Fall?«[2]

Wenn ich mir diese Fragen stelle, dann lautet die Antwort, dass es mir wichtig ist, dass unsere Kinder sich immer geliebt und ernst genommen fühlen. Dass wir ihnen auf Augenhöhe begegnen, sie fair behandeln und sie auf ihrem eigenen Weg begleiten können.

»Wir erziehen jetzt mehrfarbig« las ich irgendwann in einem sozialen Netzwerk. Regenbogenfarben gegen die Rosa-Hellblau-Falle, die Almut Schnerring und Sascha Verlan in ihrem gleichnamigen Buch eindrücklich beschrieben haben. So sollte eine Kindheit sein. Bunt und voller Möglichkeiten. Damit wir nicht mehr fragen: »Wisst ihr denn schon, was es wird?«, sondern uns von unseren Kindern zeigen lassen, wer sie sind.

Glossar

Einige Begriffe tauchen in Diskussionen um Geschlecht immer wieder auf. Auf viele gehe ich auch im Buch ein. Hier eine Übersicht der wichtigsten.

Ace/asexuell Menschen, die keine oder nur wenig sexuelle Anziehung zu anderen Menschen verspüren.

AFAB Assigned female at birth, bei der Geburt weiblich zugewiesen.

AGAB Assigned gender at birth, bei der Geburt zugewiesenes Geschlecht.

Allonormativität Die Annahme, dass alle Menschen sexuelles und romantisches Begehren verspüren.

Allo(sexuell/romantisch) Das Gegenteil von asexuell bzw. aromantisch; Menschen, die sexuelle/romantische Anziehung verspüren (unabhängig von zum Beispiel emotionaler Verbindung).

AMAB Assigned male at birth, bei der Geburt männlich zugewiesen.

Aro/aromantisch Menschen, die keine oder nur wenig romantische Anziehung zu anderen Menschen verspüren.

Cis Person, deren Geschlecht mit dem übereinstimmt, welches ihr bei der Geburt zugewiesen wurde.

Dyadisch/endo(geschlechtlich) Menschen, die nicht inter sind, werden als dyadisch oder endo bezeichnet.

Divers Geschlechtseintrag in Deutschland. Divers ist kein Geschlecht, sondern einer von vier möglichen Geschlechtseinträgen.

Enby/Nibi Kurzform vom englischen non binary bzw. vom deutschen nicht binär, wird teilweise als eigenständiges Wort verwendet, äquivalent zu Mann/Frau, aber nicht alle nicht binären Personen mögen diese Begriffe für sich, es ist kein geeigneter Sammelbegriff.

Gender Englisch für Geschlecht, früher häufig in Abgrenzung zu »sex« verwendet, was dann mit »biologisches Geschlecht« übersetzt wurde, eine Trennung, die inzwischen in der Forschung weitestgehend verworfen wurde, siehe Kapitel »Von Schniedelwutz und Schneckchen«.

Geschlechtsdysphorie Beschreibt das Gefühl von Unstimmigkeiten des Körpers oder der sozialen Wahrnehmung in Bezug auf das eigene Geschlecht.

Geschlechtseuphorie Beschreibt das Gefühl von Freude über das eigene Geschlecht in Bezug auf den Körper oder in sozialer Interaktion.

Geschlechts(non)konform Menschen, die sich gemäß den Erwartungen, die an ein bestimmtes Geschlecht existieren, verhalten, verhalten sich geschlechtskonform, Menschen die das nicht tun, verhalten sich geschlechtsnonkonform.

gnc Abkürzung für gender non conforming, geschlechtsnonkonform.

FLINTA Akronym für Frauen, Lesben, inter Personen, nicht binäre Personen, trans Personen, ageschlechtliche Personen.

Heteronormativität Die Annahme, dass Menschen und ihre Beziehungen heterosexuell sind.

inter Als inter bezeichnen sich Menschen, deren Körper in einer oder mehreren Ebenen von den körperlichen Bewertungskriterien abweichen oder früher abgewichen sind, welche oft verwendet werden, um Menschen ein Geschlecht zuzuweisen.

Intersektionalität Von Kimberlé Crenshaw 1989 geprägter Begriff, um sich überlappende Diskriminierungsformen besser analysieren zu können.

LGBTQIA+ Steht für lesbische, schwule (englisch gay), bisexuelle/biromantische, trans, queere, inter und asexuelle/aromantische/ageschlechtliche Menschen. Das + lässt Raum für eventuell Ungenanntes, wie zum Beispiel Pansexualität.

Pronomen Die Wörter, die wir anstelle eines Namens verwenden, z. B. er/sie/es/xier.

Queer Sammelbegriff für Personen, die aus den cisheteronormativen Vorstellungen von Begehren und Geschlecht herausfallen. Zurückeroberte Abwertung.

TERF Trans exclusionary radical feminist, trans exkludierende radikale Feminist_innen.

TIN Akronym für trans, inter und nicht binäre Personen.

trans Personen, deren Geschlecht nicht oder nicht vollständig oder nicht immer mit dem Geschlecht übereinstimmt, welches ihnen bei der Geburt zugewiesen wurde.

Transition Der Weg einer trans Person zu einem für sie selbst passenden Dasein.

Anmerkungen

Wisst ihr denn schon, was es wird?

1. Bailey, L.; Ellis, S. J. & McNeil, J. (2014): »Suicide risk in the UK trans population and the role of gender transition in decreasing suicidal ideation and suicide attempt«. In: *The Mental Health Review*, 19(4), 209–220

Von Schniedelwutz und Schneckchen – mit Kindern über Körper reden

1. »Vulvina« ist eine Bezeichnung für die Gesamtheit von Vulva und Vagina.
2. Imlau, Nora: *Mein Familienkompass – Was brauch ich und was brauchst du?* Berlin: Ullstein 2020
3. Grach, Katja: *Über den Mythos von ausschließlich zwei Geschlechtern – Krachbumm.* [Online] 17.05.2015 https://www.krachbumm.com/2015/05/17/über-den-mythos-von-ausschließlich-zwei-geschlechtern/
4. Grach, Katja: *Über den Mythos von ausschließlich zwei Geschlechtern – Krachbumm.* [Online] 17.05.2015 https://www.krachbumm.com/2015/05/17/über-den-mythos-von-ausschließlich-zwei-geschlechtern/
5. Klöppel, Ulrike: *Zur Aktualität kosmetischer Operationen »uneindeutiger« Genitalien im Kindesalter.* Zentrum für transdisziplinäre Geschlechterstudien, Humboldt Universität zu Berlin, Bulletin Texte, Nr. 42, 2016, https://www.gender.hu-berlin.de/de/publikationen/gender-bulletin-broschueren/bulletin-texte/texte-42/kloeppel-2016_zur-aktualitaet-kosmetischer-genitaloperationen/view
6. Hoenes, Josch; Januschke, Eugen; Klöppel, Ulrike: *Häufigkeit normangleichender Operationen »uneindeutiger« Genitalien im Kindesalter.* Follow-up-Studie, Ruhr Universität Bochum, 2019, verfügbar unter: https://omp.ub.rub.de/index.php/RUB/catalog/book/113
7. Ebd.
8. *A Map of Gender-Diverse Cultures.* [Online] 11.08.2015. [Zitat vom: 30.06.2021.] https://www.pbs.org/independentlens/content/two-spirits_map-html/
9. Spannbauer, Christa: *Das verqueere Begehren – Sind zwei Geschlechter genug?* Würzburg: s. n., 1999

10. Kant, Immanuel: *Beobachtungen über das Gefühl des Schönen und Erhabenen, dritter Abschnitt: Von dem Unterschiede des Erhabenen und Schönen in dem Gegenverhältnis beider Geschlechter.* 1764
11. Zitiert nach Wagner, Gieselheid: *Harmoniezwang und Verstörung.* Tübingen 2005, S. 290
12. Spannbauer, Christa: *Das verqueere Begehren – Sind zwei Geschlechter genug?* Würzburg: s. n., 1999
13. *Herders Konversationslexikon, Band 3.* Freiburg im Breisgau: s. n., 1904
14. *Allgemeines Landrecht für die Preußischen Staaten,* Erster Theil, § 19–23. 1794
15. Weyrather, Irmgard: *Muttertag und Mutterkreuz – Der Kult um die »deutsche Mutter« im Nationalsozialismus.* Frankfurt (Main): Fischer 2015
16. Schnerring, Almut, und Verlan, Sascha: *Die Rosa-Hellblau-Falle – Für eine Kindheit ohne Rollenklischees.* München: Antje Kunstmann 2014
17. Weber, Silke (2018): »Es gibt so viele Geschlechter, wie es Menschen gibt« (2018-02-01), http://www.zeit.de/campus/2018/01/sexualitaet-sexualmedizin-volkmar-sigusch-interview/komplettansicht

Junge, Mädchen, Kind – wie Kinder lernen, wer sie sind

1. Ewert, Felicia: *Trans. Frau. Sein. – Aspekte geschlechtlicher Marginalisierung.* Münster: edition assemblage 2018
2. »Dier« ist ein neutraler Artikel, eine Zusammensetzung aus die und der.
3. https://twitter.com/BerlimOlivian/status/1423760792747401216?s=19
4. Im französischen Original: »On ne naît pas femme, on le devient.«
5. Deutsche Mark, Währung in Deutschland bis 1998/2001.
6. Spears Brown, Christia: *Parenting beyond pink & blue: How to raise your Kids free of Gender Stereotypes*, New York 2014, S. 123f.
7. Snorton, C. Riley & Haritaworn, Jin: »Trans Necropolitics – A Transnational Reflection on Violence, Death and the Trans of Color Afterlife«, in: *The Transgender Studies Reader*, 2nd Edition. Eds. Susan Stryker and Aren Aizura. New York: Routledge 2013, S. 66–76
8. Ruble, Diane N.; Taylor, Lisa J.; Cyphers, Lisa; Greulich, Faith K.; Lurye, Leah E. & Shrout, Patrick: »The Role of Gender Constancy in Early Gender Development«. In: *Child Development*, July/August 2007, Volume 78, Number 4, S. 1121–1136
9. Renz-Polster, Herbert: *Erziehung prägt Gesinnung – Wie der weltweite Rechtsruck entstehen konnte – und wie wir ihn aufhalten können.* München: Kösel 2019

10. Kocherhans, Sabina (Hrsg.): *Vom Slumgirl zur Botschafterin – one voice – one heart – transgender.* Pfarrkirchen 2019, S. 99
11. Übersetzung von R. Siever. Im Original: »Cars are a focal point for testosterone. We kind of figured that, didn't we? Men romanticize things that embody power, fearlessness, speed. But what accounts for the tremendous intimacy between men and cars? Men don't simply own cars – they have relationships with them.« Neil, Dan: *Driven: Why Cars move Men. Men's Health.* [Online] 26.05.2001. [Zitat vom: 13.03.2020.] https://www.menshealth.com/technology-gear/a19555066/why-cars-move-men/
12. Sow, Noah. *Deutschland Schwarz Weiß – Der alltägliche Rassismus.* München: Goldmann 2009
13. Barwig, G., C. Busch (Hg.): *»Unbeschreiblich weiblich«: Frauen unterwegs zu einem selbstbewußten Leben mit Behinderung,* München: AG-SPAK-Publ., 1993
14. Achtelik, Kirsten: »Behindert, queer, Kinderwunsch?«, in: *Gen-ethischer Informationsdienst* Nr. 242, August 2017, verfügbar unter https://gen-ethisches-netzwerk.de/behinderung/reprotechnologien/242/behindert-queer-kinderwunsch
15. McConnell, Llewellyn, Ferronato, 2000, zitiert nach Pixa-Kettner, Ursula: »Elterliche Kompetenzen bei Eltern mit geistiger Behinderung«, in: *Jugendhilfe,* Vol. 44, Heft 3, 2006, S. 121ff. Übersetzt von R. Siever. Im Original: »It is well established that most parents with a disability will not abuse or neglect their children. Disability per se, whether psychiatric, intellectual, physical or sensory disability, is a poor predictor of parenting capacity. (...) Yet, international studies report high rates of child removal.«
16. Banaszczuk, Yasmina: »Frauen mit geistiger Behinderung werden zur Sterilisation gedrängt«, https://www.vice.com/de/article/43ndpn/selbstbestimmung-frauen-mit-geistiger-behinderung-zu-sterilisation-gedraengt, 24.10.2017
17. Achtelik, Kirsten, https://taz.de/Schwangerschaftsabbruch-nach--218/!5751368/
18. Vgl. Schnerring, Almut, und Verlan, Sascha: *Die Rosa-Hellblau-Falle. Für eine Kindheit ohne Rollenklischees.* München 2014, S. 41
19. Statistisches Bundesamt. Destatis. [Online] [Zitat vom: 27.03.2021] https://www.destatis.de/DE/Themen/Arbeit/Arbeitsmarkt/Qualitaet-Arbeit/Dimension-1/gender-pay-gap.html
20. Brough, Aaron R. & Wilkie, James E. B.: »Men Resist Green Behavior as Unmanly«, https://www.scientificamerican.com/article/men-resist-green-behavior-as-unmanly/

Über Geschlecht sprechen

1. Gümüşay, Kübra: *Sprache und Sein.* Berlin 2021, S. 21
2. Übersetzung von R. Siever. Im Original: »The word ›bridge‹ is feminine in German and masculine in Spanish. Sure enough, German speakers described bridges as *beautiful, elegant, fragile, pretty,* and *slender,* while Spanish speakers said they were *big, dangerous, strong, sturdy,* and *towering.*« Jackson, Steven (21.09.2012): *Psychology Today.* Abgerufen am 05.07.2021 von Masculine or Feminine? (And Why It Matters): https://www.psychologytoday.com/us/blog/culture-conscious/201209/masculine-or-feminine-and-why-it-matters
3. Boroditsky, L.; Schmidt, L. & Phillips, W.: »Sex, Syntax, and Semantics«, in: Gentner & Goldin-Meadow (Hg.): *Language in Mind: Advances in the study of Language and Cognition*, 2003
4. https://leges.weblaw.ch/legesissues/2019/2/alle-schweizer-sind-vor-gesetz-gleich.html
5. https://www.republik.ch/2020/06/12/gendergerechte-sprache-ist-notwendig-ein-plaedoyer
6. https://www.tagesspiegel.de/wissen/warum-sprachwandel-notwendig-ist-der-professor-die-professor-das-professor/26155414.html
7. https://www.mdr.de/nachrichten/sachsen-anhalt/gendern-situation-im-land-100.html
8. Gygax et al.: »Generically intended, but specifically interpreted: When beauticians, musicians and mechanics are all men«, in: *Language, Cognition and Neuroscience*, April 2008, DOI: 10.1080/01690960701702035
9. https://www.deutschlandfunkkultur.de/entgendern-nach-hermes-phettberg-bis-das-arzty-kommt.1013.de.html?dram:article_id=492876
10. http://dasling.de
11. https://geschlechtsneutral.net/
12. https://www.tagesspiegel.de/gesellschaft/panorama/studierx-und-professx-wie-genderforscherin-lann-hornscheidt-ihren-vorschlag-begruendet/9831950.html
13. https://nibi.space/geschlechtsneutrale_sprache#lon
14. https://geschlechtsneutralesdeutsch.com/
15. https://www.gwi-boell.de/de/2019/04/12/intersektionalitaet-eine-kurze-einfue hrung
16. »Das« hier als neutraler Artikel, Alternativen wären dier, der_die …
17. Hier habe ich das Demonstrativpronomen im Genitiv anders gebeugt als üblich, um zu verdeutlichen, dass unterschiedliche Deklinationen möglich sind.
18. Wortneuschöpfung aus Penis und Vagina.

19. Tankel ist eine geschlechtsneutrale Wortneuschöpfung aus »Tante« und »Onkel«.
20. Seide, Katja: »Aktives Zuhören nach Gordon – wie wir mit unseren Kindern gemeinsam Probleme lösen«. Abgerufen am 30.05.2021 von »Das gewünschteste Wunschkind«, https://www.gewuenschtestes-wunschkind.de/2017/04/aktives-zuhoeren-nach-thomas-gordon-familienkonferenz-mit-kindern-erfolgreich-kommunizieren.html

Ein geschlechtsoffenes Umfeld schaffen

1. Schnerring, Almut, und Verlan, Sascha: *Die Rosa-Hellblau-Falle – Für eine Kindheit ohne Rollenklischees.* München: Antje Kunstmann 2014
2. Bailey, L.; Ellis, S. J. & McNeil, J.: »Suicide risk in the UK trans population and the role of gender transition in decreasing suicidal ideation and suicide attempt«. In: *The Mental Health Review*, 19(4), 209–220, 2014
3. Colizzi, M.; Costa, R. & Todarello, O.: »Transsexual patients' psychiatric comorbidity and positive effect of cross-sex hormonal treatment on mental health: Results from a longitudinal study«, in: *Psychoneuroendocrinology*, 39, 65–73, 2014
4. »Accessibility of Gender Stereotype Domains: Developmental and Gender Differences in Children«, July 2009, in: Sex Roles 60 (11–12):870-881, DOI:10.1007/s11199-009-9584-x, https://www.researchgate.net/publication/26674639_Accessibility_of_Gender_Stereotype_Domains_Developmental_and_Gender_Differences_in_Children
5. Vgl. https://courses.lumenlearning.com/wm-lifespandevelopment/chapter/gender-and-early-childhood/
6. Perlman, Merrill: »How the word »queer« was adopted by the LGBTQ community«, in: *Columbia Journalism Review.* [Online] 22.01.2019 [Zitat vom: 28.04.2021] https://www.cjr.org/language_corner/queer.php
7. Seavey, C.A.; Katz, P.A. & Zalk, S.R.: »Baby X«, *Sex Roles* 1, 103–109 (1975). https://doi.org/10.1007/BF00288004, https://link.springer.com/article/10.1007/BF00288004?LI=true
8. Rippon, Gina: *The Gendered Brain – The new neuroscience that shatters the myth of the female brain.* London: Penguin Random House 2019
9. Spears-Brown, Christia: *Parenting Beyond Pink & Blue – How to Raise Your Kids Free of Gender Stereotypes.* New York: Crown Publishing Group 2014
10. Sommer, Angela: Planet Wissen. WDR. [Online] 02.06.2020 [Zitat vom: 28.04.2021] https://www.planet-wissen.de/video-welches-geschlecht-hat-das-gehirn-102.html
11. Steinbeck, Kate: *Health Check: do boys really have a testosterone spurt at age four?*

The Conversation. [Online] 23.10.2017 [Zitat vom: 07.05.2021] https://theconversation.com/health-check-do-boys-really-have-a-testosterone-spurt-at-age-four-82587

12. Marginalisiert ist, wer aufgrund von Diskriminierung an den Rand der Gesellschaft gedrängt wird.
13. https://www.thegamer.com/10-times-games-got-diversity-right-and-10-they-really-didnt/
14. Grach, Katja: *Warum Mädchen Hexenzauber dringender brauchen – Über den Zusammenhang von Magie und Selbstbestimmung.* Krachbumm. [Online] 21.08.2014. [Zitat vom: 12.05.2021] https://www.krachbumm.com/2014/08/21/hexenkunst-und-frauenpower/
15. Duggan, Maeve (2015): »Gaming and Gamers« (2015-12-15), http://www.pewinternet. org/2015/12/15/gaming-and-gamers/, (Access 2018-01-30)
16. https://de.statista.com/statistik/daten/studie/315920/umfrage/anteil-der-computerspieler-in-deutschland-nach-geschlecht/
17. Übersetzung von R. Siever. Im Original: »The powerful association of masculine subjects as gamers and game designers as well as the presumption (through technologies generally) of (male) competence and ability have positioned women and girls unerringly as ›less able‹, ›less competent‹, and as ›casual‹ gameplayers.« Jenson, Jennifer, und Castelle, Suzanne de: *Gender, Simulation, and Gaming. Simulation & Gaming.* 41(1), 2009
18. García-González, J.; Forcén, P.; Jimenez-Sanchez, M. (2019): »Men and women differ in their perception of gender bias in research institutions«, in: *PLOS ONE* 14(12): e0225763 https://doi.org/10.1371/journal.pone.0225763
19. Menschen mit zwei unterschiedlichen ethnischen Herkünften, zum Beispiel Menschen mit einem asiatischen und einem Schwarzen Elternteil.
20. Cammarata, Patricia: *Dreißig Minuten, dann ist aber Schluss! – Mit Kindern tiefenentspannt durch den Mediendschungel.* Köln: Eichborn 2020
21. https://www.aerztezeitung.de/Politik/Kinder-oft-ungewollt-mit-Pornografie-konfrontiert-310125.html
22. Übersetzung von R. Siever. Im Original: »purposeless, all-consuming and fun«, Brown, Stuart: *Why Playing is Vital. Plays In Business.* [Online] 16.10.2014 [Zitat vom: 06.04.2021] https://www.plays-in-business.com/stuart-brown-why-playing-is-vital

Du kannst dem Jungen doch kein Kleid anziehen – Stereotypen begegnen

1. Pickert, Nils: *Prinzessinnenjungs – Wie wir unsere Söhne aus der Geschlechterfalle befreien.* Weinheim: Beltz 2020
2. Übersetzung von R. Siever. Im Original: »If I was to say what is the major emotion of American masculinity, it is anxiety. Why? Because you have to prove your masculinity all the time.«
3. Mord an Frauen, weil sie Frauen sind.
4. Spears Brown, Christia: *Parenting beyond pink & blue – How to raise your kids free of gender stereotypes*, New York, 2014, S. 31
5. Wang Mei-Rong, Shelley Ching-Yu Hsieh: Gender Differences in the Language for Emotions; in: *Asian Journal of Management and Humanity Sciences*, Vol. 2, No. 1–4, pp. 89–97, 2007
6. Zum Vergleich mit Menschen anderer Geschlechter lassen sich bisher keine belastbaren Zahlen finden.
7. Übersetzung von R. Siever. Im Original: »Your dad has no friends. If you think he has friends, you're wrong! Your mum has friends and they have husbands! Those are not your dad's friends.« Mulaney, John: Saturday Night Live Season 45. [Online] 29.02.2020. https://www.nbc.com/saturday-night-live/video/february-29-john-mulaney/4120806
8. Imlau, Nora: *Freundschaft: Wie Kinder sie erleben und Eltern sie stärken können.* Weinheim 2014, S. 11
9. Ein Produkt aus der Gendermarketing-Hölle: Körperkleber, der dafür gemacht ist, Haarschmuck an haarlosen Babyköpfen zu fixieren, um diese besser als Mädchen markieren zu können.
10. Buecker, Teresa: »Brutales Nachspiel – während Fußballturnieren kommt es häufiger zu häuslicher Gewalt«. https://editionf.com/haeusliche-gewalt-gegen-frauen-nach-fussballspielen/#
11. Renz-Polster, Herbert: *Kinder verstehen – Born to be wild.* München 2015, S. 354
12. https://www.daserste.de/information/politik-weltgeschehen/weltspiegel/sendung/schweden-geschlechtsneutrale-erziehung-100.html
13. https://www.krachbumm.com/2014/08/16/die-erfindung-der-hausfrau/

Die häufigsten Gegenargumente entkräften

1. Spears-Brown, Christia: *Parenting beyond pink and blue – How to raise your kids free of gender stereotypes.* New York 2014, S. 38

2. Renz-Polster, Herbert: *Kinder verstehen – Born to be wild.* München 2015, S. 360
3. Übersetzung von R. Siever. Im Original: »[Boys] enter into a culture of masculinity that makes these bizarre equations that male intimacy has to be about sexuality. They'll start saying things like, ›I feel close to him, no homo‹, ›He's cool, no homo.‹. So this constant illusion that any sign of intimacy is gonna be perceived as potentially gay, they understand that if you're straight, you have no desire for male intimacy.« Dr. Way in The Mask you Live in, 2015, minute 29:56-30:09
4. Black People, indigenous people and People of Color, also Schwarze Menschen, indigene Menschen und Menschen of Color.

Oma sagt, ich bin ein Mädchen, aber das stimmt nicht – wenn Kinder trans sind

1. Wulforst, Ellen: »Nearly one in 50 US teen students see selves as transgender, government reports«, https://www.reuters.com/article/usa-lgbt-students-idUSL1N1ZP0GH
2. https://www.nbcnews.com/news/amp/rcna993
3. Haynes, Suyin: »The World Health Organization Will Stop Classifying Transgender People as Having a ›Mental Disorder‹«, https://time.com/5596845/world-health-organization-transgender-identity/, 29.05.2019
4. Nieder, Timo O.; Briken, Peer; Richter-Appelt, Hertha: »Transgender, Transsexualität und Geschlechtsdysphorie: Aktuelle Entwicklungen in Diagnostik und Therapie«, PSYCH up2date, 7, 2013, DOI http://dx.doi.org/10.1055/s-0033-1349534, verfügbar unter https://www.thieme.de/statics/dokumente/thieme/final/de/dokumente/tw_psychiatrie-psychotherapie-psychosomatik/transgender.pdf
5. https://www.imdb.com/title/tt8637504/
6. Übersetzung von R. Siever. Im Original: »Representation, said Cox, can ›change some hearts and minds, it can inspire people, but it needs to be combined with efforts to shift ideology and institutions and public policy – and, again, the material conditions of people's lives‹.« https://www.theguardian.com/film/2020/jun/18/disclosure-laverne-cox-netflix-documentary-trans-representation
7. Das TSG ist das sogenannte Transsexuellengesetz, ein veralteter Name, der ebenso verletzend ist wie ein Großteil der Formulierungen in dem Gesetz selbst. In Zitaten werden solche Formulierungen daher hier (mit Kennzeichnung) angepasst.

8. https://www.tagesschau.de/ausland/europa/ungarn-homosexualitaet-103.html
9. https://www.edit-magazin.de/im-falschen-koerper-geboren.html
10. https://www.reuters.com/article/us-usa-lgbt-biology-idUSKBN1AJ0F0
11. https://www.awmf.org/uploads/tx_szleitlinien/138-001l_S3_Geschlechtsdysphorie-Diagnostik-Beratung-Behandlung_2019-02.pdf
12. https://www.them.us/story/study-trans-cisgender-children-gender-identities/
13. https://fenwayhealth.org/new-study-shows-discrimination-stigma-and-family-pressure-drive-detransition-among-transgender-people/
14. Übersetzung von R. Siever. Im Original: »[…] pressure from a parent (35.5%), pressure from their community or societal stigma (32.5%), or trouble finding a job (26.8%). Other reasons included pressure from medical health professionals (5.6%) or religious leaders (5.3%). Detransition was significantly associated with male sex assigned at birth, nonbinary gender identity, or bisexual sexual orientation, which is consistent with prior research finding that these factors are associated with lower rates of societal acceptance.«
15. https://shesindetransition.wordpress.com/2020/02/28/wer-glauben-wir-eigentlich-wer-wir-sind/amp/
16. Lulu in Pose S1E2 »Access«, ca. Min. 23, Übersetzung von R. Siever. Im Original: »Everybody needs someone to make them feel superior. That line ends with us, though. This shit runs downhill past the women, the blacks, Latinos, gays until it reaches the bottom and lands on our kind.«
17. https://transrespect.org/en/tmm-update-tdor-2020/
18. https://www.lsvd.de/de/ct/2391-lsbti-in-deutschland-erfahrungen-mit-diskriminierung-und-gewalt
19. https://fra.europa.eu/sites/default/files/eu-lgbt-survey-results-at-a-glance_de.pdf
20. https://www.tagesspiegel.de/gesellschaft/queerspiegel/transfeindlichkeit-im-netz-der-hass-der-anderen/20950418.html
21. Hannah Gadsby in ihrer Show *Nanette*. Übersetzung von R. Siever. Im Original: »I'm from the northwest coast of Tasmania, the Bible Belt. Seventy percent of the people I lived amongst believed that homosexuality should be a criminal act. Seventy percent of the people who raised me, who loved me, who I trusted, believed that homosexuality was a sin, that homosexuals were heinous, sub-human pedophiles. Seventy percent! And by the time I identified as being gay, it was too late. I was already homophobic, and you do not get to just flick a switch on that. No, what you do is you internalize that homophobia and you learn to hate yourself. Hate yourself to the core. I sat soaking in shame in the closet for ten years.«

22. https://queer-lexikon.net/2017/06/08/transition/
23. Personenstandsgesetz
24. https://www.fr.de/meinung/kolumnen/trans-transsexuell-transidentitaet-transsexuellengesetz-gutachten-politik-berlin-90245330.html
25. https://www.regenbogenportal.de/informationen/vornamen-und-geschlechtseintrag-aendern-mit-dem-transsexuellengesetz, zitiert https://www.bmfsfj.de/resource/blob/114064/460f9e28e5456f6cf2ebdb73a966f0c4/imag-band-7-regelungs-und-reformbedarf-fuer-transgeschlechtliche-menschen-band-7-data.pdf, S. 12
26. https://www.gesetze-im-internet.de/pstg/__45b.html
27. https://www.transx.at/Pub/Recht_Personenstand.php
28. endogeschlechtlich = nicht inter
29. https://www.focus.de/perspektiven/jugendpsychiater-im-interview-transgender-hype-warum-immer-mehr-kinder-ihr-geschlecht-wechseln-wollen_id_16361283.html
30. https://queer-lexikon.net/2021/06/23/versachlichung-teil-9-risiken-und-nebenwirkungen/
31. https://queer-lexikon.net/2021/06/30/versachlichung-teil-10-vorschnelle-entscheidungen/ Artikel für Einsteiger_innen, zitiert einige Studien
32. https://twitter.com/im_just_laur/status/1414329740824137729?s=19

Wir erziehen jetzt mehrfarbig

1. Renz-Polster, Herbert: *Kinder verstehen – Born to be wild.* Weinheim 2015, S. 422
2. Mierau, Susanne: *Geborgen wachsen – Wie Kinder glücklich groß werden.* München 2016, S. 124

Literatur- und Kinderbuchempfehlungen

Vielfältige Kinderbücher

Aster, Christian von & Swerk, Ben: *Felix oder Früher hießen Tauben anders*

Ballaschk, Cindy; Elsner, Maria; Johann, Claudia; Weber, Elisabeth; Schmitz, Ka: *MachtWorte!*

Brichzin, Kerstin: *Der Junge im Rock*

Cave, Kathryn: *Irgendwie Anders*

Eismann, Sonja: *Wie siehst du denn aus? Warum es normal nicht gibt*

Gathen, Katharina von der & Kuhle, Anke: *AnyBody Dick & Dünn & Haut & Haar*

Greener, Rachel & Owen, Clare: *Ein Baby! Wie eine Familie entsteht*

Hergane, Yvonne: *Sorum und Anders*

Love, Jessica: *Julian ist eine Meerjungfrau*

Love, Jessica: *Julian feiert die Liebe*

Merbeth-Brandtner, Olliver: *Pau und die Wut*

Pessin-Whedbee, Brook & Bardoff, Naomi: *Who are you? A kids guide to gender identity* (englischsprachig)

Silverberg, Cory: *Wie entsteht ein Baby? Ein Buch für jede Art von Familie und jede Art von Kind*

Wolff, Regine: *Ferdinand macht sich schön*

Für Fachkräfte

Akzeptanz für Vielfalt von klein auf! Sexuelle und geschlechtliche Vielfalt in Kinderbüchern. Ein Rezensionsband für pädagogi-

sche Fachkräfte in Kindertagesstätten, 2018 herausgegeben von Ines Pohlkamp & Kevin Rosenberger. Zum Download verfügbar unter: https://www.waldschloesschen.org/de/publikationdetail-waldschloesschen-verlag/akzeptanz-fuer-vielfalt-von-klein-auf-sexuelle-und-geschlechtliche-vielfalt-in-kinderbuechern-ein-rezensionsband-fuer-paedagogis.html

Murat spielt Prinzessin, Alex hat zwei Mütter und Sophie heißt jetzt Ben – Sexuelle und Geschlechtliche Vielfalt als Themen frühkindlicher Inklusionspädagogik, 2018 herausgegeben von der Bildungsinitiative Queerformat und dem Sozialpädagogischen Fortbildungsinstitut Berlin-Brandenburg. Zum Download verfügbar unter: https://www.queerformat.de/murat-spielt-prinzessin-alex-hat-zwei-muetter-und-sophie-heisst-jetzt-ben/

*Schule lehrt/lernt Vielfalt, Band 1 – Praxisorientiertes Basiswissen und Tipps für Homo-, Bi-, Trans- und Inter*freundlichkeit in der Schule*, 2018 herausgegeben von Annika Spahn & Juliette Wedl. Zum Download verfügbar unter: https://www.waldschloesschen.org/de/publikationdetail-waldschloesschen-verlag/schule-lehrtlernt-vielfalt-band-1-praxisorientiertes-basiswissen-und-tipps-fuer-homo-bi-trans-und-interfreundlichkeit-in-der-sch.html

Schule lehrt/lernt Vielfalt, Band 2 – Materialien und Unterrichtsbausteine für sexuelle und geschlechtliche Vielfalt in der Schule, 2020 herausgegeben von Juliette Wedl & Annika Spahn. Zum Download verfügbar unter: https://www.waldschloesschen.org/de/publikationdetail-waldschloesschen-verlag/schule-lehrtlernt-vielfalt-band-

2-materialien-und-unterrichtsbausteine-fuer-sexuelle-und-geschlechtliche-vielfalt-in-der-schule.html

Für eine Pädagogik der Vielfalt, 2016 herausgegeben von der Gewerkschaft Erziehung und Wissenschaft. Zum kostenfreien Download verfügbar unter: https://www.gew.de/gleichstellung/gender-diversity/paedagogik-der-vielfalt/

Genderaspekte im Unterricht. Sammlung von Unterrichtseinheiten zu unterschiedlichen Schwerpunkten mit Gender-Bezug. Verfügbar unter https://www.lehrer-online.de/fokusthemen/dossier/do/genderaspekte-im-unterricht/

Für Eltern

Grach, Katja: *Wie sag ich's meinem Kind*, eBook zum Thema sexuelle Aufklärung. Zum Download verfügbar unter: https://www.krachbumm.com/2015/02/13/wie-sag-ich-s-meinem-kind-sex-porno/

Pickert, Nils: *Prinzessinnenjungs*

Trans und Elternschaft.* 2015 Schwerpunktheft der Queerulant_in, Ausgabe 8. Zum Download verfügbar unter: https://www.queerulantin.de/?page_id=796

Anti-Rassismus

Fajembola, Olaolu & Nimindé-Dundadengar, Tebogo: *Gib mir mal die Hautfarbe – Mit Kindern über Rassismus sprechen*

Hasters, Alice: *Was weiße Menschen nicht über Rassismus hören wollen, aber wissen sollten*

Obulor, Evein (Hg.): *Schwarz wird groß geschrieben*

Ogette, Tupoka: *Exit racism*

Sow, Noah: *Deutschland Schwarz Weiß*

Anti-Ableismus

Achtelik, Kirsten: *Selbstbestimmte Norm – Feminismus, Pränataldiagnostik, Abtreibung*

Jacob, Jutta; Köbsell, Swantje & Wollrad, Eske (Hg.): *Gendering Disability – Intersektionale Aspekte von Behinderung und Geschlecht*

Lüthi, Eliah (Hg.): *behindert & verrückt – Worte_Gebärden_Bilder finden*

Murstein, Mika: *I'm a queerfeminist cyborg, that's okay*

Transsein

Ewert, Felicia: *Trans. Frau. Sein.*

FaulenzA: *Support your sisters not your cisters*

Feinberg, Leslie: *Stone Butch Blues*

Giese, Linus: *Ich bin Linus*

Robinet, Jayrôme C.: *Mein Weg von einer weißen Frau zu einem jungen Mann mit Migrationshintergrund*

Spoon, Rae & Coyote, Ivan E.: *Goodbye Gender*

Verwendete Literatur

Achtelik, Kirsten: »Behindert, queer, Kinderwunsch?«, in: *Gen-ethischer Informationsdienst* Nr. 242, August 2017, verfügbar unter https://gen-ethisches-netzwerk.de/behinderung/reprotechnologien/242/behindert-queer-kinderwunsch

Allgemeines Landrecht für die Preußischen Staaten, Erster Theil, §19–23. 1794

Bailey, L.; Ellis, S. J. & McNeil, J.: »Suicide risk in the UK trans population and the role of gender transition in decreasing suicidal ideation and suicide attempt«, in: *The Mental Health Review*, 19(4), 2014, 209–220

Ball, Ros & Millar, James: *The Gender Agenda: A First-Hand Account of How Girls and Boys are treated Differently*, London/Philadelphia 2017

Barwig, G.; Busch, C. (Hg.): *»Unbeschreiblich weiblich«: Frauen unterwegs zu einem selbstbewußten Leben mit Behinderung*, München: AG-SPAK-Publ., 1993

Boroditsky, L.; Schmidt, L. & Phillips, W.: »Sex, Syntax, and Semantics«, in: Gentner & Goldin-Meadow (Hg.): *Language in Mind: Advances in the study of Language and Cognition*, London 2003

Cammarata, Patricia: *Dreißig Minuten, dann ist aber Schluss! – Mit Kindern tiefenentspannt durch den Mediendschungel*, Köln 2020

Colizzi, M.; Costa, R. & Todarello, O.: »Transsexual patients' psychiatric comorbidity and positive effect of cross-sex hormonal treatment on mental health: Results from a longitudinal study«, in: *Psychoneuroendocrinology*, 39, 65–73, 2014

Diamond, Lisa M.: »Gender Fluidity and Nonbinary Gender Identities among children and adolescents«, in: *Child Development Perspectives*, Volume 14, Number 2, 2020, S. 110–115

Ewert, Felicia: *Trans. Frau. Sein. – Aspekte geschlechtlicher Marginalisierung*, Münster 2018

García-González J.; Forcén P.; Jimenez-Sanchez M. (2019): »Men and women differ in their perception of gender bias in research institutions«, in: *PLOS ONE* 14(12): e0225763 https://doi.org/10.1371/journal.pone.0225763

Giese, Linus: *Ich bin Linus – Wie ich der Mann wurde, der ich schon immer war*, Hamburg 2020

Gümüşay, Kübra: *Sprache und Sein*, Berlin 2021 (16. Auflage)

Gygax et al.: »Generically intended, but specifically interpreted: When beauticians, musicians and mechanics are all men«, in: *Language, Cognition and Neuroscience*, April 2008

Herders Konversationslexikon, Band 3. Freiburg im Breisgau: s. n., 1904

Hoenes, Josch; Januschke, Eugen; Klöppel, Ulrike: *Häufigkeit normangleichender Operationen »uneindeutiger« Genitalien im Kindesalter.* Follow-up-Studie, Ruhr Universität Bochum, 2019, verfügbar unter: https://omp.ub.rub.de/index.php/RUB/catalog/book/113

Imlau, Nora: *Freundschaft: Wie Kinder sie erleben und Eltern sie stärken können*, Weinheim 2014, S. 11

Imlau, Nora: *Mein Familienkompass – Was brauch ich und was brauchst du?* Berlin 2020

Imlau, Nora: *Mein Familienkompass*, Berlin 2020, 2. Auflage

Jenson, Jennifer, und Castelle, Suzanne de: »Gender, Simulation, and Gaming«. *Simulation & Gaming.* 41(1), 2009

Kant, Immanuel: *Beobachtungen über das Gefühl des Schönen und Erhabenen, dritter Abschnitt: Von dem Unterschiede des Erhabenen und Schönen in dem Gegenverhältnis beider Geschlechter.* 1764

Klöppel, Ulrike: *Zur Aktualität kosmetischer Operationen »uneindeutiger« Genitalien im Kindesalter, Zentrum für transdisziplinäre Geschlechterstudien*, Humboldt Universität zu Berlin, Bulletin Texte, Nr. 42, 2016

Kocherhans, Sabina: *Vom Slumgirl zur Botschafterin – one voice – one heart – transgender*, Pfarrkirchen, N/A

Lucas-Stannard, Paige: *Gender Neutral Parenting: Raising kids with the freedom to be themselves*, N/A, 2012

McConnell, Llewellyn, Ferronato, 2000, zitiert nach Pixa-Kettner, Ursula: »Elterliche Kompetenzen bei Eltern mit geistiger Behinderung«, in: *Jugendhilfe*, Vol. 44, Heft 3, 2006, S. 121–123

Mierau, Susanne: *Geborgen wachsen – Wie Kinder glücklich groß werden*, München 2016

Miller, Cindy Faith; Lurye, Leah E.; Zosuls Kristina M.; Ruble, Diane N.: »Accessibility of Gender Stereotype Domains: Developmental and Gender Differences in Children«, July 2009, in: *Sex Roles* 60 (11–12), S. 870–881

Nieder, Timo O.; Briken, Peer; Richter-Appelt, Hertha: »Transgender, Transsexualität und Geschlechtsdysphorie: Aktuelle Entwicklungen in Diagnostik und Therapie«, in: *PSYCH up2date*, 7, 2013, DOI http://dx.doi.org/10.1055/s-0033-1349534, verfügbar unter https://www.thieme.de/statics/dokumente/thieme/final/de/dokumente/tw_psychiatrie-psychotherapie-psychosomatik/transgender.pdf

Pickert, Nils: *Prinzessinnenjungs*, Weinheim 2020

Renz-Polster, Herbert: *Erziehung prägt Gesinnung – Wie der weltweite Rechtsruck entstehen konnte – und wie wir ihn aufhalten können*. München 2019

Renz-Polster, Herbert: *Kinder verstehen – Born to be wild: Wie die Evolution unsere Kinder prägt*, München 2009 (8. Auflage 2015)

Rippon, Gina: *The Gendered Brain – The new neurosience that shatters the myth of the female brain*, London 2019

Ruble, Diane N.; Taylor, Lisa J.; Cyphers, Lisa; Greulich, Faith K.; Lurye, Leah E. & Shrout, Patrick: »The Role of Gender Constancy in Early Gender Development«, in: *Child Development*, July/August 2007, Volume 78, Number 4, S. 1121–1136

Schneider, Erik & Baltes-Löhr, Christel (Hg.): *Normierte Kinder – Effekte der Geschlechternormativität auf Kindheit und Adoleszenz*, Bielefeld 2014 (3. Auflage)

Schnerring, Almut & Verlan, Sascha: *Die Rosa-Hellblau-Falle: Für eine Kindheit ohne Rollenklischees*, München 2014

Seavey, C.A.; Katz, P.A. & Zalk, S.R.: »Baby X«. In: *Sex Roles* 1, 103–109 (1975). https://doi.org/10.1007/BF00288004

Snorton, C. Riley & Haritaworn , Jin: »Trans Necropolitics – A Transnational Reflection on Violence, Death and the Trans of Color Afterlife«, in: *The Transgender Studies Reader*, 2nd Edition. Eds. Susan Stryker and Aren Aizura. New York 2013, S. 66–76

Sow, Noah: *Deutschland Schwarz Weiß – Der alltägliche Rassismus*, München 2019 (6. Auflage)

Spannbauer, Christa: *Das verqueere Begehren – Sind zwei Geschlechter genug?* Würzburg: s. n., 1999

Spears Brown, Christia: *Parenting beyond pink & blue: How to raise your Kids free of Gender Stereotypes*, New York 2014

Wagner, Gieselheid: *Harmoniezwang und Verstörung*, Tübingen 2005, S. 290

Wang Mei-Rong, Shelley Ching-Yu Hsieh: »Gender Differences in the Language for Emotions«, in: *Asian Journal of Management and Humanity Sciences*, Vol. 2, Nos. 1–4, pp. 89–97, 2007

Weyrather, Irmgard: *Muttertag und Mutterkreuz – Der Kult um die »deutsche Mutter« im Nationalsozialismus*. Frankfurt (Main) 2015

Kein Kind wird als Rassist_in geboren

In meiner Familie hat Rassismus keinen Platz – darin sind sich fast alle Eltern einig. Doch es ist schwer, Vorurteile in der Erziehung anzugehen. Die Autorinnen dieses Buches sind wichtige Stimmen der deutschsprachigen Black-Lives-Matter Bewegung. Mit vielen Beispielen, Hintergrundinformationen und Checklisten unterstützen sie Eltern von weißen Kindern und von Kindern of Color, aktiv gegen Rassismus im Alltag vorzugehen. Welche Worte und Sätze verletzen? Welche Symbolik versteckt sich in Kinderliedern, Büchern und Spielen? Die angeborene Neugierde und der ausgeprägte Gerechtigkeitssinn unserer Kinder sind dabei die perfekte Voraussetzung, ihnen zu zeigen, dass zwar nicht alle Kinder gleich, aber alle gleichwertig sind.

»Dieses Buch kommt wie gerufen für alle, die mit Kindern zu tun haben und mit dafür Sorge tragen wollen, dass ihre Kinder aktiv an einer gerechteren Welt für alle mitarbeiten können.« Tupoka Ogette

Olaolu Fajembola/
Tebogo Nimindé-Dundadengar
»Gib mir mal die Hautfarbe«
Mit Kindern über Rassismus sprechen
Klappenbroschur, 256 Seiten
ISBN 978-3-407-86689-9

www.beltz.de **BELTZ**

Jenseits von Rosa und Hellblau

Wir haben feste Erwartungen an die Geschlechterrollen, die Jungen zu erfüllen haben. Noch immer sollen sie stark sein, ab einem gewissen Alter lieber nicht mehr weinen und keine Röcke tragen.

Der Feminist, Journalist und Vater Nils Pickert hat ein leidenschaftliches, gedanklich präzises und berührendes Plädoyer für die Freiheit von Geschlechterrollen in der Erziehung unserer Söhne geschrieben. Er beschreibt, wo diese Männlichkeits-Normierung beim Spielzeugkauf, auf dem Schulhof oder im Gefühlsleben stattfindet und wie sehr sie Jungen in ihrer Entfaltung schadet. Der Autor zeigt, wie sehr viele Jungen Fürsorglichkeit und Puppen lieben – und brauchen. Es gibt eine unendliche Vielfalt an Wegen, vom Jungen zum Mann zu werden. Wie Eltern ihre Söhne dabei unterstützen können, schildert Nils Pickert mit vielen Hinweisen und Beispielen.

»Für mich ist Prinzessinnenjungs *ein echter Augenöffner.«*
Christopher End, bindungsträume

Nils Pickert
Prinzessinnenjungs
Wie wir unsere Söhne aus der Geschlechterfalle befreien
Klappenbroschur
254 Seiten
ISBN 978-3-407-86587-8

www.beltz.de BELTZ